Fontes Christiani

ORIGENES
RÖMERBRIEFKOMMENTAR
II

Fontes Christiani

Zweisprachige Neuausgabe christlicher Quellentexte
aus Altertum und Mittelalter

Herausgegeben von
Norbert Brox, Wilhelm Geerlings, Gisbert Greshake,
Rainer Ilgner, Rudolf Schieffer

Band 2/2

ORIGENES

RÖMERBRIEFKOMMENTAR

DRITTES UND VIERTES BUCH

LATEINISCH
DEUTSCH

HERDER

FREIBURG · BASEL · WIEN
BARCELONA · ROM · NEW YORK

ORIGENES

COMMENTARII IN EPISTULAM AD ROMANOS

LIBER TERTIUS, LIBER QUARTUS

RÖMERBRIEFKOMMENTAR

DRITTES UND VIERTES BUCH

ÜBERSETZT UND EINGELEITET
VON
THERESIA HEITHER OSB

HERDER

FREIBURG · BASEL · WIEN
BARCELONA · ROM · NEW YORK

Redaktion: Nicolaus Klimek

Die Deutsche Bibliothek – CIP-Einheitsaufnahme

Origenes: Commentarii in epistulam ad Romanos : [lateinisch, deutsch] = Römerbriefkommentar / Origenes. Übers. und eingeleitet von Theresia Heither. – Freiburg [im Breisgau] ; Basel ; Wien ; Barcelona ; Rom ; New York : Herder.
(Fontes Christiani ; Bd. 2)
Einheitssacht.: Commentarium in epistolam Beati Pauli ad Romanos ‹dt.›
2. Liber tertius, liber quartus. – 1992
NE: Heither, Theresia [Übers.]; GT
ISBN 3-451-22107-1 kartoniert
ISBN 3-451-22207-8 gebunden

Umschlagbild: Marmorplatte eines Lesepults
Ravenna, S. Apollinare Nuovo, 6. Jh.

Satz: Nicolaus Klimek, Bochum
Herstellung: Freiburger Graphische Betriebe 1992
ISBN 3-451-22107-1 kartoniert
ISBN 3-451-22207-8 gebunden

INHALTSVERZEICHNIS

Einleitung zu Buch 3 und 4

Text und Übersetzung

Anhang

EINLEITUNG ZU BUCH 3 UND 4

I. Der griechische Text

Für die Bücher 3 und 4 des Römerbriefkommentars in der Übersetzung des Rufin, die Röm 3,5 – 5,11 auslegen, liegt durchgehend ein griechischer Text vor. Es ist der längste griechische Text, der aus dem ursprünglichen Werk erhalten ist. Er überliefert Auszüge aus dem Kommentar zu Röm 3,5 – 5,5, also zum Text des vorliegenden Bandes[1]. Leider handelt es sich nicht um einen vollständigen Text, sondern um Auszüge aus dem Originaltext. Scherer stellt seiner Edition eine Untersuchung voran, die die Kriterien, nach denen der Exzerptor auswählte, und das Verhältnis des griechischen Papyrustextes zu den griechischen Katenen-Fragmenten sowie zu der lateinischen Übersetzung des Rufin behandelt.

Hier interessiert vor allem die Zuverlässigkeit des Textes von Rufin, die Scherer zwar grundsätzlich bestätigt, aber doch sehr einschränkt. Öfter macht er Rufin für einen Gedankengang verantwortlich, der nicht im griechischen Text bezeugt ist[2], zumindest soll Rufin viele Zusätze hinzugefügt haben. Wie aus dem Vergleich ersichtlich wird, hat Rufin mehrfach einen griechischen Ausdruck mit zwei Wörtern wiedergegeben[3]. Chadwick hat in der Rezension

---

[1] SCHERER, *Commentaire*, vgl. Bd. 1, 14, Einführung.

[2] Z.B. 3,8 die Deutung der Arche auf die himmlischen Mächte, vgl. SCHERER, *Commentaire* 96; 4,1 die Erklärung über die Reihenfolge der drei Glieder des Ps 32,1, vgl. SCHERER, *Commentaire* 98.

[3] Vgl. SCHERER, *Commentaire* 150,2: κατανοῆσαι mit 3,7: *intelligere et considerare*. Für weitere Beispiele s. SCHERER, *Commentaire* 88–90.

des Werkes von Scherer[4] dessen Aussagen noch einmal im einzelnen überprüft und kommt zu positiveren Ergebnissen mit Bezug auf die Authentizität der entwickelten Gedanken. Er beweist mit Parallelstellen aus anderen Werken des Origenes, daß die anscheinend von Rufin stammenden Gedanken echt origeneisch sind[5], und macht Rufin nur für die Ausdrucksform verantwortlich.

Die unterschiedlichen Stellungnahmen mit Bezug auf die Zuverlässigkeit des Rufin, die Scherer und Chadwick beim Vergleich der beiden Texte als Ergebnis vorwiesen, lassen sich größtenteils aus dem Umstand erklären, daß man selten wörtliche Parallelen finden kann, weil Rufin nach eigenen Aussagen auf die Hälfte verkürzen mußte und der Exzerptor nur etwa 1/5 des Tomos 5 und ungefähr 1/4 des Tomos 6 aus dem Werk des Origenes abgeschrieben hat. Man kann nach Chadwick Rufin nicht anlasten, daß er nicht alle Einzelheiten des Kommentars übersetzt beziehungsweise auch vieles zusammenfaßt. Denn das hat er ausdrücklich im Vorwort gesagt[6]. Die Version des Rufin hat gegenüber dem Papyrustext den Vorteil, daß sie fortlaufend ist und deshalb den Gedankengang des Origenes deutlicher macht. Trotzdem ist der griechische Text wichtig zum Gesamtverständnis des Römerbriefkommentars und besonders der vorliegenden Bücher, weil er wörtliche Formulierungen des Origenes überliefert und manchmal die Ausführungen des Rufin klarer macht. Wenn man den ursprünglichen Intentionen des Origenes möglichst nahe kommen will, muß man beide Texte heranziehen, weil sie sich gegenseitig ergänzen.

Da zunächst in fünf Bänden die lateinische Textform vollständig dargeboten und übersetzt werden soll und

---

[4] CHADWICK, *Rufinus*.

[5] Zum oben erwähnten Beispiel von der Arche vgl. CHADWICK, *Rufinus* 20.

[6] Vgl. Bd. 1, 58–61, *praefatio Rufini*.

dann erst im sechsten Band die griechischen Fragmente und ihre Übersetzung angeschlossen werden, wird auf den griechischen Text in den Anmerkungen nur hingewiesen, wenn er zum Verständnis des lateinischen Textes wichtig ist. Eine Konkordanztabelle zeigt, zu welchen Stellen griechische Parallelen vorhanden sind, damit das eingehendere Studium erleichtert wird.

Konkordanztabelle

FC	Scherer	FC	Scherer
Seite, Zeile	*Seite, Zeile*	*Seite, Zeile*	*Seite, Zeile*
30,10–12	124,4–6	110,13–18	154,11 – 156,2
32,4–8	124,6–10	112,20–23	156,7–9
34,8–10	124,18–20	114,3f	156,13f
34,15–23	126,1–7	114,24–27	156,14 – 158,2
34,26 – 36,9	126,7–14	116,4–8	158,2–6
36,14–23	126,15 – 128,4	118,20–22	158,13
40,21–23	128,12–14	122,4–7	158,15 – 160,2
42,12–14	128,14–16	122,13–15	160,3–7
46,23 – 48,2	130,2–7	122,25 – 124,3	160,7–9
50,15f	130,10f	124,9–22	160,12 – 162,4
54,8–11	132,1–4	124,27–29	162,4f
54,19–20	132,4f	126,4–7	162,5–8
56,1–10	132,7–15	126,25–28	162,16f
56,14–28	132,17 – 134,11	130,10–15	162,13–16
58,27 – 60,3	134,18–20	132,3–6	162,21 – 164,2
60,7–18	134,20 – 136,13	132,16–25	164,6–9
60,23 – 62,4	136,13–16	134,12–15	164,9–12
62,19f	138,2f	134,21 – 136,6	164,12–19
64,3–6	138,6–8	136,11–15	166,4–6
64,18–22	138,8–10	136,20f	166,6f
82,12–15	142,10–13	136,25–27	166,8f
84,6 – 86,9	144,1 – 146,4	138,3–10	166,10–16
88,26–28	146,16	140,4f	168,6f
90,2–4	148,3f	142,18 – 144,2	170,10 – 172,1
94,8–21	148,13–20	146,8f	172,3f
100,1–12	148,21 – 150,3	146,13–21	172,17 – 174,3
102,4–15	150,8–16	150,14–21	174,11–15
102,23 – 104,18	150,16 – 152,13	152,4–8	174,15 – 176,2
106,12–18	152,14–19	152,25 – 154,6	176,5–11

FC *Seite, Zeile*	SCHERER *Seite, Zeile*	FC *Seite, Zeile*	SCHERER *Seite, Zeile*
154, 15 – 156, 1	176, 13 – 178, 6	200, 8–13	202, 1–4
158, 13–17	178, 9–12	200, 27 – 202, 5	198, 3–10
160, 8–10	178, 15–17	202, 26 – 204, 20	196, 24 – 198, 3
160, 15–25	180, 8–14	206, 14–19	204, 14–18
162, 18–26	180, 14–20	206, 23 – 208, 13	204, 19 – 206, 11
164, 9–15	180, 21–23	208, 16 – 210, 1	206, 11–21
166, 20–22	182, 9–11	210, 27 – 212, 6	208, 8–11
170, 2–8	184, 1–7	214, 21–23	208, 11–13
170, 15–19	184, 8–12	216, 17–25	208, 16 – 210, 2
172, 3–17	184, 22 – 186, 7	218, 11–18	210, 2–6
176, 3–5	186, 14–16	220, 18–25	210, 12–17
176, 12–22	186, 19 – 188, 5	226, 5–11	212, 1–6
178, 19f	188, 8f	226, 16 – 228, 1	212, 7 – 214, 1
180, 2–10	188, 9–14	232, 7–17	214, 18 – 216, 4
180, 15–18	188, 14–16	238, 2–11	222, 1–6
180, 25 – 182, 15	188, 16 – 190, 2	238, 12–17	220, 13–16
186, 1–2	190, 7–9	248, 11–14	224, 4–8
186, 14–17	190, 11–13	266, 18–23	228, 8–13
188, 3–11	194, 11–17	268, 6–13	228, 14–21
188, 27 – 190, 3	192, 12f	270, 21–28	230, 1–5
192, 13–16	196, 14–16	274, 17–20	230, 17–20
198, 5–13	200, 13 – 202, 1	278, 24	232, 11
200, 1–7	202, 10–13		

II. „Glaube" im Kommentar des Origenes

Als wichtigster Begriff der beiden vorliegenden Bücher des Kommentars ist der Begriff „Glaube" anzusehen. Dieser Terminus ist zentral für die Thematik des gesamten Römerbriefes, auch gerade im Verständnis des Origenes, der *fides* und *religio* als Synonyme gebraucht (vgl. 1, 9). Origenes erkennt eine klare Gedankenführung im Römerbrief, demnach behandelt Paulus bis zum Ende von Kapitel 4 den Traktat: *De fide et lege*[7]. Deshalb soll in diesem Band als Einleitung zum Kommentar von Kapitel 3 und 4 das Glau-

[7] Vgl. Bd. 1, 33, Einführung.

bensverständnis des Origenes in seinen Grundzügen skizziert werden[8].

1. Glaube als Offenbarungsempfang

Der λόγος als die Stätte der Begegnung zwischen Gott und Mensch ist das Zentrum der Theologie des Origenes[9]. In ihm empfängt der Mensch das Heil, das von Gott her gesehen als seine Offenbarung, vom Menschen her gesehen als Glaube benannt wird. Im Römerbrief spricht Paulus von der Offenbarung Gottes als von seiner Gerechtigkeit, die der Mensch im Glauben empfängt. In diesem Sinn versteht Origenes die Inhaltsangabe des Briefes in 1,16f: „Denn ich schäme mich des Evangeliums nicht: Es ist eine Kraft Gottes zum Heil für jeden, der glaubt, den Juden zuerst und den Griechen. Denn in ihm wird die Gerechtigkeit Gottes offenbart aus Glauben zum Glauben, wie geschrieben steht: Der Gerechte aber lebt aus Glauben.“ Gerechtigkeit ist nach Origenes eine der ἐπίνοιαι, das heißt der Wesensmerkmale Christi[10]; das bedeutet: Christus ist die Gerechtigkeit Gottes, die deshalb nicht mit irgendeinem Maßstab gleichgesetzt werden kann. Gott ist gerecht, heißt nicht, daß er ein Prinzip der Gleichheit oder Angemessenheit in seinem Tun maßgebend sein läßt, sondern Gottes Tun offenbart seine Gerechtigkeit, die man am klarsten in Jesus Christus erkennen kann. Sie ist also nicht eine Eigenschaft Gottes, sondern sein Heilshandeln (vgl. 1,15), eben seine Offenbarung in Wort und Tat. Christus

---

[8] Es wird von mehreren Autoren als unpaulinisch und überhaupt unzureichend kritisiert: Vgl. W.E. GERBER, *Exegese III* (NT und Alte Kirche): RAC 6, 1218–1220; D. LÜHRMANN, *Glaube*: RAC 11, 91–94; VÖLKER, *Paulus* 274; WILES, *Divine Apostle* 111; BECK, *Werk Christi* 110.120.134.

[9] GÖGLER, *Theologie*, stellt die Theologie des ORIGENES unter diesem Gesichtspunkt dar.

[10] Daneben werden am häufigsten aufgezählt: Wort, Weisheit, Wahrheit, vgl. Bd. 1, 48, Einleitung zu Buch 1 und 2; 80f Anm. 14.

als die Gerechtigkeit Gottes wird im Glauben aufgenommen und rettet sowohl Juden wie auch Heiden durch den Glauben, der das Leben gibt.

Der Glaube ist grundsätzlich das Organ, mit dem der Mensch die göttliche Wirklichkeit aufnehmen kann, im besonderen alles göttliche Reden und Handeln, das über die Schöpfungswirklichkeit hinausgeht. Um die erste Offenbarung in der Schöpfung, die allen Menschen gilt, aufzunehmen, hat der Mensch seine Vernunft, die Teilhabe am λόγος, die ihn zum Ebenbild Gottes macht[11]. Das weitergehende Wirken Gottes in der Schrift und in Jesus Christus schenkt ein neues Organ, nämlich den Glauben. Origenes unterscheidet nicht genau zwischen den einzelnen Stufen der Offenbarung, sondern er betont die Kontinuität, zugleich allerdings deren weiterstrebende Dynamik. Er kennt die spätere Unterscheidung von Natur und Übernatur nicht und trennt die Offenbarung des Alten Testamentes in ihrer Qualität nicht von der des Neuen Testamentes. Auch im Alten Testament konnte man das göttliche Wort unter der Hülle des menschlichen nur mit dem Glauben aufnehmen. Wer den Glauben nicht hatte, empfing nur das Menschenwort, der Glaubende aber nahm und nimmt in Wahrheit Gottes Wort auf (vgl. 2,14). Darin besteht kein Unterschied zwischen dem Alten und dem Neuen Testament[12]. Auch das Volk Israel hat seinen Ursprung im Glauben, wie an seinem Vater Abraham deutlich wird. Genauso kann keiner zum Volk des Neuen Bundes gehören ohne den Glauben an Jesus Christus. Denn nur durch den Glauben hat der Mensch Anteil an ihm als der offenbar gewordenen Gerechtigkeit Gottes, die gleichzeitig Ziel und Vollendung des Gesetzes ist.

---

[11] Vgl. CROUZEL, *Théologie* 172–175.
[12] Vgl. GÖGLER, *Theologie* 260–270. 275–281.

2. *Die Dynamik des Glaubens*

Wie die Offenbarung eine Dynamik zu immer größerer Unmittelbarkeit und Klarheit in sich trägt, so auch der Glaube, der ihr entspricht. Der Glaube des Alten Testamentes schenkt schon in dem Maße das Heil, in dem er wirklich Gottes Offenbarung aufnimmt, aber er kann und muß wachsen hin zum Glauben des Neuen Testamentes, der das menschgewordene Wort in sich empfängt. Das Wachstum des Glaubens ist ein Vorgang, der die Heilsgeschichte prägt, aber genauso das Leben des einzelnen, in dem sich der heilsgeschichtliche Vorgang abbildet[13]. Origenes zitiert oft die Bitte der Jünger im Evangelium: „Herr, mehre unseren Glauben!“ (Lk 17,5)[14]. Der Glaube der einzelnen Menschen kann sehr unterschiedlich sein. Das Maß richtet sich nach ihrer Auffassungskraft und -bereitschaft für die Offenbarung. Denn das Wort Gottes ist zugänglich in unterschiedlicher Gestalt; unter dem Bild der Nahrung kann man es als Milch, Gemüse oder als feste Speise bezeichnen, je nachdem es für den einzelnen zuträglich ist[15]. Grundsätzlich gilt: das Wort Gottes ist lebendig und lebt in jedem, der es aufnimmt. Es hat die Lebenskraft in sich selbst; sie braucht ihm nicht von außen gegeben zu werden. Der Mensch kann dem göttlichen Wort im eigenen Inneren immer mehr an Lebensraum zur Verfügung stellen, die Kraft zum Wachsen aber trägt das Wort in sich selbst[16].

Der Glaube wächst in bezug auf Quantität und Qualität. Einerseits umfaßt die Offenbarung Gottes viele verschiedene Seiten und Inhalte. Der Glaube des Menschen wird größer, je mehr er davon aufnimmt. Origenes vergleicht ihn

---

[13] Vgl. Bd. 1, 18–21, Einführung.

[14] Diese Stelle ist ORIGENES sehr wichtig, er zitiert sie allein in Buch 4 dreimal: 4,1; 4,5; 4,6.

[15] Vgl. ORIGENES, *hom. in Ex.* 7,8.

[16] Vgl. GÖGLER, *Theologie* 307–319; HARL, *Fonction* 228–242.

mit weichem Wachs, in das Gott sein Wort hineinschreiben kann (vgl. 4,5). Zum vollen Glauben gehört die Aufnahme alles dessen, was Gott geoffenbart hat, also Altes und Neues Testament (vgl. 1,15)[17].

Es gibt in der Offenbarung Stellen, die leichter zugänglich, und solche, die schwerer zu verstehen sind. Milch kann auch der noch Unmündige, der einen kleinen Glauben hat, aufnehmen. Origenes bezeichnet mit Milch die moralischen Anweisungen der Schrift, manchmal auch die Gleichnisse und Erzählungen, weil sie anschaulich sind. Die Gebote betreffen unmittelbar das menschliche Handeln, darum kann sie jeder begreifen. Andere Stellen, wie zum Beispiel die geschichtlichen Erzählungen des Alten Testamentes, können leicht mißverstanden werden, wenn man sie nur dem Buchstaben nach interpretiert. Sie müssen mehr durchgearbeitet und gekaut werden, damit sie dem Menschen als Nahrung dienen können, und gleichen deshalb dem Gemüse. Feste Nahrung sind Teile der Schrift, die von Gottes Wesen und Wirken sprechen, denn Gott ist dem Menschen verborgen, und was er von sich selbst offenbart, ist nur für den schon voll ausgewachsenen Glauben zugänglich. Andernfalls bedeutet solche Offenbarung eher eine Gefahr. Darum warnt Origenes davor, allzuoft und selbstverständlich von der Güte Gottes zu sprechen[18].

Andererseits wächst der Glaube in jedem einzelnen Menschen und auch im Volk Gottes als ganzem an Qualität, das heißt, er dringt mehr ein in das Wort, das er aufnimmt, und gelangt von einem vordergründigen, buchstäblichen zu einem geistigen, dem göttlichen Wort mehr entsprechenden Verständnis. Das Volk Israel versteht die Verheißungen Gottes oft noch allzu buchstäblich, aber auch im Alten Testament gibt es schon eine Dynamik hin zum geistigen Verständnis, die sich dann im Neuen Testa-

---

[17] Siehe auch HARL, *Fonction* 265 Anm. 91.
[18] Vgl. COCCHINI, *Origene interprete* 112–123.

ment mehr und mehr durchsetzt[19]. Der gleiche Vorgang wiederholt sich in jedem einzelnen Glaubenden. Der einfache Glaube nimmt das Wort zunächst nur auf, ohne es zu verstehen. Doch immer drängt er danach, dem göttlichen Wort näherzukommen. In dieser Dynamik gelangt er zur Erkenntnis, die dem geisterfüllten Menschen zuteil wird. Der πνευματικός ist der im Glauben Vorangeschrittene, Origenes bezeichnet ihn nicht als γνωστικός, weil ihm das zu mißverständlich erscheint; er benutzt lieber die Terminologie des Paulus. Erkenntnis ist nicht eine höhere Stufe des Glaubens, sondern seine vollere Entfaltung[20]. Wenn der Auferstandene seinen Jüngern das Verständnis der Schrift erschließt, erfüllt er ihre Bitte um größeren Glauben, indem er sie zur geistigen Erkenntnis führt. Sie besteht darin, Christus in der gesamten Schrift zu entdecken, aber nicht nur verstandesmäßig, sondern mit allen menschlichen Kräften. Erkennen heißt bei Origenes eins werden, eine lebendige Beziehung eingehen, das ist viel mehr als nur intellektuell tätig sein. Erkennen unterscheidet sich also insofern vom Glauben, als die Beziehung, die damit beschrieben wird, enger ist, denn Erkennen ist Lieben, mit dem Wort untrennbar verbunden sein.

Der volle Glaube, der die ganze Schrift aufnimmt, ist also auch der zur Erkenntnis gewordene Glaube, der mit dem Wort eine Lebensgemeinschaft eingegangen ist. Die Liebe ist die Vollendung des Glaubens, wie die Hoffnung sein beständiges Wachsen bedeutet. „Die Liebe glaubt alles" (1 Kor 13,7)[21] beschreibt nach Origenes den vollen Glauben, der als Gerechtigkeit angerechnet werden kann, weil er die Einheit mit Christus bedeutet.

---

[19] Vgl. GÖGLER, *Theologie* 381–389.

[20] Vgl. CROUZEL, *Connaissance* 443–450; DUPUIS, *L'esprit de l'homme* 166f. 228–231.

[21] Vgl. SCHERER, *Commentaire* 142, 15–17; DUPUIS, *L'esprit de l'homme* 173.

3. Glaube und Rechtfertigung

Nach Origenes verkündet Paulus im Römerbrief, wie das Heil zu Juden und Heiden kam und kommt (vgl. 3,1)[22]. Entscheidend ist dabei der Glaube. Unter Rechtfertigung versteht Origenes den Empfang der Gerechtigkeit Gottes, die den Menschen zu einem Gerechten macht, das heißt zu einem Menschen, in dem die Gerechtigkeit Gottes, d.i. Jesus Christus, wohnt. Rechtfertigung geschieht immer da, wo der Mensch das Wort Gottes im Glauben aufnimmt. Im Römerbrief ist meist von Gerechtigkeit und Rechtfertigung, in den anderen Teilen der Schrift eher vom Wort Gottes und dem Heil des Menschen die Rede. Die Juden empfingen auch schon vor der Ankunft Christi das Heil, sofern sie das Gesetz im Glauben als Offenbarung Gottes annahmen, denn Heil ist die Teilhabe an Gott, es ist Leben, weil Gott die Quelle des Lebens ist.

Seit der Sünde Adams ist die Situation des Menschen nicht Heil, sondern Unheil. Sie ist gekennzeichnet von Sünde, Tod und Ungerechtigkeit, wie Paulus in den ersten Kapiteln seines Briefes zeigt. Juden und Heiden sind schuldig durch Nichtannahme der Offenbarung und erweisen sich als Menschen voller Ungerechtigkeit[23]. Origenes deutet den Gedankengang des Paulus folgendermaßen: „Wenn wir wissen wollen, was Gerechtigkeit ist, müssen wir notwendigerweise wissen, was Ungerechtigkeit ist. Wenn wir uns aber eine umfassende Kenntnis dessen verschafft haben, was Ungerechtigkeit ist, werden wir daraus auch erkennen, was Gerechtigkeit ist ... Die Gerechtigkeit ist in Gott, dessen Natur dem menschlichen Geist unzugänglich ist, die Ungerechtigkeit kann jedoch in uns Menschen wie auch in jedem anderen vernunftbegabten Geschöpf vorkommen. Darum wird aufgrund unserer Ungerechtigkeit,

---

[22] Siehe auch Bd. 1, 26–32, Einführung.

[23] Vgl. Bd. 1, 45–47. 52–54, Einleitung zu Buch 1 und 2.

die uns bekannt ist, Gottes Gerechtigkeit, die uns gleichsam unzugänglich und unfaßbar ist, erkannt und bestätigt. Sie zeigt sich sozusagen durch ihr Gegenteil“ (3,1).

Der Glaube schenkt auf die Art und Weise das Leben, daß er aus der Todverfallenheit von Sünde und Ungerechtigkeit errettet. Dieser Gedanke ist vorherrschend in Kapitel 3 und 4 des Römerbriefes. Gott rechtfertigt den Sünder und Ungerechten durch den Glauben, indem er ihm durch den Glauben Anteil an seiner Gerechtigkeit gibt, die der Mensch auf keine andere Weise erreichen kann. Der konkrete Heilszugang ist also in jedem Fall der Glaube, er sieht aber dennoch für Juden und Heiden verschieden aus. Origenes erkennt, wie klug Paulus als Schiedsrichter zwischen den beiden Parteien vermittelt. Jede versucht nämlich, der anderen ihren Weg zum Heil aufzuzwingen. Die Juden meinen, es ginge nicht ohne Gesetzesbeobachtung, und die Heiden akzeptieren den Vorrang der Juden nicht, der sich in deren besonderer Observanz ausprägt. Paulus bringt verschiedenartige Argumente für beide Seiten, weil es ihm in jedem Fall darum geht, zum Glauben einzuladen, der aber für beide auf unterschiedlichen Wegen zu erreichen ist (vgl. 2,14 und 3,1)[24]. Deshalb klingen die Argumente des Paulus manchmal widersprüchlich. Zum Beispiel sagt er einerseits, die Beschneidung sei von Gott gewollt und im Glauben zu vollziehen, und andererseits, durch die Beschneidung würden die Heidenchristen ihren Glauben an Christus verleugnen.

Die Beschneidung ist aber nur ein Beispiel dafür, wie sich der Unterschied im Glauben für Juden und Heiden konkret auswirkt. Für beide Parteien gilt: Alle sind Sünder, alle Ungerechte, alle müssen von Gott gerechtfertigt werden, um das Heil zu erlangen. Darin kann es keinen Unterschied geben. Alle erlangen die Gerechtigkeit durch den

---

[24] Siehe auch GORDAY, *Romans 9–11* 50.190–195; HEITHER, *Translatio Religionis* 57–69.

Glauben, aber der Glaube ist für Juden und Heiden verschieden zu realisieren. Die Juden kommen aus dem Glauben, sie haben ihre Existenz als Volk Israel aus dem Glauben, denn ihr Stammvater ist der glaubende Abraham. Das Gesetz, das sie als Volk zusammenhält, ist ein Geschenk Gottes und begründet den absoluten Vorrang Israels. Darum sind die Juden der Adel der Menschheit, denn sie können im Gesetz den Willen Gottes erkennen. Sie sind also mit Gott verbunden durch seine Offenbarung und haben Zugang zu Gott durch den Buchstaben des Gesetzes. Um allerdings vom Buchstaben zum göttlichen Sinn vorzustoßen, brauchen sie den Glauben. Andernfalls bleibt ihnen nur der tötende Buchstabe, das bedeutet die menschliche Einkleidung des göttlichen Wortes, die keinerlei Heilswirkung hat, sondern im Gegenteil den Tod bringt, wenn man sich an ihr festklammert.

Da der Glaube dynamisch danach drängt, dem göttlichen Wort näherzukommen, müßte er die Juden zum geistigen Verständnis der Schrift führen, das der Auferstandene seinen Jüngern erschließt, indem er ihnen zeigt, daß die ganze Schrift nur von ihm her zu verstehen ist. Die Juden werden demnach so aus dem Glauben gerechtfertigt, daß ihr Glaube wächst und vollkommen wird und sie gerade durch das Verständnis des Gesetzes zu Christus führt. Gesetz und Propheten sind Zeugen für die Gerechtigkeit Gottes, die aber erst durch den Glauben an Jesus Christus voll erkannt und angenommen werden kann (vgl. 3,7).

Die Heiden kommen erst an zweiter Stelle zur Rechtfertigung. Origenes legt Wert auf die Rangordnung, die Paulus immer wieder betont, wenn er sagt: zuerst die Juden, dann die Heiden. Es ist mehr, und zwar im Sinn einer höheren Würde, aus dem Glauben gerechtfertigt zu werden als durch den Glauben, wie es für die Heiden gilt. Während der Glaube für die Juden Ursprung ihrer Existenz als Juden ist, kommt er für die Heiden erst hinzu und wird für sie die Ursache ihrer Rettung. Darum ist auch die

Äußerung des Glaubens bei beiden Völkern verschieden. Die Juden halten aufgrund ihres Glaubens das Gesetz des Mose, die Heiden leben aufgrund ihres Glaubens in der Freiheit Christi[25]. Origenes betont also gerade bei diesem wesentlichen Punkt, der Rechtfertigung aufgrund des Glaubens, einerseits die Gleichheit aller Menschen in bezug auf ihre Unheilssituation und die Ursache ihrer Rettung, andererseits ihre Verschiedenheit im Hinblick auf ihren konkreten Heilsweg. Für beide Völker ist der Glaube zentral und heilsnotwendig, aber in unterschiedlicher Weise wird er geschenkt und vermehrt. Gott rechtfertigt die Juden *aus* dem Glauben und die Heiden *durch* den Glauben, wie Paulus in Röm 3,30 sagt. Der Unterschied der Präpositionen wird von vielen Auslegern als unerheblich betrachtet. Die Genauigkeit des Origenes in der Analyse der paulinischen Sprache wird an dieser Stelle sichtbar, denn Paulus verwendet nach Origenes mit Bedacht die unterschiedlichen Präpositionen für Juden und Heiden, deren Bedeutung er in der dargestellten Weise erklärt[26].

Aus dem Gesagten wird klar: Origenes stellt die Lehre von der Rechtfertigung aufgrund des Glaubens in einen anderen Kontext als die meisten späteren Ausleger[27]. Seinem Verständnis nach antwortet Paulus damit auf die Frage: Wie kommen Juden und Heiden jeweils zum Heil, zur Versöhnung mit Gott, die er in Jesus Christus geschenkt hat? Rechtfertigung aufgrund des Glaubens betrifft also diesen ersten und grundsätzlichen Zugang zum Heil. Origenes versteht Paulus gerade in den ersten Kapiteln des Briefes als den Apostel Jesu Christi, der aufzeigt, wie das Evangelium als rettende Botschaft im Glauben aufgenommen werden muß und darf. Wenn er dies vor Christen

---

[25] Vgl. SCHERER, *Commentaire* 170, 6–9.

[26] Vgl. HEITHER, *Translatio Religionis* 97–104.

[27] Vgl. STENDAHL, *Der Jude Paulus* 15; ROUKEMA, *Origenes' Visie* 104f.

erläutert, will er ihnen den Weg, auf dem sie zum Heil kamen, neu vor Augen stellen, damit sie als Juden- und Heidenchristen ihre Gemeinsamkeit und auch ihre verschiedene Herkunft annehmen und bejahen. Die spätere Paulusauslegung und Rechtfertigungslehre ist aus einer anderen Fragestellung entstanden und betrifft eine andere Situation, nämlich die des Christen, der sich trotz seines Christseins als Sünder erfährt. Auf diese Frage geht Paulus nach Origenes in den folgenden Kapiteln, vor allem in Röm 7 und 8, ein. Die Überleitung zu dieser Thematik wird erkennbar in 5,1: „Gerechtfertigt (δικαιωθέντες = Part. Aor.) aus Glauben, haben wir Frieden mit Gott durch unsern Herrn Jesus Christus." Origenes sagt, daß Paulus von da an zu den Gerechtfertigten spricht und sie in ihren Stand einführt.

4. Glaube und Werke

Origenes sieht keinen Gegensatz zwischen Glaube und Werken. Beide sind notwendig im christlichen Leben und ergänzen einander[28]. Bezieht Origenes also die Position des Jakobus, der sagt, daß der Glaube ohne Werke nutzlos ist und daß die Werke den Glauben erst vollenden?[29] Man kann auf keinen Fall behaupten, daß Origenes Jakobus bevorzugt gegen Paulus, denn Origenes läßt das „sola fide" ohne alle Abstriche bestehen. Aber er versucht, Paulus mit Jakobus in Einklang zu bringen, weil er grundsätzlich davon überzeugt ist, daß die ganze Schrift zusammengehört und sich nicht widersprechen kann. Er sieht seine Aufgabe als Interpret genau darin, die Widersprüche in den verschiedenen Teilen der Schrift und auch im Text des Apostels selbst miteinander zu versöhnen. Dabei geht es

---

[28] Vgl. SGHERRI, *Chiesa e Sinagoga* 306f; WILES, *Divine Apostle* 111 bis 131.

[29] Vgl. DUPUIS, *L'esprit de l'homme* 172.

ihm nicht darum, einfachhin zu harmonisieren, sondern er erkennt, daß die Heilige Schrift mit den zunächst widersprüchlich klingenden Aussagen die verschiedenen Aspekte der einen theologischen Wirklichkeit darstellen will.

Grundsätzlich löst Origenes das Problem auf folgende Weise: Einzig und allein der Glaube ist der Zugang zur Gnade Gottes, die dem Menschen Versöhnung und Rechtfertigung gewährt. Die Werke erwachsen aus dem Glauben wie Zweige und Früchte aus der Wurzel (vgl. 4,1). Das Verhältnis von Glaube und Werken ist also auf keinen Fall umkehrbar. Darum kann der Glaube unter Umständen auch ohne alle Werke zum Heil ausreichen, wie es zum Beispiel beim Schächer, der mit Jesus am Kreuz hing, der Fall war. Dieser Räuber hatte Glauben; ein Zeugnis dafür war seine Bitte an Jesus. Er hatte aber keinerlei gute Werke vorzuweisen. Der Herr schenkte ihm das Heil allein aufgrund seines Glaubens. Danach hatte der Schächer gar keine Gelegenheit mehr, Gutes zu tun. Jedoch ist das, wie Origenes sagt, ein Extremfall (vgl. 3,9). Normalerweise soll der Mensch die empfangene Gnade in sich wirken lassen. „Wer aus Gnade gerechtfertigt wird, der muß diese Werke nicht vorweisen, er muß sie aber beobachten, damit die empfangene Gnade in ihm nicht unwirksam bleibt“ (3,7)[30]. Dabei sind die Werke vor und nach dem Empfang des Glaubens zu unterscheiden, wie Origenes in seiner Erklärung deutlich macht. Die Werke, die man vorweisen könnte, die aber nicht zum Heil beitragen, sind die Werke des Gesetzes, wie Beschneidung, Beobachtung des Sabbats und der Speisevorschriften. Die Werke des Glaubenden dagegen sind seine Lebensäußerungen. Sie erwachsen aus dem Glauben und erweisen das Leben Christi als des lebendigen Wortes, das der Glaubende in sich trägt. Daher sind

[30] In diesem Zusammenhang zitiert ORIGENES meist 1 Kor 15,10; vgl. z.B. 3,9.

sie nicht rein menschliche Taten, denn der Glaube ist ein neues Lebensprinzip. Das Bild vom Baum macht es deutlich: Aus der Wurzel wachsen die Zweige. Ein gesunder Zweig wird auch Frucht bringen, aber er kann es nur, wenn er aus der Wurzel seine Lebenskraft bezieht.

Wenn also die Juden aus dem Glauben gerechtfertigt werden, das heißt ihre ganze Existenz als Volk Gottes, als Nachkommen Abrahams, aus dem Glauben kommt, dann muß sich ihr Glaube im Gehorsam, das heißt in den Werken, als echt erweisen und ständig wachsen. Ihre Werke, die Werke der Gesetzesbeobachtung, sind Ausdruck und Konsequenz ihres Glaubens, und in dem Sinn sind solche Werke für die Juden heilsnotwendig. Die Heiden dagegen haben zunächst nur die Möglichkeit, ihre Bereitschaft und ihren guten Willen zu bezeugen, indem sie sich nach dem natürlichen Gesetz richten, um so zu leben, wie es der Schöpfer verlangt. Wenn ihnen die Botschaft des Evangeliums verkündet wird, dann werden sie durch den Glauben gerettet und in die Nähe Gottes geholt (vgl. 3,10). Das bewirkt die Gnade Gottes ohne alle Voraussetzungen auf ihrer Seite.

Im Jakobusbrief wird Abraham als Beispiel für die Rechtfertigung aus den Werken des Glaubens genannt (vgl. Jak 2,21–23). Im Römerbrief dagegen wird er von Paulus als Typus des allein aus dem Glauben Gerechtfertigten dargestellt (vgl. Röm 4). Diese Problematik behandelt Origenes am Anfang von Buch 4. Er stellt die widersprüchlich klingenden Aussagen von Jakobus und Paulus nebeneinander und versucht dann, das Problem zu lösen. Der Jakobusbrief sagt, Abraham sei aufgrund des durch Werke vollendeten Glaubens gerechtfertigt worden, Paulus aber zitiert Gen 15,6: „Abraham glaubte Gott, das wurde ihm als Gerechtigkeit angerechnet“, und er stützt auf dieses Zitat seine ganze Argumentation, die beweisen will, daß der Glaube allein für die Rechtfertigung genügt. Origenes spricht deshalb von den zwei Rechtfertigungen, von denen

in der Schrift die Rede ist, die Rechtfertigung aus dem Glauben und die Rechtfertigung aus den Werken[31]. Beide sind in Abraham verwirklicht, doch sie haben unterschiedliche Bedeutung. Die Rechtfertigung aus dem Glauben bringt vor Gott Ehre, die aus den Werken nur vor den Menschen, denn die Menschen erkennen den Glauben an den Werken. Gott allein sieht den Glauben an sich. Deshalb kommt es eigentlich nur auf die Rechtfertigung aus dem Glauben an, denn nur sie allein schenkt das Heil (vgl. 4, 1). Die Rechtfertigung aus den Werken erweist den Glauben vor den Menschen, die ihn selbst nicht sehen können, sondern nur seine Auswirkungen erkennen.

Wie für Origenes Glaube und Werke kein Gegensatz sind, so auch nicht Glaube als menschliche Bemühung und Glaube als Gnade. Man hat Origenes vorgeworfen, sein Glaubensbegriff sei in dem Sinne unpaulinisch, daß bei ihm Glaube als Tugend und damit als menschliche Leistung verstanden werde[32]. Aber dieser Vorwurf trifft nicht, denn Origenes sieht den Glauben so umfassend, daß er beides zugleich in sich begreift: das Gnadengeschenk Gottes und die Bemühung aller Kräfte des Menschen. Gnade ist die Zuwendung Gottes, durch die der Mensch in die Beziehung zu Gott gerufen wird. In dem Sinn bezeichnet Origenes auch die Schöpfung als Gnade, sie setzt sich fort in der Teilhabe am λόγος, die dem Menschen durch seine Geistnatur geschenkt wird, das heißt, daß er als ein Wesen geschaffen wird, das λογικός ist. Noch größere Gnade schenkt Gott dem Menschen, wenn er ihn durch sein Gesetz zum Bundespartner macht wie im Alten Testament und ihn dann durch den Glauben an das Evangelium in die Gemeinschaft mit dem menschgewordenen Wort hineinnimmt. Gottes gesamtes Heilswirken ist also Gnade. Konkret heißt das nach Origenes: Gott teilt sich selbst mit als

---

31 Vgl. SCHOEPS, *Paulus* 212.

32 Vgl. BOYD, *Origen* 434–442; BECK, *Werk Christi* 110.120.134.

Heil und Leben des Menschen, wodurch der Mensch zunehmend an Existenz gewinnt[33].

Glaube ist aber zugleich ganz freie Tat des Menschen. Wie die Existenz des Menschen als Freiheit Gnadengabe Gottes ist, so wird der Mensch auch durch die Gabe des neuen Lebens befähigt, dieses Leben in voller Freiheit zu ergreifen und zu verwirklichen. Freiheit und damit Selbständigkeit des Menschen und Gnade schließen sich nicht aus, sondern bedingen sich geradezu. „Wenn wir gute Früchte bringen zur Heiligkeit, dann sind es die unseren. Denn daß die menschliche Natur diese Früchte bringen kann, das hat sie von ihrem Schöpfer empfangen“ (6,5). So kann Origenes die Glaubenden sehr eindringlich zu einem Leben aus dem Glauben ermahnen und zeigen, daß sich die Sünde nicht mit dem Glauben verträgt[34]. Damit bestätigt er, daß der Glaube zugleich Gnadengeschenk Gottes und freie Tat des Menschen ist[35].

Origenes sieht Paulus nicht im Gegensatz zu jüdischer oder auch christlicher Gesetzes- beziehungsweise Leistungsfrömmigkeit, sondern als den Apostel, der Juden und Heiden im Glauben an Christus zusammenführen will, aber auch durchaus weiß, daß dieser Glaube seine Konsequenzen in den Werken hat, an denen er seine Echtheit erweist und nach denen im Gericht geurteilt wird. Origenes sieht Paulus im Einklang mit dem Matthäusevangelium und mit Jakobus. Andererseits ist Rechtfertigung für Origenes nicht ein Urteil über die moralische Qualität eines Menschen, „Gott rechtfertigt“ heißt vielmehr, er läßt an seiner Gerechtigkeit teilhaben, er ruft in die Gemeinschaft mit sich selbst. Das geschieht, wenn er sein Wort an das Volk oder den einzelnen richtet, das nur im Glauben gehört

---

33 Vgl. NORMANN, *Teilhabe* 158–176; GRUBER, *ΖΩΗ* 229–240.

34 Vgl. SCHERER, *Commentaire* 180, 17–20 = 4,1.

35 Vgl. 9,3: *Sicut est fides, quam docuimus esse in nobis, et rursus est fides, quae per gratiam datur …*

und aufgenommen werden kann. Aus diesem Glauben heraus wird dann das Handeln bestimmt und geprägt. Das Wesentliche ist geschehen, wenn der Mensch glaubt, weil Gott den Menschen damit seinsmäßig verändert. Die Rechtfertigung allein aufgrund des Glaubens ist für Origenes in gewissem Sinn selbstverständlich, weil er Glauben als die einzige Möglichkeit der Verbindung mit Gott sieht. Die seinsmäßige Veränderung, die am Menschen durch den Glauben geschieht, ist ein Hinauswachsen über das Menschliche. Das Ziel des Menschen, zu dem der Glaube führen will, ist die Vergöttlichung, nicht die moralische Vervollkommnung. „An ihm erfüllt sich jenes Wort, das der Herr selbst gesprochen hat: Ich sage, Götter seid ihr und Söhne des Allerhöchsten (Joh 10,34). Wenn der Mensch so pneumatisch geworden ist und ein einziger Geist mit dem Herrn, oder wenn er einst durch die Glorie der Auferstehung in die Ordnung der Engel eintreten wird, dann ist er in Wahrheit ein Nicht-mehr-Mensch." [36]

5. Abraham, der Vater des Glaubens

Origenes hat Paulus als den Apostel beschrieben, der seine Lehre immer aus der Schrift begründet. So versteht er Kapitel 4 als Schriftbeweis für die These des Paulus von der Rechtfertigung aufgrund des Glaubens. „Um das (die Rechtfertigung aufgrund des Glaubens) aus der Schrift zu belegen, führt er das Beispiel Abrahams an" (4,1). Mehr noch als die Tatsache der Rechtfertigung aus dem Glauben interessiert Origenes jedoch die Art des Glaubens, der zur Gerechtigkeit angerechnet wird. Das Beispiel Abrahams wird von ihm auch in dieser Weise ausgedeutet.

Abraham verwirklicht in sich selbst die beiden Rechtfertigungen, er hat den Glauben, wird aber auch durch sein

---

[36] ORIGENES, *hom. in Lev.* 9,11, Übersetzung von RAHNER, *Menschenbild* 230; vgl. auch 3,1.

Tun gerechtfertigt. Gerade darum kann Origenes im Anschluß an Paulus zeigen, daß nur der Glaube ihm den Ruhm vor Gott einbringt. Das Tun bringt zwar auch Ruhm ein, Origenes schwächt das keineswegs ab, aber es ist ein Ruhm vor den Menschen. Der Glaube wird Abraham als Gerechtigkeit angerechnet, noch bevor er beschnitten wurde. Darum ist er der Vater aller, die glauben, ob sie nun unbeschnitten sind, wenn sie den Glauben empfangen, oder die Beschneidung als Zeichen ihres Gehorsams dem Gesetz gegenüber an sich tragen.

An Abraham kann Origenes auch das Wachsen des Glaubens deutlich machen. Schon sein Eingehen auf die Berufung Gottes geschah im Glaubensgehorsam, und alles, was von Abraham in der Genesis berichtet wird, ist nur aus dem Glauben zu verstehen, der bis zur Fülle wuchs und ihm dann in dieser vollen Gestalt als Gerechtigkeit angerechnet werden konnte. Auf diese Weise verkörpert Abraham den ganzen Glauben des Menschen, er ist der Stammvater aller Glaubenden überhaupt, weil er durch sein Beispiel den Glauben in allen verschiedenen Situationen lehrt.

Aufgrund seines Glaubens hatte Abraham eine tiefe Beziehung zu Gott. Er war mehr als ein Knecht, der die Vorschriften seines Herrn befolgt. Sein Glaube erfaßte ihren inneren Sinn. Darum wurde er Freund Gottes genannt, denn „die Gesetzesvorschrift gilt für Sklaven, von Freunden erwartet man Glauben“ (4,3).

Abrahams Glaube richtet sich auf den Gott, der aus dem Nichts ins Dasein gerufen hat (vgl. Röm 4,17). Origenes erklärt, daß damit zugleich von der Schöpfung wie auch vom heilschaffenden Wort des Evangeliums die Rede ist, denn die Heiden sind nicht, bevor sie zum Glauben Abrahams kommen. Auch sie werden aus dem Nichts ins Dasein gerufen, das heißt aus der Gottlosigkeit in die Gottesnähe. Abrahams Glaube ist Form und Bild des christlichen Glaubens, der vor allem die Auferstehung des Herrn bezeugt.

Er umfaßt also den Glauben an den Schöpfer und an den Erlöser als an den einen Gott, der sich in seinem Heilshandeln immer treu bleibt (vgl. 4,7)[37]. Abraham glaubt in der Hoffnung auf die Verheißung Gottes, die Christen glauben an das realisierte und offenbar gewordene Heilshandeln Gottes. Gerade im Glauben Abrahams, in den die Christen eintreten, vollzieht sich der Übergang von der jüdischen Religion zur christlichen, denn die Heilsgeschichte ist eine Geschichte des Glaubens und beginnt mit Abraham. Der an Christus, den Auferstandenen, Glaubende empfängt das Leben aus dem Tode, das Abrahams Glaube voll Hoffnung gegen alle Hoffnung ersehnte.

---

[37] Siehe auch SGHERRI, *Deus Hebraeorum*.

ANMERKUNG DER HERAUSGEBER

Da die kritische Ausgabe des Römerbriefkommentars (hrsg. von HAMMOND-BAMMEL = AGLB 16) erst bis Buch 3 vorliegt, sehen sich die Herausgeber gezwungen, auf den Abdruck dieses Textes zu verzichten.

COMMENTARII IN EPISTULAM AD ROMANOS

LIBER TERTIUS, LIBER QUARTUS

RÖMERBRIEFKOMMENTAR

DRITTES UND VIERTES BUCH

1. *Si autem iniquitas nostra Dei iustitiam commendat, quid dicemus? Numquid iniquus Deus, qui infert iram? Secundum hominem dico. Absit! Alioquin quomodo iudicabit Deus hunc mundum? Si enim veritas Dei in meo mendacio abundavit in gloriam eius, quid adhuc et ego tamquam peccator iudicor et non, sicut blasphemamur et sicut dicunt nos quidam dicere: Faciamus mala, ut veniant bona? Quorum damnatio iusta est.* Multum fortassis inconsequens videbitur ordo dicendi per omnem paene textum huius epistulae ab apostolo Paulo digestus, dum sermo eius nunc adversum gentes dirigitur, nunc pro gentibus temperatur, et rursum adversum Iudaeos et iterum de Iudaeis aut | etiam | 922 B
pro Iudaeis ponitur, et ex ipsis alios quidem laude dicit dignos, alios vituperat.

Quae rursum sensuum varietas extra lineas eum propositae actionis putabitur abduxisse, veluti cum exclamatione utitur illa, qua ait: „Fiat autem Deus verax, omnis autem homo mendax!“ vel etiam ea, quam consequenter adiungit, cum dicit: „Si autem iniquitas nostra Dei iustitiam commendat“ et reliqua, ut per hoc de excessu in excessum

---

1 *Ordo dicendi* oder auch *litterae* bzw. *verborum consequentia* ist die Übersetzung von ἀκολουθία, deren Fehlen ORIGENES besonders in den prophetischen und apostolischen Schriften feststellt, der Römerbrief wird von ihm noch eigens genannt; vgl. ORIGENES, *philoc.* 9,3. Wie ORIGENES weiß, gehört ἀκολουθία — logische Gedankenfolge — zu den Anforderungen, die man an einen guten und schönen Text stellt. Er erklärt ihr Fehlen bei Paulus mit dessen mangelnder Ausbildung in Rhetorik (dafür zitiert er oft 2 Kor 11,6; vgl. NEUSCHÄFER, *Origenes als Philologe* 243f. 255) und der Überfülle der Mysterien, die er verkünden muß, wofür die sprachlichen Möglichkeiten nicht ausreichen; vgl. *praefatio Origenis* und 1,13 mit *frg.* 4 (RAMSBOTHAM); 6,9 u.a.

Drittes Buch

1. *Wenn aber unsere Ungerechtigkeit die Gerechtigkeit Gottes bestätigt, was sagen wir dann? Ist Gott nicht ungerecht, wenn er seinen Zorn walten läßt? Das frage ich sehr menschlich. Keineswegs! Denn wie könnte Gott die Welt sonst richten? Wenn nämlich die Wahrheit Gottes sich durch meine Unwahrheit als noch größer erwiesen hat und so Gott verherrlicht wird, warum werde ich dann als Sünder gerichtet? Gilt am Ende das, womit man uns lästert und was einige uns in den Mund legen: Laßt uns Böses tun, damit Gutes entsteht? Diese Leute werden mit Recht verurteilt* (Röm 3,5–8). So wie der Apostel Paulus den Brief komponiert hat, wirkt die Gedankenfolge fast im gesamten Text ziemlich inkonsequent[1]. Denn einmal richtet sich sein Wort gegen die Heiden, ein anderes Mal tritt es mildernd für sie ein. Genauso wendet es sich bald gegen die Juden, bald wieder erwähnt es nur die Juden oder setzt sich sogar für sie ein. Und einigen von ihnen spendet Paulus Lob, andere jedoch tadelt er[2].

Die Verschiedenartigkeit dessen, was er sagen will, wird ihn wohl manchmal von der geplanten Gedankenführung abgebracht haben, wie zum Beispiel da, wo er ausruft: „Gott soll sich als der Wahrhaftige erweisen, jeder Mensch aber als Lügner" (Röm 3,4), oder auch wenn er daraufhin fortfährt: „Wenn aber unsere Ungerechtigkeit die Gerechtigkeit Gottes bestätigt" und so weiter. Auf diese Weise scheint er unvermerkt von einem Exkurs[3] in den anderen

---

[2] Vgl. 2,14; 3,2; 3,9; 8,1; 8,6; 8,10; 10,8; 10,11.

[3] *Excessus* bedeutet das Abweichen von der strengen thematischen Folgerichtigkeit. Im Kommentar gibt es größere (vgl. Bd. 1, 32f Einführung) und kleinere solcher Exkurse. Das griechische Äquivalent zu diesem rhetorischen Terminus ist διέξοδος bzw. παρέκβασις (vgl. Thesaurus Linguae Latinae 5/2, 1229, 3.12–14).

videatur elapsus. Sed qui credimus ei dicenti, quia „idoneos nos fecit ministros novi testamenti non littera sed spiritu“, sensum eius multo celsiorem, quam humanae artis ratio habere creditur, invenimus. Per omnem namque huius epistulae textum do|cere vult, quae fuerit vel ante adventum | 923
Christi salus secundum legem viventibus vel quomodo per salvatoris adventum rursum ex incredulitate Israel salus gentibus conferatur et rursum quod neque ex integro gentes, nisi quae crediderint, veniant ad salutem neque ex integro abiciatur Israel, sed reliquiae credentium salvae fiant. Et ideo confusus, ut dixi, videtur ordo dicendi, dum diversitates credentium et non credentium partis utriusque prosequitur. In quibus necessario sermonem convertit et ad Deum, ut in his omnibus assumptionum repulsionumque differentiis vera quidem et iusta Dei doceat esse iudicia, multum autem in hominibus abundare mendacii; et ideo dicit: „Fiat autem Deus verax, omnis autem homo mendax, sicut scriptum est: ut iustificeris in sermonibus tuis et vincas, cum iudicaris.“ De quibus, prout potuimus, in superioribus diximus.

Ad haec ergo nunc videns posse sibi e contrario verisimile obici, quia si, ut Deus verax sit, mendacem esse omnem hominem necesse est, etsi iustitia Dei per hominum

---

[4] ORIGENES spricht in der *praefatio Origenis* vom *sensus perfectior* und der *sublimitas mentis* des Paulus, die im Römerbrief am weitesten fortgeschritten sei. Vgl. HEITHER, *Translatio Religionis* 32f.

[5] Mit dem Satz *Per omnem … salvae fiant* hat ORIGENES das Thema des Briefes angegeben, vgl. Bd. 1, 26–32 Einführung, und HEITHER, *Translatio Religionis* 57–67. Ähnliche Themenangaben in der *praefatio Origenis* und in 9, 1.

zu geraten. Doch weil wir seinem Wort glauben: „Er hat uns fähig gemacht, Diener des Neuen Bundes zu sein, nicht des Buchstabens, sondern des Geistes“ (2 Kor 3,6), haben wir entdeckt, daß seine Einsicht viel überragender ist, als man einem menschlichen Geist zutrauen kann, sei er auch noch so gebildet[4]. Mit allem, was in diesem Brief steht, will Paulus nämlich lehren, auf welche Weise vor der Ankunft Christi das Heil denen zuteil wurde, die nach dem Gesetz lebten, und wie andererseits aufgrund des Unglaubens Israels den Heiden durch die Ankunft des Erlösers das Heil geschenkt wird (vgl. Röm 11,11). Paulus will weiterhin zeigen, daß nicht die Heiden insgesamt zum Heil kommen, sondern nur diejenigen, die den Glauben angenommen haben, und daß auch Israel nicht insgesamt verworfen, sondern ein Rest, die Glaubenden nämlich, gerettet wird (vgl. Röm 9,27)[5]. Wie ich sagte, wirkt die Gedankenfolge des Apostels deshalb verworren, weil er sich ja den unterschiedlichen Gruppen der Glaubenden oder Nichtglaubenden beider Seiten zuwendet. In diesem Zusammenhang muß er sein Wort auch an Gott richten, um zu erweisen, daß dessen verschiedene Urteilssprüche, wenn er jeweils über Annahme oder Verwerfung entscheidet, wahr und gerecht sind, wohingegen bei den Menschen die Unwahrheit überhandnimmt. Darum sagt er: „Gott soll sich als der Wahrhaftige erweisen, jeder Mensch aber als Lügner, wie es in der Schrift heißt: So behältst du recht mit deinen Worten und trägst den Sieg davon, wenn man mit dir rechtet“ (Röm 3,4). Darüber haben wir oben, so wie wir es vermochten, gesprochen[6].

Jetzt zieht Paulus in Betracht, daß man gegen ihn aller Wahrscheinlichkeit nach einwenden wird: Wenn jeder Mensch notwendigerweise ein Lügner sein muß, damit Gott sich als der Wahrhaftige erweist, und wenn Gottes

---

[6] Vgl. 2,14.

iniustitiam commendatur, iniustus videbitur Deus, qui iram hominibus inferat, cum per hominum iniustitiam suam iustitiam videat approbari. Si enim nostra, hoc est hominum, iniustitia Dei iustitiam commendat, non utique poena digni homines videbuntur, per quos iustitia Dei probabilior habetur et clarior. Sed absit, inquit, ut hoc ita recipiamus, iniquum videri Deum, qui inducat iram adversum homines. Quomodo enim iniustus putabitur, qui iudicat mundum, cum ipso nomine iudicis ostendatur nihil sine iudicio facere? Ubi autem iudicium est, constat esse iustitiam. A iustitia namque et iudex et iudicium nominatur.

Si ergo, ut iniusti, inquit, nos affirmare confingunt, „veritas Dei in meo mendacio abundavit, superfluo ego tamquam peccator iudicor.“ Sed illud magis videbitur, in quo blasphemant nos, inquit, quasi hoc videamur dicere, ut si veritas Dei in hominum mendacio magis ostenditur et iustitia eius per hominum iniustitiam comprobatur, „faciamus ergo nos mala, ut ex malis eveniant bona“, et mentiamur nos, ut ex nostro mendacio Dei veritas clarescat. Sed haec quidem de nobis confingunt blasphemantes nos, quod quasi ex ipsius assertionis nostrae consequentia haec dici vel consequi videantur. Quod ratio dogmatis nostri omnino non recipit, qui iustum et verum intelligimus iudicem Deum.

Sciendum sane est, quod in quibusdam etiam Graecis exemplaribus sic invenitur: „Numquid iniquus Deus, qui infert iram adversum homines?“ Et magis secundum hunc

---

[7] ORIGENES hat hier die Argumentation des Paulus durch eine Paraphrase verdeutlicht, wie er im Anschluß an den nächsten Abschnitt über die zwei Textfassungen noch einmal betont. Vgl. HARL, *Sémantique* 175.

Gerechtigkeit durch die Ungerechtigkeit der Menschen bestätigt wird, ist Gott anscheinend ungerecht, wenn er seinen Zorn gegen die Menschen walten läßt, obwohl er doch durch die Ungerechtigkeit der Menschen seine Gerechtigkeit bestätigt sieht. Wenn nämlich unsere, das heißt die Ungerechtigkeit der Menschen, Gottes Gerechtigkeit bestätigt, dann verdienen die Menschen offenbar keine Strafe, weil durch sie Gottes Gerechtigkeit deutlicher hervortritt. Aber keineswegs, sagt er, dürften wir das so verstehen, daß Gott ungerecht erscheint, wenn er seinen Zorn gegen die Menschen walten läßt. Wie kann man den Weltenrichter für ungerecht halten, da doch der Titel „Richter" bezeugt, daß er nichts ohne richterliche Untersuchung tut. Wo aber Rechtsprechung stattfindet, gibt es mit Sicherheit Gerechtigkeit. Von der Gerechtigkeit haben nämlich Richter und Rechtsprechung ihren Namen.

Ungerechte Menschen — so argumentiert Paulus — legen uns fälschlicherweise folgende Behauptung in den Mund: „Wenn sich die Wahrheit Gottes durch meine Unwahrheit als noch größer erwiesen hat, dann dürfte ich nicht als Sünder verurteilt werden." Dann würde auch das gelten, womit sie uns verleumden, als ob wir sagen wollten: Wenn Gottes Wahrheit in der menschlichen Unwahrheit noch mehr aufleuchtet und seine Gerechtigkeit durch die Ungerechtigkeit der Menschen bestätigt wird, dann laßt uns also Böses tun, damit aus dem Bösen Gutes entsteht; dann laßt uns lügen, damit aus unserer Unwahrheit Gottes Wahrheit erstrahlt. Das aber dichten sie uns an, indem sie lästern und behaupten, aufgrund unserer Aussage müsse so gesprochen und gefolgert werden. Als vernünftige Darlegung unserer Lehre kann man das keineswegs akzeptieren, denn wir verstehen Gott als den gerechten und wahrhaftigen Richter[7].

Man sollte allerdings wissen, daß in verschiedenen, auch griechischen Handschriften steht: „Ist Gott nicht ungerecht, wenn er seinen Zorn gegen die Menschen walten läßt?" (Röm 3,5). Diesem Sinn entspricht eher das, was wir

sensum videbuntur | quae diximus convenire. Secundum | 924
hoc vero, quod in Latinis exemplaribus et nonnullis Graecorum invenimus: „Numquid iniquus Deus, qui infert iram? Secundum hominem dico. Absit!" Ita intelligendum videtur: Hoc, quod dicitur: „iniquus Deus, qui infert iram", pro eo quod „iniustitia nostra iustitiam Dei commendat", non secundum Deum neque secundum sapientiam Dei dicitur, sed secundum hominem et secundum hoc, quod dicitur: „Omnis homo mendax." Haec autem diximus ipsum adhuc ordinem sermonum et dictorum consequentiam pertractantes, ut divisio ipsa verborum apertiorem nobis faceret intelligendi viam.

Nunc vero iam, qualis in his sermonibus habeatur sensus secundum dignationem apostolicam requiramus. Omnis disciplina ex prosperis et ex adversis vel contrariis constat. Verbi gratia: Medicina scientiam non solum sanitatis, sed et languoris profitetur; et quamvis sanitatis studium gerat, non potest tamen nescire, quae languoris sunt. Similiter et prudentia per boni et mali scientiam constat; et temperantia, quae eligenda et quae cavenda sint, novit; et fortitudo non ignorat, quae ad formidinem spectant. Ita et iustitia; si scire volumus, quid est iustitia, necesse est nos scire, quid est iniustitia; cum autem plenam scientiam iniustitiae ceperimus, ex ipsa, quae sit etiam iustitia, cognoscemus; cum enim claruerit, quid sit iniustum, consequenter, quid etiam iustum sit, apparebit. Et quoniam iustitia in Deo est, cuius natura humano sensui inaccessa est, iniustitia vero in nobis hominibus vel etiam in unaquaque rationabili creatura ha-

---

[8] ORIGENES läßt die zwei verschiedenen Fassungen des Textes gleichberechtigt nebeneinander stehen, ohne zu entscheiden, welche die richtigere sei. Bei solchen textkritischen Überlegungen hat RUFIN oft gekürzt. Dadurch sind Brüche im Text entstanden. So paßt nicht zusammen, daß das Lemma die lateinische Normallesart bringt, im Kommentar aber zunächst die griechische Normallesart besprochen wird und dann erst die des Lemmas als Variante. Vgl. HAMMOND-BAMMEL, *Römerbriefkommentar* 40. 215 f; SCHERER, *Commentaire* 94.

bisher gesagt haben. In den lateinischen und in einigen griechischen Handschriften findet man dagegen: „Ist Gott nicht ungerecht, wenn er seinen Zorn walten läßt? Das frage ich sehr menschlich. Keineswegs!" Wir müssen es folgendermaßen verstehen: Die Aussage: Gott ist ungerecht, wenn er seinen Zorn walten läßt, da ja unsere Ungerechtigkeit Gottes Gerechtigkeit bestätigt, entspricht weder Gott noch seiner Weisheit, sondern sie ist dem Menschen gemäß. Denn es heißt: „Jeder Mensch ist ein Lügner" (vgl. Röm 3,4)[8]. Dies haben wir erörtert, um die Gedankenfolge und die Folgerichtigkeit der Aussagen zu behandeln. Unsere Absicht ist, leichteren Verständniszugang dadurch zu gewinnen, daß wir das Gesagte aufgliedern.

Jetzt wollen wir danach fragen, welchen der apostolischen Würde entsprechenden Sinn diese Worte enthalten. Jede Wissenschaft beruht auf der Kenntnis dessen, was förderlich oder hinderlich beziehungsweise nachteilig ist. Zum Beispiel gibt die Medizin als ihr Wissensgebiet nicht nur die Gesundheit, sondern auch die Krankheit an, und obwohl sie sich um Gesundheit bemüht, muß sie doch genau wissen, was Krankheit ist. In gleicher Weise beruht die Klugheit auf der Kenntnis von Gut und Böse, die Mäßigkeit weiß, was zu wählen und was zu meiden ist; und Tapferkeit ist nicht in Unkenntnis über Dinge, die Schrekken erregen. So auch bei der Gerechtigkeit. Wenn wir wissen wollen, was Gerechtigkeit ist, müssen wir notwendigerweise wissen, was Ungerechtigkeit ist. Wenn wir uns aber eine umfassende Kenntnis dessen verschafft haben, was Ungerechtigkeit ist, werden wir daraus auch erkennen, was Gerechtigkeit ist. Ist nämlich klargeworden, was ungerecht ist, wird infolgedessen auch deutlich werden, was gerecht ist. Die Gerechtigkeit ist in Gott, dessen Natur dem menschlichen Geist unzugänglich ist, die Ungerechtigkeit kann jedoch in uns Menschen wie auch in jedem anderen vernunftbegabten Geschöpf vorkommen. Darum wird auf-

betur, ex hac nostra iniustitia, quae nobis nota est, illa, quae nobis velut inaccessa est et incomprehensibilis, Dei iustitia cognoscitur et commendatur; et velut ex contrario contrarium proditur.

Notat igitur apostolus Paulus imperitiam eorum, qui inconsequentem obiciunt quaestionem, putantes iniquum esse Deum, qui iram in hominibus inducat, pro eo quod iustitia eius ex nostra [in]iustitia commendetur; ignorantes autem non peccatorum nostrorum beneficio, sed ipsius rationis fieri consequentia, ut contraria ex contrariis approbentur. Ideo ergo sic dicit apostolus: „Si autem iniustitia nostra Dei iustitiam commendat, quid dicemus? Numquid iniquus Deus, qui infert iram? Secundum hominem dico. Absit! Alioquin quomodo iudicabit Deus mundum?“ Non ergo in hoc iniquus approbatur Deus, si disciplinae ratio contraria ex contrariis approbat et ex iniustitia iustitiam commendat.

Sed cum omni consequentia digne meritoque inimica est et adversatur iniustitiae iustitia, sicut ini|mica et adversa est | 925 vita morti et lux tenebris. Et ideo dicitur Deus, in quo est iustitia, inferre iram hominibus, in quibus habitat iniustitia. Istae enim sibi naturaliter adversantur. Et quomodo etiam ex hoc ipso iniustus videbitur Deus, qui adversatur iniustitiae? Et idcirco fortassis non dixit apostolus, quia nos homines iniusti commendamus iustitiam Dei, sed ait: „si iniustitia nostra Dei iustitiam commendat“, ut ostenderet non Deum hominibus, sed iustitiam iniustitiae esse contrariam, induci autem hominibus iram, pro eo quod in semet

---

[9] In Zeile 8 ist der Text korrigiert in *nostra iniustitia* (statt *nostra iustitia*); vgl. HAMMOND-BAMMEL, *Römerbriefkommentar* 196,95. Siehe auch Seite 40 Zeile 8 f.

[10] SCHERER, *Commentaire* 128f Anm. zu 1, verweist auf die Stoiker, sagt aber dazu, daß es sich wahrscheinlich um einen Gemeinplatz der zeitgenössischen Philosophie handelt, vgl. 2,5 u. Bd. 1, 198 Anm. 16. COCCHINI, *Commento 1 (1985)* 66 Anm. 20, verweist auf DIOGENES LAERTIUS 7, 1,45–46.52–53.

grund unserer Ungerechtigkeit, die uns bekannt ist, Gottes Gerechtigkeit, die uns gleichsam unzugänglich und unfaßbar ist, erkannt und bestätigt. Sie zeigt sich sozusagen durch ihr Gegenteil.

Der Apostel Paulus rügt also die Unwissenheit derer, die als Einwand eine so unvernünftige Frage stellen und meinen, Gott sei ungerecht, wenn er seinen Zorn gegen die Menschen walten läßt, da sich doch durch unsere Ungerechtigkeit[9] seine Gerechtigkeit bestätigt. Sie verkennen dabei, daß nicht dank unserer Sünden, sondern aufgrund der Vernunft selbst zu folgern ist, daß eine Sache durch ihr Gegenteil bewiesen wird. Deshalb also sagt der Apostel: „Wenn aber unsere Ungerechtigkeit die Gerechtigkeit Gottes bestätigt, was sagen wir dann? Ist Gott nicht ungerecht, wenn er seinen Zorn walten läßt? Das frage ich sehr menschlich. Keineswegs! Denn wie könnte Gott die Welt sonst richten?" Nicht dadurch wird also Gott als ungerecht erwiesen, daß wissenschaftliches Denken etwas mit Hilfe seines Gegenteils aufweist und die Gerechtigkeit durch die Ungerechtigkeit bestätigt[10].

Aber ganz radikal und mit vollem Recht steht die Gerechtigkeit als Feind im Kampf gegen die Ungerechtigkeit, so wie Leben und Tod, Licht und Finsternis sich als Feinde bekämpfen. Deshalb heißt es, daß Gott, in dem die Gerechtigkeit ist, seinen Zorn gegen die Menschen, in denen die Ungerechtigkeit wohnt, walten läßt. Diese beiden bekämpfen sich nämlich von Natur aus. Wie könnte denn Gott gerade in seiner Feindschaft gegen die Ungerechtigkeit als ungerecht erscheinen? Vielleicht hat der Apostel auch deshalb nicht gesagt, daß wir, die ungerechten Menschen, Gottes Gerechtigkeit bestätigen. Vielmehr sagt er: „Wenn unsere Ungerechtigkeit die Gerechtigkeit Gottes bestätigt", um damit zu zeigen, daß nicht Gott den Menschen entgegengesetzt ist, sondern die Gerechtigkeit der Ungerechtigkeit. Gegen die Menschen aber läßt er seinen Zorn walten, weil diese in sich selbst der Ungerechtigkeit Raum gegeben

ipsis locum iniustitiae dederint. Non ergo iniustus videbitur Deus, qui est iustitia, cum irascitur adversus iniustitiam, cui eum non decet esse propitium; sed pervenit ira haec etiam in homines, qui se ministros iniustitiae, cui Deus irascitur, praebuerunt. Neque enim in ullo potest subsistere iniustitia vel iustitia; sed sicut iustitia effectus est iusti rectique operis, qui primo in Deo, tum etiam in his, qui imitantur eum, invenitur, ita et iniustitia effectus est [in]iusti pravique operis, qui primo in diabolo, tum etiam in his, qui eum volunt imitari, deprehenditur. Et ideo digne eis ira memoratur inferri, quamvis ex iniustitia eorum velut ex contrario videatur Dei claruisse iustitia. Poterant namque, sicut receperunt in se affectum iniusti pravique operis, multo magis iusti rectique recipere.

Iuste igitur a Deo ira super omnes homines induci dicitur. Illi enim, in quibus ira non habet locum, iam non homines, sed supra homines appellandi sunt. Et propterea fortassis idem apostolus Paulus de omnibus hominibus pronuntiat dicens, quia „eramus natura filii irae sicut et ceteri". Non enim dixit: „Eramus filii irae", sed addidit: „Eramus natura filii irae sicut et ceteri." Omnes enim homines natura filii irae effecti sunt, ex eo quod erant dii et filii excelsi, et per hoc homines appellati sunt.

---

[11] Aufs neue erklärt ORIGENES die Lesart „gegen die Menschen", die RUFIN nicht ins Lemma aufgenommen hat, sondern nur als Variante erwähnt.

[12] Im Migne-Text steht zuerst *effectus* und dann im letzten Satz *affectus*, während der kritische Text immer *affectus* hat, vgl. HAMMOND-BAMMEL, *Römerbriefkommentar* 198, 118. 120. 125. Die Änderung wurde wohl vorgenommen, weil *affectus* Gottes nicht angemessen ist.

[13] Das Menschenbild des ORIGENES ist dynamisch. Der Mensch ist Freiheit, er kann sich zum Geist oder zum Fleisch hin bewegen. Sein Ziel und seine eigentliche Würde erreicht er nur, wenn er mehr wird als Mensch. Mit dem bloßen Namen „Mensch" ist für ORIGENES die fleischliche Existenz gekennzeichnet. Zur Anthropologie des ORIGENES vgl. RAHNER, *Menschenbild*; CROUZEL, *L'anthropologie*; DUPUIS, *L'esprit de l'homme*. Manche Autoren sehen an dieser Stelle einen Hinweis auf die

haben. Gott, die Gerechtigkeit selbst, ist also offenbar nicht ungerecht, wenn er sich im Zorn der Ungerechtigkeit widersetzt, da es ihm ja nicht entspricht, ihr mit Nachsicht zu begegnen. Die Menschen erreichte dieser Zorn jedoch, weil sie sich als Diener der Ungerechtigkeit, gegen die sich Gottes Zorn richtet, erwiesen haben[11]. In keinem Menschen kann ja Ungerechtigkeit und Gerechtigkeit zugleich anwesend sein. Gerechtigkeit ist die Frucht des gerechten und richtigen Handelns, die sich vor allem in Gott findet, dann aber auch in denen, die ihn nachahmen. Genauso ist Ungerechtigkeit die Frucht des ungerechten und verkehrten Handelns, wie man sie vor allem im Teufel antrifft, dann aber auch in denen, die ihn nachahmen wollen. Darum heißt es mit Recht, daß der Zorn über sie kommt (vgl. Röm 1,18), obwohl aus ihrer Ungerechtigkeit Gottes Gerechtigkeit wie aus dem Gegenteil aufgestrahlt ist. Denn wie sie sich zu ungerechtem und schlechtem Handeln hinreißen ließen, so konnten sie sich noch viel eher von der Liebe zu gerechtem und richtigem Tun prägen lassen[12].

Zu Recht sagt man also, daß Gott seinen Zorn über alle Menschen kommen läßt. Diejenigen nämlich, auf die sich der Zorn nicht richtet, sollte man nicht als Menschen, sondern als übermenschliche Wesen bezeichnen. Und vielleicht verkündet deshalb der gleiche Apostel Paulus von allen Menschen, daß „wir von Natur aus Kinder des Zorns waren wie die anderen“ (Eph 2,3). Er sagte nämlich nicht nur: „Wir waren Kinder des Zorns“, sondern fügte hinzu: „Wir waren von Natur aus Kinder des Zorns wie die anderen.“ Aus Göttern und Söhnen des Höchsten sind nämlich alle durch ihre Natur zu Kindern des Zorns geworden und wurden deshalb als Menschen bezeichnet[13].

Lehre des ORIGENES von der Präexistenz der Seelen und ihrem ursprünglichen Fall. Doch legt der Kontext ein anderes Verständnis nahe.

Attende enim diligentius, quomodo dicit: „Ego dixi: Dii estis et filii excelsi" et addidit: „omnes vos". Quae adiectio omne simul sub hoc titulo humanum significat genus connexum. Denique in consequentibus dicit: „Vos autem ut homines moriemini." Unde et illud, quod scriptum est: „Et recogitavit Deus, quia fecit hominem super terram; et paenituit in corde suo et dixit Deus: Delebo hominem, quem feci, a facie terrae", non solum pro excidio diluvii dictum puto, sed aliquid ex hoc etiam sub mysterio de futuris praedictum, ut eo modo sentiatur, quod dictum est: „Delebo hominem", quo et per prophetam dicit Deus: „Ecce enim deleo sicut nubem iniquitates tuas", ut videatur delens eum secundum hoc, quod homo est, | post haec facere | 926 eum deum tunc, cum erit Deus omnia in omnibus. Ad hunc autem sensum etiam illud applicari potest, quod in Genesi dicitur: „Tempus omnis hominis venit in conspectu meo", ut non solum de illo tunc diluvii tempore dictum putetur, sed et de mysterio baptismi, quemadmodum dicit apostolus Petrus, quia sicut tunc ex diluvio salvus factus est Noe, ita et nunc simili forma per baptismum salvi fiant credentes.

Et ita potest hoc, quod dicit tempus omnis hominis advenisse, intelligi ad salutem, ut per gratiam baptismi credentes intelligantur ex hominibus in superiorem ordinem commutandi, cum dies resurrectionis advenerit, ubi

---

[14] Ps 82,6f ist eine der Schriftstellen, die ORIGENES oft zitiert, um die anthropologische Spannung auszudrücken: vergöttlichter Mensch — sterblicher Mensch. Vergöttlicht wird der Mensch durch das Wort Gottes, dafür zitiert ORIGENES meist Joh 10,35. Als eine Parallele von vielen sei *hom. in Ezech.* 1,9 angeführt: „Das Wort Gottes macht die Glaubenden zu Göttern (Joh 10,35 und Ps 82,6f). Wo gibt es im Neuen Testament eine solche Verheißung? Wenn man die Testamente unterscheiden muß und sagt, die Götter seien voneinander verschieden — was anzunehmen

Achte also ganz sorgfältig darauf, daß Gott spricht: „Ich habe gesagt: Ihr seid Götter und Söhne des Höchsten", und hinzugefügt hat: „ihr alle" (Ps 82,6: LXX 81,6). Dieser Zusatz meint, daß der Titel für das Menschengeschlecht insgesamt gilt. Doch danach sagt er: „Nun sollt ihr sterben wie Menschen" (Ps 82,7: LXX 81,7)[14]. So ist auch die Schriftstelle zu verstehen: „Gott überdachte, daß er auf der Erde den Menschen gemacht hatte, und es reute ihn von Herzen, und Gott sprach: Ich will den Menschen, den ich erschaffen habe, vom Erdboden vertilgen" (Gen 6,6f). Meiner Meinung nach ist das nicht nur von der Vernichtung durch die Sintflut gesagt, sondern es sollte damit auch etwas als Mysterium über die Zukunft ausgedrückt werden. Die Aussage: „Ich will den Menschen vertilgen" (Gen 6,7), sollte man auf die gleiche Weise verstehen wie das Wort Gottes durch den Propheten: „Ich fege deine Vergehen hinweg wie eine Wolke" (Jes 44,22). Damit soll klar werden: Gott vernichtet den Menschen in seinem Menschsein, um ihn danach zu vergöttlichen, und zwar dann, wenn Gott alles in allem ist (vgl. 1 Kor 15,28). Für dieses Verständnis kann auch zitiert werden, was in der Genesis steht: „Das Ende aller Menschen ist bei mir beschlossen" (Gen 6,13). Das ist nicht nur von der damaligen Zeit der Sintflut zu verstehen, sondern auch vom Mysterium der Taufe. In diesem Sinn sagt der Apostel Petrus, der damaligen Errettung Noachs aus der Sintflut entspreche jetzt die Rettung der Gläubigen durch die Taufe (vgl. 1 Petr 3,20f).

Auf diese Weise kann das Wort, das Ende aller Menschen sei gekommen, als Heilsaussage verstanden werden. Denn aufgrund der Taufgnade, so kann man es auslegen, sollen die Gläubigen verwandelt werden. Aus Menschen sollen Wesen höherer Ordnung werden, sobald der Tag der Auf-

---

allerdings ein Frevel ist, wir sagen es auch nicht im eigentlichen Sinn —, dann will ich kühn behaupten, daß im Alten Testament die Würde des Menschen viel deutlicher hervortritt als im Neuen Testament."

sancti quique erunt sicut angeli Dei. Haec de eo, quod dictum est: „Numquid iniquus Deus, qui infert iram?“ vel „adversum homines“, ut in quibusdam exemplaribus legi diximus, vel, ut nos habemus „secundum hominem dico. Absit!“, prout occurrere nobis potuit, dicta sint.

Quod autem ait: „Alioquin quomodo iudicabit Deus mundum?“ in hoc loco „mundum“ homines, qui in hoc mundo sunt, dicit, sicut et alibi legimus, quia „omnis mundus in maligno positus est“, quod utique homines, qui in hoc mundo habitant, in malitia esse positos ostendit.

Post hoc iam videamus, quomodo dictum sit: „Si enim veritas Dei in meo mendacio abundavit in gloriam ipsius.“ Multae sunt in hoc mundo religionum species, multae philosophorum sectae, multa dogmata falsis assertionibus tradita et argumentis conscripta mendacibus, quorum auctores falso licet sapientiae nomine, non tamen exiguae aut contemptae auctoritatis viri habentur; ex quorum praerogativa falsa pro veris recepta sunt, ut universum paene mundum mendacibus erga religionem opinionibus occuparint, ita ut in errorem inducerentur, si dici potest, etiam electi. Quia ergo veritas Dei et sapientia eius et verbum eius adveniens arguit et confutavit omne mendacium atque omnes falsorum dogmatum assertiones fide veritatis exsecuit, per unumquodque mendacium, quod prius ab hominibus fuerat assertum, abundavit veritas Dei subreptitias veri-

---

[15] Vgl. ORIGENES, *princ.* 1, 8: Aus Menschen werden Engel, wenn sie ein Geist mit dem Herrn geworden sind.

[16] Sie heißen „Philosophen“, d.h. „Liebhaber der Weisheit“.

[17] Ein konkretes Beispiel ist der heidnische Philosoph KELSOS, gegen den ORIGENES sein großes apologetisches Werk schreibt. Angegriffen wird von KELSOS die Wurzel, der religiöse Gehalt und die Lehre des Christentums; vgl. BORRET, *Origène, Contre Celse* 118–121.

erstehung kommt, an dem alle Heiligen sein werden wie die Engel Gottes (vgl. Mt 22,30)[15]. So viel zu der Stelle: „Ist Gott nicht ungerecht, wenn er seinen Zorn walten läßt", entweder „gegen die Menschen", wie es in einigen Handschriften steht, oder wie die andere bei uns übliche Fassung lautet: „Das frage ich sehr menschlich. Keineswegs!" Alles, was uns dabei wichtig erschien, sollte hiermit zu der Stelle gesagt sein.

In dem Wort: „Denn wie könnte Gott die Welt sonst richten?", bezeichnet der Apostel mit „Welt" an dieser Stelle die Menschen, die in der Welt sind; so lesen wir auch anderswo: „Die ganze Welt steht unter der Macht des Bösen" (1 Joh 5,19). Das bedeutet mit Sicherheit: Die Menschen, die in dieser Welt leben, stehen unter der Macht des Bösen.

Anschließend wollen wir noch sehen, wie das Folgende gemeint ist: „Wenn aber die Wahrheit Gottes sich durch meine Unwahrheit als noch größer erwiesen hat und so Gott verherrlicht wird." Es gibt in der Welt viele Arten von Religionen, viele philosophische Richtungen, viele Lehrsätze, die aufgrund falscher Behauptungen überliefert und aufgrund unzutreffender Argumente abgefaßt wurden. Ihre Urheber sind Männer, die keineswegs eine geringe oder unbedeutende Autorität besitzen, obwohl sie fälschlicherweise nach der Weisheit benannt werden[16]. Durch ihr bestimmendes Urteil wurde Falsches anstelle des Wahren aufgenommen. Daher kam es, daß sie fast die ganze Welt mit ihren unwahren Ansichten über die Religion erobert haben, so daß sogar die Auserwählten, wenn man das sagen kann, in die Irre geführt wurden (vgl. Mt 24,24)[17]. Die Wahrheit Gottes aber, also seine Weisheit, sein Wort, hat bei ihrem Kommen jede Lüge entlarvt und widerlegt. Durch den wahren Glauben hat sie alle Behauptungen falscher Lehren ausgerottet. Jede Unwahrheit, die vorher von Menschen vorgebracht worden war, hat bewirkt, daß Gottes Wahrheit noch mächtiger wurde, weil diese die

similitudines arguendo et in singulis quibusque dogmatibus tradendo simplicem fidei veritatem; et hoc modo apostolus dicit veritatem Dei in hominum mendacio abundasse.

Verum ut adhuc manifestius fiat quod dicimus, aliqua exempli causa proferamus. Erat in hominibus dogma, quod summum bonum pronuntiaret esse voluptatem, in quo et illud consequenter asseritur non esse providentiam, quippe si non ex legibus, sed ex voluptate vivendum; et haec lauto satis ornatoque sermone et argumentis validissimis per | 927 innumera volumina digeruntur. Sed intuere nunc, quomodo is, qui veritatem Dei defendit et qui secundum Christum, qui est Dei veritas et Dei sapientia, philosophus est, docet homines summum bonum esse vitam aeternam, hanc autem esse aeternam vitam, ut cognoscant homines unum solum verum Deum et filium eius Iesum Christum, et quomodo cum omni fiducia providentiam Dei asserat, quae dicit: „Nonne duo passeres asse veneunt? Et unus ex ipsis non cadit in terram sine patris voluntate", et quia ipse „solem suum oriri iubet super bonos et malos et pluit super iustos et iniustos". Per haec autem singula, dum illa falsae scientiae dogmata confutantur, in hominum mendacio abundat veritas Dei.

Sunt item alii, qui dicant tres esse species boni: unam erga animam, aliam erga corpora, tertiam extrinsecus. Quae singula cum conducibiliter habeantur, ex ipsis summum bonum constare confirmant. Isti etiam Dei providentiam resecantes usque ad lunae eam globum supervenire conten-

---

[18] ORIGENES meint die Epikureer, deren Lehre er deshalb ganz und gar ablehnt, vgl. *Cels.* 3,75.

[19] ORIGENES meint die Peripatetiker, vgl. ARISTOTELES, *Nikomachische Ethik* 1098b–1099b; vgl. auch SCHERER, *Commentaire* 130f Anm. zu 2.

angeblichen Wahrheiten als Schein aufdeckte und die Glaubenswahrheit einfach und klar in den einzelnen Lehrsätzen überlieferte. So ist die Aussage des Apostels zu verstehen, daß die Wahrheit Gottes sich in der menschlichen Unwahrheit als noch größer erwiesen hat.

Um aber noch klarer zu machen, was wir sagen, wollen wir einiges vorbringen, was als Beispiel dienen kann. Manche vertraten einen Lehrsatz, der lautete: Das höchste Gut ist die Lust. Aus diesem Satz folgt die Behauptung, es gebe keine Vorsehung und demnach müsse man nicht leben, wie die Gesetze es bestimmen, sondern der Lust entsprechend[18]. Mit geschliffenen und überaus kunstvollen Reden und mit äußerst zugkräftigen Argumenten wird dies auch in zahlreichen Schriften verbreitet. Doch bedenke nun Folgendes: Wer die Wahrheit Gottes verteidigt und ein Philosoph ist, der Christus, die Wahrheit und Weisheit Gottes (vgl. 1 Kor 1,24; Joh 14,6), liebt, der lehrt die Menschen, das höchste Gut sei das ewige Leben. Ewiges Leben aber sei, daß die Menschen den einen, einzigen und wahren Gott erkennen und seinen Sohn Jesus Christus (vgl. Joh 17,3). Ein solcher Philosoph lehrt auch, wie Jesus voll Zuversicht die Lehre von Gottes Vorsehung bekräftigt mit den Worten: „Verkauft man nicht zwei Spatzen für ein paar Pfennig? Und doch fällt keiner von ihnen zur Erde ohne den Willen des Vaters“ (Mt 10,29), und: „Er läßt seine Sonne aufgehen über Böse und Gute, und er läßt regnen über Gerechte und Ungerechte“ (Mt 5,45). Durch jeden dieser Sätze aber werden die Lehren jener falschen Wissenschaft widerlegt, und so erweist sich in der Unwahrheit der Menschen Gottes Wahrheit als größer.

Andere behaupten, das Gute gebe es in dreifacher Ausprägung: erstens für die Seele, zweitens für den Leib und drittens außerhalb des Menschen; sie versichern, wenn man jedes Gut in zuträglicher Weise besitze, bestehe darin das höchste Gut[19]. Sie schränken überdies die Vorsehung Gottes ein und verteidigen die Ansicht, diese reiche bis zur

dunt, infra vero, hoc est ad homines, eam minime descendere.

Sunt item alii, qui invisibile et incorporeum nihil dicant esse, sed omnia, quae sunt, corporibus assignant, unde et patrem omnium Deum corpus esse dixerunt. Verum quia urgebat eos rationis suae consequentia, qua constat omne corpus esse corruptibile, ut, si etiam Deum corpus esse asserant, sine dubio et corruptibilem fateantur, verterunt stropham verbi et dixerunt naturae quidem eum esse corruptibilis nec tamen corrumpi, pro eo quod non sit aliquid ipso superius, a quo corrumpi possit aut solvi.

Sunt et alia innumera hominum figmenta dialecticis argutiis et sophismatum fraude composita. Quae cum singula per ecclesiasticos viros et divina sapientia eruditos veritas Dei convincit et argumentorum decipulas redarguit, in hominum mendacio Dei veritas dicitur abundare, et non solum abundare, sed abundare ad gloriam eius. Quod hoc modo intelligendum puto: Si doctor ecclesiae simplices quosque auditores doceat et nondum falsis dogmatibus occupatos atque his de singulis quibusque rationem divinae veritatis aperiat, in huiuscemodi doctrina Dei veritas videbitur abundare. Si vero ad eos sermo sit, qui obsistant veritati, qui sanae doctrinae sermonibus contradicant, et contradicentes confutentur et convincantur, ita ut errorum

---

[20] In *Cels.* 6,21 sagt ORIGENES, daß die Vorstellung der Griechen von sieben Himmeln bzw. Planetensphären, von der PLATO spricht, mit den Aussagen der Bibel möglicherweise zu vereinen sei. Nach SCHERER, *Commentaire* 130f Anm. zu 2, stammt die Behauptung, innerhalb der Mondsphäre herrsche Freiheit und keine Vorsehung, nicht von ARISTOTELES, sondern aus einer Schrift *De mundo*, die ARISTOTELES zugeschrieben wurde; vgl. auch BORRET, *Origène, Contre Celse* 128–130 Anm. 2 und ORIGENES, *hom. in Gen.* 14,3.

Mondsphäre, steige aber keineswegs weiter herab bis in den menschlichen Bereich[20].

Ebenso gibt es andere, die behaupten, es gebe nichts Unsichtbares und Körperloses, sie rechnen alles Seiende zu den Körpern und haben deshalb behauptet, Gott, der Vater von allen, sei körperlich. Aber die Konsequenz ihrer Behauptung hat sie in die Enge getrieben, da feststeht, daß alles Körperliche vergänglich ist. Wenn sie also versichern, auch Gott sei körperlich, müssen sie zweifellos zugestehen, daß er auch vergänglich ist. Daraufhin haben sie mit einem Kunstgriff ihr Wort verdreht und gesagt, er sei zwar von Natur aus vergänglich, könne jedoch nicht vergehen, weil es nichts Größeres als ihn gebe, das ihn vergehen lassen oder auflösen könne[21].

Es gibt noch unzählige andere menschliche Phantasiegebilde, die mit dialektischem Scharfsinn und listigen Trugschlüssen zusammengestellt sind. Gottes Wahrheit hat sie jeweils durch die in der Weisheit Gottes geschulten Männer der Kirche entlarvt. Sie hat die hinterlistigen Beweise widerlegt, und so kann man sagen, daß Gottes Wahrheit sich in der menschlichen Unwahrheit als größer erweist, und nicht nur das, sondern sie erweist sich als größer zur Verherrlichung Gottes. Das ist meiner Ansicht nach so zu verstehen: Wenn ein Lehrer der Kirche einfache Hörer unterweist, die noch nicht von falschen Lehren vereinnahmt sind, und diesen im einzelnen die Sinnzusammenhänge der göttlichen Wahrheit darlegt, so erweist sich offenbar in solcher Lehre Gottes Wahrheit als groß. Wenn das Wort sich aber an solche richtet, die sich der Wahrheit widersetzen und der gesunden Lehre widersprechen, wenn diese dann widerlegt und besiegt werden, so daß sie den

---

21 Gemeint sind Stoiker; vgl. CHADWICK, *Origen* 35. In *Cels.* 3,75 nennt ORIGENES die philosophischen Schulen in der gleichen Reihenfolge: Epikureer, Peripatetiker, Stoiker in Verbindung mit den gleichen Irrtümern. Vgl. ORIGENES, *Cels.* 1,21; 4,14; CROUZEL, *Philosophie* 19–67.

tenebris derelictis ad lucem veritatis accedant, tunc non solum abundabit veritas Dei, sed et ad gloriam eius abundabit. Glorificatur enim Deus per eum, qui de errore mendacii ereptus lumen veritatis aspexit.

Haec ergo qui ita | intellexerit, non utique dicit illud, | 928 quod in consequentibus stulta obiectione profertur: „Quid adhuc et ego tamquam peccator iudicor?“, sed advertit merito se iudicandum, si permaneat in mendacio hominum; et qui secundum ea, quae supra exposuimus, ex Dei veritate convictus errasse se sentit, ab errore conversus Deum verum agnita veritate glorificat nec blasphemat ultra eos, qui praedicant veritatem tamquam dicentes: „Faciamus mala, ut veniant bona“, sciens in hoc verbo iustam esse blasphemantis damnationem. Observandum quoque est, quod eos, qui veritatem praedicant, non tam „maledici“, quod ad homines, sed „blasphemari“, quod ad Deum pertinet, posuit.

2. *Quid ergo tenemus amplius? Causati enim sumus Iudaeos et Graecos omnes sub peccato esse, sicut scriptum est, quia non est iustus quisquam, non est intelligens, non est requirens Deum. Omnes declinaverunt, simul inutiles facti sunt, non est, qui faciat bonitatem, non est usque ad unum. Sepulcrum patens est guttur eorum, linguis suis dolose agebant, venenum aspidum sub labiis eorum. Quorum os maledictione et amaritudine plenum est, veloces pedes eorum ad effundendum sanguinem. Contritio et infelicitas in viis eorum, et viam pacis non cognoverunt, non est timor Dei*

finsteren Irrtum verlassen und zum Licht der Wahrheit gelangen, dann erweist sich Gottes Wahrheit nicht nur als größer, sondern sie erweist sich außerdem als größer zu seiner Verherrlichung. Gott wird nämlich durch den verherrlicht, der, dem Irrtum der Lüge entrissen, das Licht der Wahrheit erblickt.

Wer das daher so versteht, sagt bestimmt nicht, was im folgenden als dummer Einwand vorgebracht wird: „Warum werde ich dann noch als Sünder gerichtet?", sondern er begreift, daß er zu Recht verurteilt werden muß, wenn er in der menschlichen Unwahrheit verharrt. Wer aber entsprechend dem oben Gesagten einsieht, daß er im Irrtum war und durch die Wahrheit Gottes überführt wurde, der verherrlicht den wahren Gott nach seiner Bekehrung vom Irrtum, weil er die Wahrheit erkannt hat. Er lästert nicht mehr jene, die die Wahrheit verkünden, indem er ihnen in den Mund legt: „Laßt uns Böses tun, damit Gutes entsteht" (Röm 3,8), denn er weiß, daß dieses Wort den Lästerer zu Recht verurteilt. Auch sollte man beachten, daß Paulus hier im Zusammenhang mit den Verkündern der Wahrheit nicht das Wort „verleumden" benutzt hat, wie man es bei Menschen verwendet, sondern von „lästern" spricht, wie es mit Bezug auf Gott angewandt wird.

2. *Was haben wir denn für einen Vorzug? Wir haben nämlich die Anklage erhoben, daß alle, Juden wie Griechen, unter der Herrschaft der Sünde stehen, wie es in der Schrift heißt: Es gibt keinen, der gerecht ist, auch nicht einen; es gibt keinen Verständigen, keinen, der Gott sucht. Alle sind abtrünnig geworden, alle miteinander taugen nichts. Keiner tut Gutes, auch nicht ein einziger. Ihre Kehle ist ein offenes Grab; mit ihrer Zunge betrügen sie; Schlangengift ist auf ihren Lippen. Ihr Mund ist voll Fluch und Gehässigkeit. Schnell sind ihre Füße, um Blut zu vergießen; Elend und Unglück sind auf ihren Wegen, und den Weg des Friedens kennen sie nicht. Die Gottesfurcht steht ihnen*

ante oculos eorum. Praediximus iam, quod in hac epistula Paulus velut arbiter quidam inter eos, qui ex circumcisione crediderunt, et eos, qui ex gentibus, temperet sermonem semper et libret, ut nunc hos, nunc illos in quibusdam videatur arguere et rursum singulas partes certa spe promissionis animare. Quia ergo visus fuerat in superioribus dicere, quoniam si praeputium iustitias legis custodiat, iudicabit eum, qui in circumcisione praevaricator est legis; rursum ut eos, quos humiliaverat, allevaret, addidit: „Quid ergo amplius est Iudaeo? Aut quae utilitas circumcisionis? Multum per omnem modum. Primo quidem, quia credita sunt illis eloquia Dei.“ Post haec, cum his consequenter quasi quaedam fuisset prosecutus, addit nunc et dicit: „Quid ergo tenemus amplius? Causati enim sumus Iudaeos et Graecos omnes sub peccato esse.“ Quod si omnes sub peccato sunt, ergo non erit elationis causa uni adversum alium, cum uterque non ex sua iustitia, sed ex Dei misericordia veniat ad salutem.

Probavit ergo Graecos quidem, id est gentiles, esse sub peccato, cum ait: „Dicentes enim se esse sapientes stulti facti sunt; et mutaverunt gloriam incorruptibilis Dei in similitudinem imaginis corruptibilis hominis et volucrum et quadrupedum et serpentium. Propter quod tradidit | eos | 929
Deus in reprobum sensum“ et reliqua, Iudaeos vero, cum dicit: „Si autem tu Iudaeus cognominaris et requiescis in lege“ et reliqua; quibus addidit: „Qui ergo doces alium, teipsum non doces; qui praedicas non furandum, furaris“

---

22 Vgl. 2,14 und 3,1.

nicht vor Augen (Röm 3,9–18). Wir haben schon gesagt[22], daß Paulus in diesem Brief wie ein Schiedsrichter zwischen den beiden Gruppen auftritt, und zwar zwischen denen, die als Juden, und denen, die als Heiden zum Glauben kamen. Wir haben auch bemerkt, daß er seine Rede immer maßvoll abwägt, so daß er bald die einen, bald die anderen in gewissen Punkten zu tadeln scheint, und andererseits mit der zuverlässigen Hoffnung auf die Verheißung beide Seiten anspornt. Oben hatte er gesagt, der Unbeschnittene werde, wenn er die Forderungen des Gesetzes beobachte, den richten, der als Beschnittener das Gesetz übertrete (vgl. Röm 2,26f). Um deshalb die wiederaufzurichten, die er gedemütigt hatte, fuhr er dann fort: „Was ist nun der Vorzug der Juden, der Nutzen der Beschneidung? Er ist groß in jeder Hinsicht. Ihnen sind nämlich zuerst die Worte Gottes anvertraut worden" (Röm 3,1f). Als habe er dies in entsprechender Weise weitergeführt, fährt er anschließend fort: „Was haben wir denn für einen Vorzug? Wir haben nämlich die Anklage erhoben, daß alle, Juden wie Griechen, unter der Herrschaft der Sünde stehen." Wenn alle unter der Herrschaft der Sünde stehen, gibt es also keinen Grund für den einen, gegen den anderen überheblich zu sein. Beide kommen ja nicht aufgrund ihrer eigenen Gerechtigkeit, sondern aufgrund der Barmherzigkeit Gottes zum Heil.

Daß die Griechen, das heißt die Heiden, ganz bestimmt unter der Herrschaft der Sünde stehen, hat der Apostel bewiesen mit den Worten: „Sie behaupteten, weise zu sein, und wurden zu Toren. Sie vertauschten die Herrlichkeit des unvergänglichen Gottes mit Bildern, die einen vergänglichen Menschen und fliegende, vierfüßige und kriechende Tiere darstellen. Darum lieferte Gott sie einem verworfenen Denken aus" (Röm 1,22.23.28) und so weiter. Daß für die Juden das gleiche gilt, hat er bezeugt mit den Worten: „Du nennst dich zwar Jude und verläßt dich auf das Gesetz" (Röm 2,17) und so weiter, und er fügte dem hinzu: „Du belehrst andere Menschen, dich selbst aber belehrst du

et cetera. Post haec ergo dicit, quia „causati sumus Iudaeos et Graecos omnes sub peccato esse“. Post haec vero, ut ei moris est, de scripturis sanctis vult affirmare quod dixerat; simul et doctoribus ecclesiae praebet exemplum, ut ea, quae loquuntur ad populum, non propriis praesumpta sententiis, sed divinis munita testimoniis proferant. Si enim ipse tantus ac talis apostolus auctoritatem dictorum suorum sufficere posse non credit, nisi doceat in lege et prophetis scripta esse quae dicit, quanto magis nos minimi hoc observare debemus, ut non nostras, cum docemus, sed Sancti Spiritus sententias proferamus?

Illud etiam necessario ducimus admonendum, quod in nonnullis Latinorum ea, quae subsequuntur, testimonia in tertio decimo psalmo consequenter ex integro posita inveniuntur, in Graecis autem paene omnibus non amplius in decimo tertio psalmo quam usque ad illum versiculum, ubi scriptum est: „Non est qui faciat bonum, non est usque ad unum.“

Sed et quod dixit apostolus: „Sicut scriptum est, quia non est iustus quisquam, non est intelligens, non est requirens Deum“, non eisdem sermonibus invenitur in psalmo; sed alii permutantur, alii assumuntur, alii relinquuntur. Quod ab studiosis quibusque si observetur diligentius, puto dari in hoc apostolicam auctoritatem, ut, cum scripturae testimoniis utendum fuerit, sensum magis ex ea quam verba capiamus. Hoc enim et in evangeliis factum frequenter invenies.

---

[23] ORIGENES betont im ganzen Kommentar, daß Paulus seine Verkündigung auf das AT stützt, vgl. 3, 8, auch wörtlich im Papyrus: SCHERER, *Commentaire* 156, 13f. Stellen wie Röm 1,2; 3,21; 10,4 (im Sinn von Erfüllung) haben für das Römerbriefverständnis des ORIGENES eine große Bedeutung. Paulus ist nach ORIGENES nicht Antinomist, sondern Interpret der Einheit von AT und NT.

[24] Nach HAMMOND-BAMMEL, *Römerbrieftext* 237, ist es wahrscheinlich, daß ORIGENES selbst von der Interpolation der folgenden Psalmverse gesprochen hat, auch von ihrem Fehlen im hebräischen Urtext und in den anderen Übersetzungen.

nicht. Du predigst: Du sollst nicht stehlen!, und stiehlst" (Röm 2,21) und so weiter. Danach also sagt er: „Wir haben die Anklage erhoben, daß alle, Juden wie Griechen, unter der Herrschaft der Sünde stehen." Doch nach seiner Gewohnheit will er anschließend das Gesagte mit Worten aus der Heiligen Schrift bekräftigen. Damit gibt er zugleich den Lehrern der Kirche ein Beispiel. Sie sollen, wenn sie zum Volk sprechen, sich nicht anmaßen, ihre eigene Ansicht vorzutragen, sondern nur verkünden, was durch Gottes Bezeugung gesichert ist. Wenn nämlich selbst ein so großer und bedeutender Apostel glaubt, daß die Autorität seines Wortes nur ausreichen kann, wenn er zeigt, daß im Gesetz und in den Propheten geschrieben steht, was er sagt[23], um wieviel mehr müssen wir Unbedeutenden dann darauf achten, nicht unsere eigenen Gedanken, sondern die des Heiligen Geistes als Lehre vorzutragen!

Auch halten wir es für notwendig, daran zu erinnern, daß sich in einigen lateinischen Handschriften die folgenden Zitate aus dem 13. Psalm vollständig und in der richtigen Reihenfolge finden; in fast allen griechischen Handschriften jedoch geht der Text des 13. Psalms nur bis zu dem Vers: „Keiner tut Gutes, auch nicht ein einziger" (Ps 14,3: LXX 13,3)[24].

Das Zitat des Apostels: „Wie es in der Schrift heißt: Es gibt keinen, der gerecht ist, auch nicht einen, es gibt keinen Verständigen, keinen, der Gott sucht", findet sich ebenfalls nicht wortwörtlich im Psalm, sondern die Worte werden teils verändert, teils aufgenommen, teils weggelassen. Von allen Gelehrten wird diese Tatsache genauestens festgestellt; ich meine, hierin zeige sich die Autorität des Apostels[25]. Wenn wir also das Zeugnis der Schrift verwenden, dann soll das eher dem Sinn als dem Wortlaut nach geschehen. Denn so kann man es auch in den Evangelien öfter finden.

---

[25] Vgl. 5,8; 7,18; 8,8; 10,8 und HARL, *Qu'est-ce que la „Bible"* 86f.

In tertio decimo igitur psalmo ita scriptum est: „Dominus de caelo respexit super filios hominum, ut videret, si est intelligens aut requirens Deum.“ Sed in quinquagesimo secundo psalmo ita dicit: „Deus de caelo respexit super filios hominum, ut videret, si est intelligens aut requirens Deum“. Et videtur idem servari sensus etiam in eo, quod apostolus posuit: „Non est intelligens, non est requirens Deum“, et quod dixit: „Non est iustus quisquam“, puto, quod ex eo sumpserit, quod scriptum est: „Non est, qui faciat bonitatem, non est usque ad unum“, in quo, etiamsi sermo converti videtur, sensus tamen unus idemque servatur. Quod vero in consequentibus dicitur: „Sepulcrum patens est guttur eorum, linguis suis dolose agebant“, in quinto psalmo reperies. Post hoc: „Venenum aspidum sub | 930 labiis eorum“, quod et ipsum ex quodam psalmo assumptum immutatis, ut supra diximus, sermonibus puto. Quod autem sequitur: „Quorum os maledictione et amaritudine plenum est“, ex nono psalmo videtur acceptum. Tum deinde: „Veloces pedes eorum ad effundendum sanguinem“, vel in Isaia invenies vel in proverbiis. Sed et: „Contritio et infelicitas in viis eorum, et viam pacis non cognoverunt“, non quidem ad integrum recordor, ubi scriptum sit, suspicor tamen in uno prophetarum inveniri posse. In psalmis autem scriptum est: „Non est timor Dei ante oculos eorum.“ Haec autem omnia testimonia videtur congregare voluisse ob hoc, ut ostenderet, quia quod causatur „Iudaeos et Graecos omnes sub peccato esse“, non tam suam quam sanctae scripturae sententiam pronuntiat.

Sed requiramus, quid est hoc ipsum „sub peccato esse“; sine exceptione enim sermo eius omnes, sive Iudaei sint sive

Im 13. Psalm steht also geschrieben: „Der Herr blickt vom Himmel herab auf die Menschen, um zu sehen, ob ein Verständiger da ist, der Gott sucht“ (Ps 14,2: LXX 13,2). Im 52. Psalm heißt es genauso: „Gott blickt vom Himmel herab auf die Menschen, um zu sehen, ob ein Verständiger da ist, der Gott sucht“ (Ps 53,3: LXX 52,3). Offenbar geht es immer um den gleichen Sinn, auch bei dem, was der Apostel zitiert: „Es gibt keinen Verständigen, keinen, der Gott sucht“ (Röm 3,11). Auch die Aussage: „Es gibt keinen, der gerecht ist“ (Röm 3,10), hat er vermutlich abgeleitet aus dem Wort: „Keiner tut Gutes, auch nicht ein einziger“ (Ps 14,3). Wenn die Worte dabei auch offenbar verändert werden, so bleibt doch ein und derselbe Sinn erhalten. Das darauffolgende Zitat aber: „Ihre Kehle ist ein offenes Grab, mit ihrer Zunge betrügen sie“ (Ps 5,10) findet man im 5. Psalm. Danach heißt es: „Schlangengift ist auf ihren Lippen.“ Ich denke, daß auch dies einem Psalm entnommen ist, wobei, wie wir oben sagten, die Worte verändert wurden (vgl. Ps 140,4). Das Folgende aber: „Ihr Mund ist voll Fluch und Gehässigkeit“ (Ps 10,7: LXX 9,28) stammt offenbar aus dem 9. Psalm. Was dann kommt: „Schnell sind ihre Füße, um Blut zu vergießen“, findet man sowohl bei Jesaja als auch in den Sprichwörtern (Jes 59,7; Spr 1,16). Doch bei dem Wort: „Elend und Unglück sind auf ihren Wegen, und den Weg des Friedens kennen sie nicht“ kann ich mich nicht genau an die Schriftstelle erinnern, ich vermute jedoch, daß es sich bei einem der Propheten entdecken läßt (vgl. Jes 59,7f). Aus den Psalmen stammt jedoch: „Die Gottesfurcht steht ihnen nicht vor Augen“ (Ps 36,2: LXX 35,2). Alle diese Schriftbelege wollte Paulus offenbar zusammentragen, um zu zeigen, daß er mit der Anklage: „Juden wie Griechen stehen unter der Herrschaft der Sünde“ nicht so sehr seine eigene als vielmehr die Meinung der Heiligen Schrift zum Ausdruck bringt.

Nun wollen wir aber fragen, was es heißt, unter der Herrschaft der Sünde zu stehen. Das Wort des Apostels

gentiles, videtur involvere. Sed occurrit nobis alia ipsius sententia, qua dicit: „Ubi autem non est lex, nec praevaricatio." Apud Iudaeos quidem legem Moysi esse manifestum est, apud gentiles vero legem naturae esse confirmat, quae testimonio conscientiae arguat delinquentem. Ubi ergo quaerimus hominem, in quo non sit lex et qui per hoc non videatur esse in praevaricatione peccati, quia et ipse Paulus de semet ipso dicit: „Ego autem vivebam sine lege aliquando"? Quando Paulus sine lege vixit, qui rursum de semet ipso dicit: „Circumcisus octava die, Hebraeus ex Hebraeis"? Quomodo ergo verum erit eum aliquando sine lege vixisse, qui octava die nativitatis suae signum circumcisionis ex lege suscepit?

Unde constat tunc fieri hominem sub lege, quando ad id aetatis venerit, ut eligere possit et discernere, quid sit lex, nec prius legis illius extrinsecus iugum suscipere, quam internae et naturalis legis habere incipiat firmitatem. Denique in eo loco, ubi dixit: „Ego autem vivebam sine lege aliquando", addidit: „Sed ubi venit mandatum, peccatum revixit." In quo hoc quidem ostendit, quia in pueritia, priusquam discretionem quis habeat boni et mali, sine lege esse dicitur; cum etiamsi peccat, quia lex in eo non est, peccatum ei non imputatur. Cum vero discretionem boni malique acceperit, venisse ei dicitur lex et dedisse mandata. Ubi autem inest vis mandati, hoc est conscientia redarguens, peccatum, quod prius in eo mortuum erat, dicitur revixisse. Ex hoc ergo iam tempore, si quis subdat se legi

---

[26] Vgl. 2,8; 2,9 und HEITHER, *Translatio Religionis* 187–195.
[27] Vgl. 5,1 und 6,8.

schließt nämlich offensichtlich alle ohne Ausnahme ein, ob sie nun Juden oder Heiden sind. Doch dagegen spricht, wie wir meinen, ein anderes seiner Worte: „Wo es das Gesetz nicht gibt, da gibt es auch keine Übertretung“ (Röm 4,15). Es steht nun fest, daß die Juden das Gesetz des Mose haben; die Heiden aber, so versichert er, haben das Naturgesetz, das den Schuldigen aufgrund des Gewissensspruches anklagt (vgl. Röm 2,15)[26]. Wo suchen wir also den Menschen ohne Gesetz, der daher offenbar auch kein Sünder und Übertreter ist? Paulus selbst sagt ja von sich: „Ich lebte einst ohne Gesetz“ (Röm 7,9). Wann aber lebte Paulus ohne Gesetz, da er doch andererseits von sich sagt: „Ich wurde am achten Tag beschnitten, ein Hebräer von Hebräern“ (Phil 3,5)? Wie kann es also wahr sein, daß er einst ohne Gesetz lebte, da er doch am achten Tag nach seiner Geburt das Zeichen der Beschneidung aufgrund des Gesetzes empfing?

Darum steht fest, daß der Mensch dem Gesetz dann untersteht, wenn er alt genug ist, um wählen zu können; dann kann er auch unterscheiden, was das Gesetz von ihm fordert. Er nimmt nicht eher äußerlich das Joch des Gesetzes auf sich, als er das innere, natürliche Gesetz nicht fest und sicher in sich hat. Nachdem der Apostel gesagt hatte: „Ich lebte einst ohne Gesetz“, fügte er deshalb hinzu: „Aber als das Gebot kam, wurde die Sünde lebendig“ (Röm 7,9). Damit zeigt Paulus, daß man sagen kann: In der Kindheit, bevor die Unterscheidung von Gut und Böse ausgebildet ist, steht der Mensch nicht unter dem Gesetz, und selbst wenn er sündigt, wird ihm die Sünde nicht angerechnet, weil es in ihm kein Gesetz gibt (vgl. Röm 5,13). Hat er aber die Fähigkeit zur Unterscheidung von Gut und Böse erlangt, steht damit fest, daß für ihn das Gesetz Wirklichkeit geworden ist und ihm Gebote gegeben hat. Sobald aber die Kraft des Gebotes, das heißt das anklagende Gewissen, sich in ihm bemerkbar macht, sagt man, daß die Sünde zum Leben gekommen ist, die vorher in ihm tot war (vgl. Röm 7,8 f)[27]. Von der Zeit an also, da

Moysi, ut eam secundum litteram observet, efficitur | in | 931 manifesto Iudaeus. Si vero secundum spiritum eam sequatur, efficitur in occulto Iudaeus.

Haec pro eo, quod dictum est: „Causati enim sumus Iudaeos et Graecos omnes sub peccato esse“, scilicet „omnes“ intelligatur de illis dictum, quos vel naturali vel scripta lege, ne peccent, constat edoceri. Nam et de gentibus sub peccato factis eodem modo intelligimus, quo supra diximus: Cum coeperint naturaliter quae legis sunt facere et ipsi sibi esse lex, tum redarguuntur a conscientia in his, quae contra legem facere videntur. Propter quod et consequenter mihi videntur vere sensisse hi, qui legem naturae legem Dei dicunt, legem autem Moysi legem scriptam appellant. Si ergo Paulus de lege scripta, hoc est de lege Moysi, diceret: „Peccatum autem non imputatur, cum lex non est“, videbitur nec Cain reputatum esse peccatum nec illis, qui diluvio perierunt, nec illis, quos in Sodomis ignis absumpsit. Sed quoniam videmus illis non solum reputata esse peccata, sed et ultionem in eos datam, ostenditur ex his de naturali lege Paulum dicere, quae excepta prima aetate pueritiae in omnibus hominibus inest; et per hoc rectissime dicit: „Causati enim sumus Iudaeos et Graecos omnes sub peccato esse.“ Unde non mihi videtur quidam ex sapientibus contra rationem definisse, quod in omni mortalium genere, cum ad id aetatis ventum fuerit, ubi discretionem

---

[28] ORIGENES macht bedeutende Aussagen über das natürliche Gesetz: Es ist Gottes Offenbarung im Inneren des Menschen und schenkt die Teilhabe am λόγος. Darin besteht die Gottesebenbildlichkeit des Menschen, seine Personmitte und seine eigentliche Würde. Die anfängliche Gabe Gottes, die Gott dem Menschen als Vernunft gewährt hat, soll ihn weiterführen bis zur Gottähnlichkeit in der größtmöglichen Teilhabe am λόγος. Vgl. Bd. 1, 42–45 Einleitung. RUFIN hat den Satz offenbar verkürzt, denn der Papyrus, SCHERER, *Commentaire* 136, 6, stellt φύσει

sich jemand dem Gesetz des Mose unterwirft und es dem Buchstaben nach beachtet, wird er nach außen hin Jude; befolgt er aber das Gesetz dem Geiste nach, wird er Jude im Verborgenen (vgl. Röm 2,28f).

Soviel zu der Aussage: „Wir haben nämlich die Anklage erhoben, daß alle, Juden wie Griechen, unter der Herrschaft der Sünde stehen." Dabei sollte man „alle" auf die beziehen, die erwiesenermaßen vom natürlichen oder geschriebenen Gesetz ermahnt werden, nicht zu sündigen. Denn da auch die Heiden unter der Herrschaft der Sünde stehen, stellen wir bei ihnen das gleiche fest, was wir oben sagten: Wenn sie anfangen, von Natur aus die Forderungen des Gesetzes zu beachten und sich so selbst Gesetz sind (vgl. Röm 2,14), werden sie von ihrem Gewissen angeklagt, falls sie gegen das Gesetz handeln. Deshalb scheint es mir auch folgerichtig, daß diejenigen die richtige Ansicht vertreten, die das Naturgesetz als das Gesetz Gottes bezeichnen[28], das geschriebene Gesetz aber das Gesetz des Mose nennen. Wenn also Paulus vom geschriebenen Gesetz, das heißt vom Gesetz des Mose, sagen würde: „Sünde wird nicht angerechnet, wo es kein Gesetz gibt" (Röm 5,13), dann ergibt sich, daß weder Kain die Sünde angerechnet worden ist noch denen, die durch die Sintflut umkamen, noch denen, die in Sodom vom Feuer verzehrt wurden. Wir sehen jedoch, daß ihnen nicht nur die Sünde angerechnet wurde, sondern daß sie auch Strafe dafür erhielten. Dadurch wird klar: Paulus spricht vom natürlichen Gesetz, das, abgesehen vom frühen Kindesalter, in jedem Menschen vorhanden ist. So sagt er mit vollem Recht: „Wir haben nämlich die Anklage erhoben, daß alle, Juden wie Griechen, unter der Herrschaft der Sünde stehen." Daher meine ich, daß ein Philosoph nicht unsinnig erklärt hat, in jedem Sterblichen, welcher Herkunft er auch sei, werde zualler-

---

νόμος = „Gesetz Gottes" und θέσει νόμος = „politisches Gesetz" einander gegenüber.

recti pravique ingressu naturalis legis quis excipiat, primo omnium malitiam suscitari, post haec iam eruditionibus, institutis, monitis paulatim eam depelli et ad virtutem transiri. Consona namque his etiam Paulus mihi sensisse videtur in eo, quod dicit: „Sed ubi venit mandatum, peccatum revixit.“ Sed et salvator, cum dicit in evangeliis: „Nisi venissem et locutus eis fuissem, peccatum non haberent; nunc autem excusationem non habent de peccato suo“, videbitur secundum hanc dixisse rationem, quod virtute ea, qua replere dicitur mundum, ad unumquemque hominem veniat et loquatur in corde eius ac boni malique iudicium doceat.

Ideo ergo Paulus scriptum esse dicit, quia „non est iustus quisquam, non est intelligens, non est requirens Deum; omnes declinaverunt, simul inutiles facti sunt“, sicut et alibi propheta dicit, quia „non iustificabitur in conspectu tuo omnis vivens“. Quod fortassis contrarium videatur aliis scripturis, quae nonnullis testimonium perhibent quasi iustis, in tantum, ut etiam ad Ierusalem de Sodomis dicatur, quia „iustificata est Sodoma ex te“. Sed intuere diligentius cautelam scripturae divinae, quomodo non dixit: Iustificata est Sodoma, sed ait: Quo|niam tu scelera | 932 multa committis et talia sunt, quae agis, ut omnes supergre-

[29] Wenn der λόγος im Menschen in Erscheinung tritt, werden zugleich auch die πάθη lebendig, vgl. *comm. in Mt.* 13,16; SCHERER, *Commentaire* 137 Anm. zu 13. ORIGENES stützt hier mit der Philosophie seine Aussage über die Universalität der Sünde, vgl. HEITHER, *Translatio Religionis* 115–118 und 216–220. Logosteilhabe und Sterblichkeit werden verbunden im Papyrus, SCHERER, *Commentaire* 136,14: ἐν τῷ λογικῷ καὶ θνητῷ γένει.

[30] Joh 15,22 bringt den λόγος in Zusammenhang mit der Sünde. Vgl. dazu ORIGENES, *hom. in Ex.* 7,6: Aus dem Manna kommen Würmer, wenn der Mensch nach dem Empfang des Wortes Gottes sündigt. „*Nec aliunde fiunt vermes in nobis nisi ex verbo Dei.*“ Sobald der Mensch den

erst die Bosheit wach; das geschehe in dem Alter, in dem man durch das Inkrafttreten des natürlichen Gesetzes die Unterscheidung von richtig und falsch gewinnt. Dann aber werde die Bosheit durch Erziehung, Unterweisungen und Ermahnungen allmählich vertrieben und in Tugend verwandelt[29]. Damit scheint auch Paulus übereinzustimmen, wenn er feststellt: „Als aber das Gebot kam, wurde die Sünde lebendig" (Röm 7,9). Der Erlöser verkündet ebenfalls im Evangelium: „Wenn ich nicht gekommen wäre und nicht zu ihnen gesprochen hätte, wären sie ohne Sünde; jetzt aber haben sie keine Entschuldigung für ihre Sünde" (Joh 15,22). Mit diesen Worten wollte er wohl zeigen, daß er in der Kraft, mit der er nach dem Wort der Schrift die Welt erfüllt, zu jedem Menschen kommt, in seinem Herzen zu ihm spricht und ihn lehrt, in der rechten Weise über Gut und Böse zu urteilen[30].

Deshalb also führt Paulus das Schriftzitat an: „Es gibt keinen, der gerecht ist, auch nicht einen; es gibt keinen Verständigen, keinen, der Gott sucht. Alle sind abtrünnig geworden, alle miteinander taugen nichts." So spricht auch an anderer Stelle der Prophet: „Keiner, der lebt, wird vor dir gerechtfertigt" (Ps 143,2: LXX 142,2). Vielleicht widerspricht dieser Satz anderen Schriftstellen, die bezeugen, daß einige Menschen Gerechte sind. Sogar mit Bezug auf Sodom wird zu Jerusalem gesagt: Gerechtfertigt ist Sodom im Vergleich mit dir (vgl. Ez 16,51f). Doch beachte genau, wie vorsichtig sich die göttliche Schrift ausdrückt. Sie behauptet ja nicht: Sodom ist gerechtfertigt, sondern: Du (*sc.* Jerusalem) begehst viele Greueltaten, du handelst derart, daß du alle mit der Größe deiner Schuld übertriffst; im

---

λόγος aufnehmen kann, zeigt sich auch die Sünde, vgl. ORIGENES, *princ.* 1,3 und GÖRGEMANNS/KARPP, *Origenes, Von den Prinzipien* 173 Anm. 21: „Nach stoischer Lehre wird der λόγος im Kind nach dem ersten Jahrsiebent eine selbständige Größe und kommt nach dem zweiten Jahrsiebent zur Reife"; vgl. Anm. 29.

diaris in magnitudine peccatorum, ad comparationem scelerum tuorum iam Sodoma iustificata est.

Et hic ergo quod dixit: „Non iustificabitur in conspectu tuo omnis vivens“, non hoc sentiri voluit, quod non iustificabitur omnis vivens, sed „in conspectu tuo“, hoc est Dei, non iustificabitur. Quantumvis enim quis iustus, quantumvis sanctus sit non solum inter homines, sed et in supernis atque eminentioribus creaturis, ad comparationem Dei certum est eum iustificari non posse. Denique et in Apocalypsi Ioannis, ubi liber signatus offertur in conspectu vetusti dierum et quaeritur ex omni tribu, lingua et populis, qui eum possit aperire, nullus inventus est, nisi solus agnus de tribu Iuda, qui iustificatus est in conspectu Dei; et ipse solus librum meruit aperire, qui solus ipse est, qui „aperit, et nemo claudit; claudit, et nemo aperit.“ Solus ergo salvator noster, Dominus Iesus Christus, iustificatur in conspectu patris, quia „quaecumque facit pater, haec et filius facit similiter.“ Omnis autem creatura ex comparatione inferiorum iustificatur. Ut si verbi causa dicamus: Ad comparationem reliqui populi iusta fuit Maria, soror Moysi, et rursum ad comparationem Mariae iustus erat Aaron, et iterum ad comparationem Aaron iustus erat Moyses. Beatus tamen est, qui ex comparatione meliorum iustus appellatur et non ex comparatione pessimorum sicut Sodoma, quae ex comparatione Ierusalem iustificata memoratur.

Unde et ego vereor, ne ex nobis, qui videmur esse in ecclesia Dei et legi eius operam dare ac praeceptis evangelicis deservire, inveniantur aliqui infidelium iustificandi.

Vergleich mit deinen Greueltaten wurde sogar Sodom als gerecht erklärt (vgl. Ez 16,51f).

Wenn es also hier heißt: „Keiner, der lebt, wird vor dir gerechtfertigt" (Ps 143,2), dann wollte der Psalmist das nicht so verstanden wissen, als würde kein Lebender gerechtfertigt, sondern keiner wird „vor dir", das heißt vor Gott, gerechtfertigt. Mag jemand auch noch so gerecht und heilig sein, und zwar nicht allein bei den Menschen, sondern auch bei den himmlischen und besonders erhabenen Geschöpfen, so ist doch sicher, daß er im Vergleich mit Gott nicht gerechtfertigt werden kann. Außerdem gibt es eine Stelle in der Offenbarung des Johannes, wo das versiegelte Buch vor den „Hochbetagten" (vgl. Dan 7,9.13; Offb 5) gebracht wird und unter allen Stämmen, Sprachen und Völkern jemand gesucht wird, der es öffnen kann. Da findet sich niemand, der vor Gott gerecht ist, außer dem Lamm aus dem Stamm Juda. Das Lamm allein ist würdig, das Buch zu öffnen, denn nur das Lamm ist der, „der öffnet, so daß niemand mehr schließen kann; der schließt, so daß niemand mehr öffnen kann" (Offb 3,7). Einzig unser Erlöser, der Herr Jesus Christus, ist also gerechtfertigt vor dem Vater, denn „alles, was der Vater tut, das tut in gleicher Weise auch der Sohn" (Joh 5,19). Jedes Geschöpf aber wird gerechtfertigt im Vergleich mit einem geringeren. Wir könnten zum Beispiel sagen: Im Vergleich mit dem übrigen Volk war Mirjam, die Schwester des Mose, gerecht; und andererseits war Aaron im Vergleich mit Mirjam gerecht, und Mose wiederum war gerecht im Vergleich mit Aaron. Selig aber ist jemand, der im Vergleich mit guten Menschen als gerecht bezeichnet wird, und nicht einer, der im Vergleich mit ganz schlechten als gerechtfertigt gilt, wie Sodom, das, verglichen mit Jerusalem, als gerecht galt.

Daher habe ich auch die Sorge, daß im Vergleich mit einigen von uns, die wir doch offensichtlich zur Kirche Gottes gehören, uns mit Eifer um sein Gesetz bemühen und den Weisungen des Evangeliums folgen, manche Un-

Ut verbi causa dicam: Si nos libidini et impudicitiae serviamus et gentilis, qui alienus est a fide Christi, custodiat castitatem, ille gentilis iustificatur ex nobis. Similiter etsi nos avaritia, rapacitate, superbia et ceteris huiusmodi malis involvamur, abstineat autem ab his omnibus gentilis et hi, qui legem Dei nesciunt, illi iustificabuntur ex nobis, et nos ex illorum comparatione damnabimur. Quin potius operam demus, ut sicut fide praecedimus gentes, ita actibus et operibus praecellamus, ne mala nostra fiant aliena bona et illorum temperantia nostram redarguat intemperantiam.

Potest adhuc et alio modo explanari quod dixit: „Non est iustus quisquam" vel quod ait: „Non iustificabitur in conspectu tuo omnis vivens", quia donec quis vivit in corpore, iustificari non potest nec pronuntiari iustus, sed cum exierit de corpore et de vitae huius agone discesserit, sicut et scriptura dicit: | „Ne beatificaveris hominem ante | 933
mortem, quia nescis, quae erunt eius novissima", et iterum dicit Ecclesiastes: „Et laudavi homines defunctos, qui iam mortui sunt, magis quam vivos, qui adhuc vivunt; sed melior super utrosque, qui nondum natus est." Habes adhuc et aliam scripturae sententiam, quae dicit, quia quicumque minimus est in regno Dei, maior sit eo, qui in corpore est, etiamsi Ioannes ille sit, quo maior inter natos mulierum non fuit.

„Non est ergo iustus quisquam", et addidit: „Non est intelligens." Et revera, cum apostolus ipse ex parte se dicat agnoscere et ex parte intelligere, quis erit, qui dicatur intel-

[31] Vgl. 2,4.

gläubige gerechtfertigt werden müssen. Wenn wir uns zum Beispiel der Begierde und Unkeuschheit hingeben, und ein Heide, der den christlichen Glauben nicht kennt, wahrt die Keuschheit, so wird dieser Heide im Vergleich mit uns gerechtfertigt. Ebenso ist es, wenn wir uns in Geiz, Habgier, Stolz oder andere Schlechtigkeiten dieser Art verstrikken, während ein Heide und Menschen, die Gottes Gesetz nicht kennen, sich von all dem fernhalten, dann werden sie im Vergleich mit uns gerechtfertigt. Wir aber werden verurteilt, wenn man uns mit ihnen vergleicht. Daher wollen wir uns lieber bemühen, uns vor den Heiden ebenso mit unserem Tun und Handeln auszuzeichnen, wie wir ihnen im Glauben voraus sind, damit nicht unsere Schlechtigkeit für andere zum Guten werde und ihre Selbstbeherrschung unsere Unbeherrschtheit anklagt.

Noch auf andere Weise kann das Wort erklärt werden: „Es gibt keinen, der gerecht ist", oder auch „Keiner, der lebt, wird vor dir gerechtfertigt" (Ps 143,2). Solange nämlich jemand im Leibe lebt, kann er nicht gerechtfertigt noch als gerecht erklärt werden, sondern erst dann, wenn er aus dem Körper scheidet und den Kampfplatz dieses Lebens verläßt[31]. So sagt auch die Schrift: „Preise niemand glücklich vor seinem Tod; denn du kennst sein Ende noch nicht" (Sir 11,28; vgl. Mt 12,45), und andererseits heißt es bei Kohelet: „Ich preise die Toten, die schon gestorben sind, und nicht die Menschen, die noch leben. Glücklicher aber als beide ist der, der noch nicht geboren ist" (Koh 4,2f). Man kann dazu auch ein anderes Wort der Schrift nennen, daß nämlich der Kleinste im Himmelreich größer ist als der, der noch in diesem Leibe lebt. Das gilt sogar von Johannes, der doch der Größte unter den von einer Frau Geborenen ist (vgl. Mt 11,11).

Es gibt also „keinen, der gerecht ist", und der Apostel fügt hinzu: „Es gibt keinen Verständigen." Und wahrhaftig, wenn er von sich selbst sagt, sein Erkennen und Verstehen sei nur Stückwerk (vgl. 1 Kor 13,9), wen soll man

ligens? Quantumcumque enim quis intellexerit, in speculo et in aenigmate videbitur intelligere; quia post depositionem terreni corporis refertur facie ad faciem intelligere, nunc vero, ut ait scriptura, „corruptibile corpus aggravat animam, et demergit terrena habitatio sensum multa cogitantem.“ Unde fit, ut non sit „intelligens quis“ nec „requirens Deum“. Dum enim corporis sollicitudinibus occupamur et quae hominum sunt quaerimus, Deum quaerere vel quae Dei sunt cogitare non possumus.

3. *Omnes declinaverunt, simul inutiles facti sunt.* Mihi videtur, quod non dicitur declinasse nisi is, qui aliquando in via recta stetit. Unde apparet primum illud naturae rationabilis opus, quod a Deo factum est, fuisse rectum et in via recta creatoris ipsius munere collocatum. Sed quia ab hac ad laevam peccati iter detorsit, merito nunc dicitur declinasse, sicut exemplo est primus homo Adam, qui de paradisi via recta malesuadi fraude serpentis ad pravas et tortuosas mortalis vitae semitas declinavit. Consequenter ergo omnes, qui ex ipsius successione in hunc mundum veniunt, declinaverunt et simul cum ipso inutiles facti sunt. Propter hoc puto et Dominum in evangeliis dare mandatum, ut, cum omnia praecepta fecerimus, meminerimus

---

[32] Auch wenn für ORIGENES das Leibliche eher ein Hindernis als eine Hilfe für den Geist des Menschen ist, kann man ihn nicht als leibfeindlich bezeichnen und seine Anthropologie nicht ausschließlich von PLATO ableiten. Nach CROUZEL, *Origène* 124–128, ist die trichotomische Anthropologie des ORIGENES eher dynamisch und zielgerichtet als ontologisch-statisch. Das Fleisch und der Leib sollen wie in Christus ganz geisterfüllt, aber nicht zerstört und beseitigt werden.

da verständig nennen? So viel auch immer nämlich jemand erkennen mag, er erkennt wie im Spiegel und in rätselhaften Umrissen (vgl. 1 Kor 13,12), denn es heißt, der Mensch werde erst dann von Angesicht zu Angesicht erkennen, wenn er den irdischen Leib abgelegt hat. Für jetzt aber gilt das Wort der Schrift: „Der vergängliche Leib beschwert die Seele, und das irdische Zelt belastet den um vieles besorgten Geist" (Weish 9,15). Daher kommt es, daß „keiner verständig ist, keiner Gott sucht". Solange wir nämlich mit Sorgen um den Leib beschäftigt sind und das Menschliche suchen, können wir weder Gott suchen noch Göttliches denken (vgl. 1 Kor 7,32f)[32].

3. *Alle sind abtrünnig geworden, alle miteinander taugen nichts* (Röm 3,12). Mir scheint, man kann jemanden nur abtrünnig nennen, wenn er einmal auf dem rechten Weg war. Damit ist klar, daß Gott die vernunftbegabte Natur als sein Werk zunächst richtig erschaffen (vgl. Koh 7,29) und der Schöpfer sie aus Gnade auf den rechten Weg gestellt hat. Weil sie aber auf den Weg der Sünde nach links abbog, heißt es jetzt mit Recht, sie sei abtrünnig geworden. Ein Beispiel dafür ist der erste Mensch Adam, der abtrünnig wurde, weil er durch den arglistigen Betrug der Schlange vom geraden Weg im Paradies zu den verkehrten und verschlungenen Wegen in diesem sterblichen Leben abwich[33]. Als Folge davon sind denn auch alle seine Nachkommen in dieser Welt abtrünnig geworden, mit ihm zusammen taugen sie nichts. Ich glaube, deswegen gibt auch der Herr im Evangelium die Weisung, daß wir, wenn wir alles getan haben, was uns aufgetragen wurde, uns daran

---

[33] Im Paradies war der Mensch richtig und auf dem geraden Weg, vgl. die spätere Lehre von der *iustitia originalis*. Im Zustand der Sünde ist der Mensch sich selbst entfremdet und entspricht nicht dem Auftrag des Schöpfers. Bei SCHERER, *Commentaire* 140,4, heißt es, die Schlechtigkeit sei παρὰ φύσιν.

tamen, quid simus, et dicamus: „Servi inutiles sumus, quod debuimus facere, fecimus.“ Donec enim quis hoc facit tantum, quod debet, id est ea, quae praecepta sunt, inutilis servus est. Si autem addas aliquid praeceptis, tunc non iam inutilis servus eris, sed dicetur ad te: „Euge, serve bone et fidelis!“ Quid autem sit, quod addatur praeceptis et supra debitum fiat, Paulus apostolus dicit: „De virginibus autem praeceptum Domini non habeo; consilium autem do tamquam misericordiam consecutus a Domino.“ Hoc opus super praeceptum est. Qui ergo completis praeceptis addiderit etiam hoc, ut virginitatem custodiat, non iam inu|tilis | 934
servus, sed servus bonus et fidelis vocabitur. Et iterum praeceptum est, ut hi, qui evangelium annuntiant, de evangelio vivant. Paulus tamen dicit, quia „nullo horum usus sum“, et ideo non inutilis erat servus, sed fidelis et prudens.

„Omnes ergo declinaverunt, simul inutiles facti sunt.“ Quibus addidit: „Non est, qui faciat bonitatem, non est usque ad unum.“ Gravis sententia et quae difficile astrui possit. Quomodo enim videtur fieri posse nullum omnino, nullum usque ad unum, vel in Iudaeis vel in Graecis inveniri potuisse, qui faceret bonitatem? Siccine credimus, quod nullus fuerit, qui vel hospitem aliquando receperit vel esurienti panem dederit vel nudum texerit vel innocentem de manibus potentis eripuerit vel tale aliquid boni operis egerit? Non mihi videtur tam incredibilem sermonem voluisse asserere Paulus apostolus; sed hoc modo intelligendum puto, quod neget quemquam fecisse bonitatem. Verbi gratia, velut si quis fundamenta iaciat domus et unum aut

---

[34] Vgl. 10,14.

erinnern sollen, was wir sind, und sagen sollen: „Wir sind unnütze Sklaven, wir haben nur unsere Schuldigkeit getan" (Lk 17,10). Solange nämlich jemand nur das tut, wessen er schuldig ist, das heißt, was ihm aufgetragen wurde, ist er ein unnützer Sklave. Wenn man aber etwas mehr tut als das Aufgetragene, dann ist man kein unnützer Sklave mehr, sondern darf hören: „Sehr gut, du bist ein tüchtiger und treuer Sklave" (Mt 25,21). Was das ist, was man über das Aufgetragene hinaus noch tun kann, und was mehr ist als das Geschuldete, erklärt der Apostel Paulus: „Mit Bezug auf die Frage der Ehelosigkeit habe ich kein Gebot vom Herrn. Ich gebe euch einen Rat als einer, dem der Herr sein Erbarmen geschenkt hat" (1 Kor 7,25). Dies Werk geht über das durch das Gebot Aufgetragene hinaus. Wer also alle Gebote erfüllt und dazu noch die Jungfräulichkeit bewahrt hat, der wird nicht mehr als unnützer, sondern als tüchtiger und treuer Sklave bezeichnet [34]. Ferner gibt es das Gebot, daß die Verkünder des Evangeliums vom Evangelium leben sollen. Paulus sagt jedoch, daß er „all das nicht in Anspruch genommen hat" (1 Kor 9,14f). Darum war er kein unnützer, sondern ein treuer und kluger Sklave (vgl. Mt 25,21).

„Alle also sind abgefallen, alle miteinander taugen nichts." Dem hat er hinzugefügt: „Keiner tut Gutes, auch nicht ein einziger." Ein schwerwiegender Satz, den man kaum beweisen kann. Denn wie sollte es wohl möglich sein, daß sich gar keiner, auch nicht ein einziger, weder bei den Juden noch bei den Griechen finden ließ, der Gutes tat? Sollen wir also glauben, daß es keinen gab, der einmal einen Fremden aufgenommen, einem Hungernden Brot gegeben, einen Nackten bekleidet oder einen Unschuldigen aus der Hand eines Mächtigen errettet hat, keinen, der sonst irgendein gutes Werk getan hat? Ich kann mir nicht vorstellen, daß der Apostel Paulus etwas so Unglaubliches behaupten wollte. Daß er leugnet, jemand habe etwas Gutes getan, muß man meiner Meinung nach folgendermaßen verstehen: Wenn jemand zum Beispiel die Fundamente

duos parietes exstruat, aliquid etiam materiae convehat, numquid dicetur fecisse domum, quamvis operatus videatur in domo? Sed ille dicetur domum fecisse, qui totius aedificii ad perfectum singula quaeque membra perduxerit. Ita arbitror et hic apostolum dicere neminem fecisse bonitatem, hoc est a nullo eam ad perfectum et ad integrum consummatam. Si autem requiramus, quis sit vere bonus et qui perfectam fecerit bonitatem, illum inveniemus solum, qui dicit: „Ego sum pastor bonus“, et iterum: „Pastor bonus animam suam ponit pro ovibus suis.“

Post haec de quinto, ut supra diximus, psalmo sumens dicit: „Sepulcrum patens est guttur eorum.“ Diversa in his, ut mihi videtur, humani generis peccata describit. Omne sepulcrum immunditiam defuncti cadaveris contegit; unde et Dominus dicebat in evangelio de scribis et Pharisaeis, quod essent sepulcra dealbata, quae foris quidem speciosa videntur hominibus, intus autem plena sunt omni immunditia. Videtur autem Paulus hoc in loco maius aliquid in istis, de quibus sermo est, ostendere criminis, cum eos sepulcrum non tectum neque coopertum, sed patens appellat. Clausa enim sepulcra dicuntur, quos aliquantulum pudor cohibet palam delinquere et proferre ad publicum crimina sua. Patens vero sepulcrum dicuntur hi, qui immunditias suas et impuritates in propatulo habent, quibus assiduitas et usus scelerum, quod est in malis ultimum, etiam commissorum verecundiam sustulit, ut iam non aperiant os suum et proferant verbum Dei, verbum vivum, sed

[35] In der monastischen Tradition wird die höchste Stufe des Guten und des Bösen als gewohnheitsmäßige Haltung charakterisiert, vgl. *Regula Benedicti* 7,67f: „Hat nun der Mönch alle diese Stufen der Demut erstiegen ..., dann beobachtet er alle Vorschriften ..., weil das Gute ihm zur Gewohnheit, die Tugend zur Freude geworden ist“ (Übersetzung nach STEIDLE). BERNHARD VON CLAIRVAUX, *Liber de gradibus humili-*

eines Hauses legt, ein oder zwei Mauern errichtet und auch etwas Baumaterial anfährt, dann wird bestimmt nicht gesagt, er habe das Haus gebaut, obwohl er doch offenbar an dem Haus gearbeitet hat. Als Baumeister bezeichnet man vielmehr den, der den Gesamtbau mit allen Einzelabschnitten vollendet hat. In der Art verstehe ich auch hier die Aussage des Apostels. „Keiner tut Gutes" bedeutet, daß keiner es ganz und vollkommen vollbringt. Wenn wir aber fragen, wer wahrhaftig gut ist und wer das Gute vollkommen verwirklicht, so finden wir nur den, der sagt: „Ich bin der gute Hirte", und auch: „Der gute Hirte gibt sein Leben hin für seine Schafe" (Joh 10,11).

Danach führt der Apostel, wie wir schon erwähnt haben, ein Wort aus dem 5. Psalm an: „Ihre Kehle ist ein offenes Grab" (Ps 5,10). Damit umschreibt er, wie mir scheint, verschiedene Sünden des Menschen. Jedes Grab deckt die Unreinheit einer Leiche zu. Darum sagte auch der Herr im Evangelium von den Schriftgelehrten und Pharisäern, sie seien weißgetünchte Gräber, die den Menschen „zwar äußerlich als schön erscheinen, innen aber voll von jedweder Unreinheit sind" (vgl. Mt 23,27). Paulus zeigt jedoch offenbar bei den Menschen, von denen hier die Rede ist, ein noch größeres Verbrechen auf. Er nennt sie ja nicht ein verdecktes oder geschlossenes, sondern ein offenes Grab. Als geschlossene Gräber werden die bezeichnet, die eine gewisse Scham davon abhält, offen zu sündigen und ihre Vergehen an die Öffentlichkeit zu bringen. Als offenes Grab aber werden die bezeichnet, die vor aller Augen Unreines und Gemeines tun. Die gewohnheitsmäßige Wiederholung ihrer Verbrechen, die letzte Stufe des Bösen, hat ihnen sogar die Scham vor dem genommen, was sie begangen haben[35]. Von jetzt an öffnen sie ihren Mund nicht mehr, um das lebendige Wort Gottes auszusprechen,

---

tatis et superbiae 21,51: Die 12. Stufe des Hochmuts ist das gewohnheitsmäßige Sündigen.

aperiant gut|tur suum et proferant verbum mortuum, ver- | 935
bum diaboli, non de corde, sed de sepulcro. Si quando ergo videris hominem lascivo ore impudica verba iactantem aut tumido et furibundo contumelias et maledicta proferentem, non dubites de hoc dicere, quia „sepulcrum patens est guttur“ eius, „de abundantia enim cordis os loquitur“.

Ad haec additur: „Linguis suis dolose agebant.“ Dolus est, cum aliud quis lingua loquitur et aliud volutat in corde. Quod crimen nescio si vel iustos quosque et electos relinquat immunes; sed puto, quod alius plus, alius autem minus, nemo tamen sit ab hoc ad perfectum purus, nisi ille solus, de quo scriptum est: „Qui peccatum non fecit, nec dolus inventus est in ore eius.“ Nam etsi inveniatur quis diligens et cautus, potest fortassis in gravioribus se observare, quem autem invenias, qui in haec vel prae verecundia vel prae negligentia non incurrat? Interdum et per oblivionem omittuntur, quae curanda fuerant, et ne appareat culpa, excusantur aliter quam gesta sunt. Unde et Petrus sciens istas esse diversitates doli, in epistula sua scribit dicens: „Deponentes ergo omnem dolum et simulationem et invidiam et obtrectationem quasi modo geniti infantes rationabile et sine dolo lac concupiscite, ut in eo crescatis in salutem.“

[36] In Zeile 21 f ist der Text korrigiert in *rationabile* (statt *rationabiles*), vgl. HAMMOND-BAMMEL, *Römerbriefkommentar* 216,287. ORIGENES

sondern aus ihrer geöffneten Kehle bringen sie ein totes Wort, das Wort des Teufels, hervor, und zwar nicht aus dem Herzen, sondern aus dem Grab. Wenn man also manchmal einen Menschen sieht, der mit seinem Lästermund unzüchtige Worte von sich gibt oder auch wie ein aufgeblasener Dummkopf redet und Schmähungen und Verwünschungen ausspricht, dann kann man zweifellos von ihm sagen, daß seine Kehle ein offenes Grab ist. Denn: „Wovon das Herz voll ist, davon spricht der Mund" (Mt 12,34).

Dann wird noch hinzugefügt: „Mit ihrer Zunge betrügen sie." Es ist ein Betrug, wenn jemand etwas anderes auf der Zunge hat, als was er im Herzen denkt. Ob Gerechte und Auserwählte ganz frei bleiben von solcher Sünde, weiß ich nicht. Eher meine ich, daß der eine mehr, der andere weniger davon betroffen ist, keiner aber vollkommen rein ist, außer dem einen, von dem geschrieben steht: „Er hat keine Sünde begangen, und in seinem Mund war kein trügerisches Wort" (Jes 53,9; 1 Petr 2,22). Denn auch wenn sich jemand findet, der gewissenhaft und vorsichtig ist, so kann er sich vielleicht vor schweren Verfehlungen hüten; wen aber kann man finden, der nicht in diesen Fehler verfällt, sei es aus Schüchternheit oder aus Unbedachtheit? Manchmal unterläßt man auch aus Vergeßlichkeit etwas, worum man sich hätte kümmern müssen, und dann entschuldigt man sich, indem man die Sache anders darstellt, als sie war, nur damit die Schuld nicht offen zutage tritt. Daher schreibt auch Petrus im Wissen um diese verschiedenen Formen des Betruges in seinem Brief: „Legt also alle Bosheit ab, alle Falschheit und Heuchelei, allen Neid und alle Verleumdung. Verlangt, gleichsam als neugeborene Kinder, nach der unverfälschten Milch des Wortes, damit ihr durch sie heranwachst und das Heil erlangt" (1 Petr 2,1 f)[36].

---

zitiert sonst immer diese Textform. Die Variante *rationabiles* gibt es in der *Vetus Latina*, sie beruht aber nicht auf griech. Handschriften.

4. *Venenum aspidum sub labiis eorum.* Morsus serpentis veneno corpus interimit; morsus verbi venenati fraude animam necat. Potest accidi hoc et de his, qui calumniarum commentis circumveniunt homines, potest et de his, qui per haereticam doctrinam veneno diaboli infectam animas decipiunt simplicium.

„Quorum os maledictione et amaritudine plenum est.“ De veneno quidem aspidum non dixit plena esse labia. In illo enim vitio plures fortassis inveniantur, non tamen plures, qui plene et ad integrum veneni illius virus exserant. Maledictione autem et amaritudine repleri os valde multorum est. Quis enim ita emendati oris est, quem non maledicendi consuetudo sollicitet, non dicam adversum eos, qui maledictione digni sunt, sed adversum eos, quos Dominus non maledixit, id est iustos et innocentes viros? Promptum hoc et proclive vitium est fragilitatis humanae erga subiectos praecipue et inferiores, ita ut iam appellationem hanc non maledictionem putent. Et ideo plenum esse os eorum et tamquam de pleno oris vasculo indesinenter dicitur fluere maledictio. Huic tamen et amaritudo coniungitur, quia ex iracundiae felle depromitur. Per iracundiam enim ac furorem ad maledicendum lingua compellitur. Et ideo dicit idem apostolus: „Benedi|cite, et nolite maledicere!“ et alibi: | 936
„Ne qua radix amaritudinis sursum germinans impediat.“

Additur in consequentibus: „Veloces pedes eorum ad effundendum sanguinem.“ Quod tamen crimen non fortassis pluribus aptari posse videbitur eorum, de quibus dixit: „Causati enim sumus Iudaeos et Graecos omnes sub peccato esse“, nisi forte ita intelligamus, quia non corpora-

4. *Schlangengift ist auf ihren Lippen* (Röm 3,13). Ein Schlangenbiß tötet durch sein Gift den Körper, der Biß eines vergifteten Wortes mordet durch Betrug die Seele. Das kann durch Menschen geschehen, die durch verleumderische Lügen andere ins Verderben stürzen, aber auch durch solche, deren irrige Lehre von teuflischem Gift angesteckt ist und die damit arglose Menschen täuschen.

„Ihr Mund ist voll Fluch und Gehässigkeit" (Röm 3,14). Vom Schlangengift sagte er nicht, daß ihre Lippen voll davon seien. Denn es gibt wahrscheinlich viele mit dem erwähnten Laster, jedoch nicht viele, die ohne Einschränkung, immer und überhaupt nur jenes Gift ausspeien. Sehr viele aber haben den Mund voll Fluch und Gehässigkeit. Denn wessen Mund ist so geläutert, daß ihn die Gewohnheit nicht zum Fluchen reizt, und zwar nicht etwa gegen solche, die es verdienen, sondern gegen solche, denen der Herr nicht flucht (vgl. Num 23,8), das heißt gegen gerechte und unschuldige Menschen? Dieses Laster liegt der menschlichen Schwäche sehr nahe, besonders wenn man Untergebene und Geringere vor sich hat, so daß man es schon nicht mehr als Fluch ansieht, jemanden als geringer zu bezeichnen. Deshalb heißt es auch, ihr Mund sei voll davon, und wie aus einem vollen Gefäß fließe aus ihm unaufhörlich der Fluch. Damit verbindet sich dann noch die Gehässigkeit, weil sie aus der Bitterkeit des Zornes hervorgeht. Durch Zorn und Wut wird nämlich die Zunge zum Fluchen angestachelt. Deshalb sagt der gleiche Apostel: „Segnet, und flucht nicht!" (Röm 12,14), und anderswo: „Keine bittere Wurzel soll aufwachsen und Schaden stiften" (Hebr 12,15; vgl. Dtn 29,17).

Im Folgenden heißt es weiter: „Schnell sind ihre Füße, um Blut zu vergießen" (Röm 3,15). Nicht vielen, von denen der Apostel sagte: „Wir haben nämlich die Anklage erhoben, daß alle, Juden wie Griechen, unter der Herrschaft der Sünde stehen", kann man wohl dieses Vergehen zur Last legen. Vielleicht könnten wir es aber so verstehen,

liter tantum sanguis effunditur eorum, quorum corpora trucidantur, sed et hi, qui quolibet scandalo animam a Deo separant, viri sanguinum nominantur. Sicut enim homicida dicitur ille, qui corpus ab anima separat, per quam vivificatur, ita multo etiam verius ille homicida dicendus est, qui animam a vera vita separat, quae est Deus. „Pedes" autem hoc in loco illos intellige, de quibus dicit propheta: „Mei autem paene moti sunt pedes", hoc est consilium, quo agimus iter vitae.

5. *Contritio et infelicitas in viis eorum, et viam pacis non cognoverunt.* Contritionem hic dicit non illam, qua spiritus peccatis contribulatur pro paenitentia, unde dicitur in psalmis: „Cor contritum et humiliatum Deus non spernit", sed illam dicit contritionem, qua peccatores dicuntur conterere iugum Domini et proicere a cervicibus suis. Similiter et „infelicitas" vel, sicut alibi legitur, „miseria" accipienda est, qua miser effectus est homo et infelix, qui „cum in honore esset, non intellexit", sed „comparatus est iumentis insipientibus et similis factus est eis."

„Et viam pacis non cognoverunt." Pax nostra Christus est. Via ergo pacis, via Christi est. Sed etsi accipiamus, quod peccatores, dum vitiorum bellis semper urgentur, viam pacis ignorant, recte intelligimus. Dicit enim propheta ad Dominum: „Pax multa diligentibus nomen tuum, et non est illis scandalum." Sed et ille populus, qui de Aegypto eductus est, per viam pacis incessit, ut ad terram repromissionis

daß nicht nur äußerlich Blut vergossen wird, wenn man den Leib mordet, sondern daß auch diejenigen am Blut schuldig werden, die durch irgendein Ärgernis die Seele von Gott trennen. Wie der als Mörder bezeichnet wird, der den Leib von der Seele, seinem Lebensprinzip, trennt, so muß man noch viel eher den einen Mörder nennen, der die Seele von ihrem wahren Leben trennt, das heißt von Gott. „Ihre Füße" aber soll man hier so verstehen, wie der Prophet von ihnen spricht: „Fast wären meine Füße gestrauchelt" (Ps 73,2: LXX 72,2), gemeint ist damit der Plan, nach dem wir unseren Lebensweg ausrichten.

5. *Elend und Unglück sind auf ihren Wegen, und den Weg des Friedens kennen sie nicht* (Röm 3,16f). Hier spricht er nicht von dem Elend, das den Geist seiner Sünden wegen aus Reue bedrückt, weshalb es in den Psalmen heißt: „Ein elendes und zerschlagenes Herz verschmäht Gott nicht" (Ps 51,19: LXX 50,19). Vielmehr bezeichnet der Apostel als Elend hier, daß die Sünder das Joch des Herrn zerbrechen und von ihrem Nacken schütteln (vgl. Jer 2,20; 5,5). Ebenso muß man auch „Unglück" oder nach einer anderen Lesart „Not" deuten. Ein Mensch ist dann in „Not" und „Unglück", wenn er „in seiner Pracht nicht zur Einsicht kam, sondern dem unvernünftigen Vieh gleich und ihm ähnlich wurde" (Ps 49,13.21: LXX 48,13.21).

„Und den Weg des Friedens kennen sie nicht" (Röm 3,17). Unser Friede ist Christus (vgl. Eph 2,14). Der Weg des Friedens ist also der Weg Christi. Aber auch wenn wir es so deuten, daß die Sünder den Weg des Friedens nicht kennen, weil sie immerfort durch die Kämpfe mit ihren Lastern bedrängt werden, haben wir das richtige Verständnis. Der Prophet spricht nämlich zum Herrn: „Alle, die deinen Namen lieben, empfangen Frieden in Fülle, es trifft sie kein Unheil" (Ps 119,165: LXX 118,165). So ging auch das Volk, das aus Ägypten herausgeführt wurde, auf dem Weg des Friedens. Es wollte zum Land der Verheißung

veniret et habitaret in Ierusalem, quae interpretatur „visio pacis“, sicut et propheta dicit: „Factus est in pace locus eius, et habitatio eius in Sion.“ Plenius autem viam pacis agnoscit, qui ad caelestis Ierusalem habitaculum tendit, ut ad sanctam civitatem Dei viventis ascendat.

Post haec additur: „Non est timor Dei ante oculos eorum.“ Si quis sit, qui semper de timore Dei cogitet, quid ei placeat requirat quidve displiceat, huic timor Dei esse ante oculos dicitur. Sed peritus debet esse et ex lege Domini diligenter eruditus, ne forte illic timeat timore, ubi necessarius non erit timor. Ponendus est ergo semper timor Dei ante oculos, non istos oculos carnis — neque enim visibile aliquid aut corporeum quaeritur —, sed ante oculos mentis, qui|bus timoris Dei et intellectus et doctrina perspicitur, | 937 per quam, sicut superius diximus, intelligatur, quid timendum sit aut quid non sit timendum. Qui Deum timet, potestates saeculi non timet. Et quid dico de potestatibus saeculi? Nec illos principatus et potestates et mundi huius rectores neque spiritalia nequitiae in caelestibus timet. Et ut ipsius hoc Pauli auctoritate firmemus, audi, quomodo dicit de humanis potestatibus: „Vis“, inquit, „non timere potestatem? Fac, quod bonum est, et habebis laudem ex ea.“ Et propheta dicit: „Dominus mihi adiutor est, non timebo, quid faciat mihi homo.“ De adversis vero potestatibus spirituum idem propheta sensisse mihi videtur, ubi dicit: „Multi, qui debellant me de excelso, per diem time-

[37] Vgl. die Interpolation von Ps 14,5: LXX 13,5: „Es überfiel sie dort Furcht, wo es nichts zu fürchten gab“.

kommen und in Jerusalem wohnen, was mit „Schau des Friedens“ übersetzt wird. Der Prophet sagt ebenfalls: „Seine Stätte ist im Frieden und seine Wohnung in Zion“ (Ps 76,3: LXX 75,3). Noch vollständiger jedoch erkennt den Weg des Friedens, wer zur Wohnung des himmlischen Jerusalem strebt, um zur heiligen Stadt des lebendigen Gottes aufzusteigen (vgl. Hebr 12,22).

Danach heißt es weiter: „Die Gottesfurcht steht ihnen nicht vor Augen“ (Röm 3,18). Wenn jemand immer über die Gottesfurcht nachdenkt und zu ergründen sucht, was Gott gefallen oder mißfallen könnte, so sagt man, ihm stehe die Gottesfurcht vor Augen. Er muß jedoch Erfahrung haben und sorgfältig im Gesetz des Herrn ausgebildet sein, damit er nicht etwa dort Furcht zeigt, wo es nicht notwendig ist[37]. Man soll sich also immer die Gottesfurcht vor Augen halten. Nicht die leiblichen Augen sind dabei gemeint, sondern die Augen des Geistes, es geht ja um nichts Sichtbares oder Körperliches. Diese inneren Augen vermögen die aus der Gottesfurcht kommende Einsicht und Belehrung wahrzunehmen. Auf diese Weise kann der Mensch, wie wir oben sagten, erfassen, was zu fürchten und was nicht zu fürchten ist. Wer Gott fürchtet, hat keine Furcht vor den Mächten der Welt. Doch was rede ich von den Mächten der Welt! Auch die Fürsten und Gewalten, die Beherrscher dieser Welt und die bösen Geister des himmlischen Bereichs (vgl. Eph 6,12), fürchtet er nicht. Dies wollen wir noch durch die Autorität des Paulus bekräftigen. Darum höre, wie er von den menschlichen Machthabern spricht: „Willst du ohne Furcht vor der staatlichen Gewalt leben, dann tue das Gute, so daß du ihre Anerkennung findest“ (Röm 13,3). Und der Prophet sagt: „Der Herr ist mein Helfer, ich fürchte mich nicht; was können Menschen mir antun?“ (Ps 118,6: LXX 117,6). Die feindlichen Geistmächte hat der gleiche Prophet offenbar im Sinn, wenn er spricht: „Viele sind es, die mich voll Hochmut bekämpfen, sie werden sich eines Tages fürchten“ (Ps

bunt", et iterum: „Si consistant adversum me castra, non timebit cor meum." Opus ergo grande est et magnificum semper habere ante oculos cordis timorem Dei, illum timorem, qui replevit virgam, quae surrexit de radice Iesse, et florem, qui de radice eius surrexit, de quo dixerat: „Et replebit eum spiritus timoris Domini." In tantum autem perfectum reddit hominem Dei timor, ut nihil ei desit, ut propheta dicit, quia „nihil deest timentibus eum".

Haec, prout potuimus, singulis quibusque, quae a Paulo assumpta fuerant, aptavimus, quomodo convenire viderentur his, de quibus dicit: „Causati enim sumus Iudaeos et Graecos omnes sub peccato esse." Quae tamen ita puto debere intelligi, non ut in singulis hominibus omnia haec fuisse arguantur, sed aliud in alio et aliud in alio, ita tamen, ut in omnibus impleretur universitas ista vitiorum.

6. *Scimus autem, quoniam quaecumque lex loquitur, his, qui in lege sunt, loquitur, ut omne os obstruatur et subditus fiat omnis mundus Deo. Propterea ex operibus legis non iustificabitur omnis caro in conspectu Dei. Per legem enim agnitio peccati.* Praefati sumus in principiis apostolum in hac epistula de pluribus legibus tractaturum, quarum discretio et distinctio, nisi per loca singula habeatur, confundere poterit sensum legentis. Igitur etiam in praesenti loco quod dicit: „Scimus autem, quoniam quaecumque lex lo-

[38] Vgl. *praefatio Origenis*. Dieser Topos kommt im Römerbriefkommentar häufig vor. HARL, *Philocalie* 312f, gibt neun Stellen an: 4,4; 4,5;

56,3f: LXX 55,3f), und anderswo: „Mag ein Heer mich belagern, mein Herz wird nicht verzagen“ (Ps 27,3: LXX 26,3). Es ist also ein großes und herrliches Werk, die Gottesfurcht immer vor Augen zu haben. Sie ist es, die das Reis aus der Wurzel Isais und den Trieb, der aus ihr aufwuchs (vgl. Jes 11,1), erfüllte. Von ihm sprach der Prophet: „Ihn erfüllt der Geist der Furcht des Herrn“ (Jes 11,3). So vollkommen aber macht die Gottesfurcht den Menschen, daß ihm nichts mangelt, gemäß dem Wort des Propheten: „Wer ihn fürchtet, leidet keinen Mangel“ (Ps 34,10: LXX 33,10).

Nach Vermögen haben wir all das im einzelnen erklärt, was Paulus angeführt hat. Wir wollten zeigen, wie es zu seinem Wort paßt: „Wir haben die Anklage erhoben, daß alle, Juden wie Griechen, unter der Herrschaft der Sünde stehen.“ Meiner Ansicht nach ist dies jedoch nicht so zu verstehen, daß sich das alles in jedem einzelnen Menschen nachweisbar anklagen läßt. Vielmehr zeigt sich im einen dies, im anderen jenes, aber für alle zusammen gilt, daß die Laster insgesamt nachzuweisen sind.

6. *Wir wissen aber: Was das Gesetz sagt, sagt es denen, die unter dem Gesetz leben, damit jeder Mund verstummt und die ganze Welt Gott unterworfen wird. Deshalb wird durch Werke des Gesetzes niemand, der im Fleisch ist, vor Gott gerechtfertigt; durch das Gesetz kommt es nämlich zur Erkenntnis der Sünde* (Röm 3,19f). Im Vorwort haben wir gleich zu Anfang gesagt, der Apostel spreche in diesem Brief von unterschiedlichen Arten des Gesetzes[38]. Werden sie an den einzelnen Stellen nicht unterschieden und auseinandergehalten, so könnte der Leser nicht verstehen und in Verwirrung geraten. An der vorliegenden Stelle sagt Paulus: „Wir wissen aber: Was das Gesetz sagt, sagt es

---

5,1; 5,6; 5,10; 6,8; 6,9; 7,1; 7,19. Vgl. auch Bd. 1, 39 Einführung mit Anm. 65; HAMMOND-BAMMEL, *Philocalia IX* 54–56 und ROUKEMA, *Diversity*.

quitur, his, qui in lege sunt, loquitur", diligentius requirere debemus, quae sit lex, quae loquatur ad eos, qui in lege sunt, et per hoc, quod ad eos loquitur, omni eos excusatione denudet, ne peccatorum suorum possint invenire perfugia. Hoc enim est, quod dicit: „ut omne os obstruatur, et subditus fiat omnis munus Deo." Quod si velimus de lege | 938 Moysi intelligere, quae illis sine dubio solis loquitur, quos ex matris utero circumciderit et docuerit, quomodo consequens videbitur, quod per hanc legem, quae unam tantummodo institutis suis contingit gentem, omne os obstruatur et omnis per eam mundus Deo teneatur obnoxius? Quid enim commune ad hanc legem gentes omnes, quid totus habere mundus credendus est? Quomodo autem et agnitio peccati per legem Moysi fieri dicitur, cum inveniantur plurimi et ante eam agnovisse peccatum suum? Cain denique, cum peccasset, ita ait: „Maius est peccatum meum, quam ut remittatur." Sed et patriarchae, cum ad Ioseph descendissent in Aegyptum et simulata ab eo confutatione urgerentur, ita ad alterutrum dicunt: „In peccatis sumus pro fratre nostro, quia despeximus tribulationem eius animae, cum rogaret nos, et non exaudivimus eum; propter hoc venit super nos tribulatio haec." Sed et Iob, quem ante legem fuisse constat, ita dicit: „Quod etsi peccavi invitus, si occultavi peccatum meum aut confusus sum multitudine populi, quominus annuntiarem delictum meum." Qui omnes evidenter docentur agnovisse peccatum suum. Ex his ergo colligitur Paulum apostolum non de lege Moysi haec dicere, quia „lex his, qui in lege sunt, loquitur", sed de

---

[39] Ein Zusatz der LXX zu Ijob 42,17 berichtet von Ijobs früherem Namen Jobab (vgl. Gen 36,33: ein König in Edom). ORIGENES erklärt *epist. 1* 3, daß nur die LXX und THEODOTION diesen Zusatz überliefern; vgl. auch *Cels.* 6,43.

denen, die unter dem Gesetz leben." Also müssen wir auch hier genau untersuchen, welche Art des Gesetzes zu denen spricht, die unter dem Gesetz leben. Denn durch das, was es zu ihnen sagt, beraubt es sie jeder Entschuldigung, so daß sie nicht ausweichen können bei ihren Sünden. Das soll nämlich der Satz bedeuten: „Damit jeder Mund verstummt und die ganze Welt Gott unterworfen wird." Würden wir dies vom Gesetz des Mose verstehen — es wendet sich ja zweifellos nur an solche, die seit ihrer Geburt der Beschneidung und seiner Lehre verpflichtet waren —, ist es dann etwa folgerichtig, daß durch dieses Gesetz jeder Mund verstummt und die ganze Welt Gott unterworfen wird? Mit seinen Anordnungen berührt es ja nur ein einziges Volk. Was sollten denn alle Völker oder sogar die ganze Welt mit diesem Gesetz zu tun haben? Wie kann man ferner behaupten, durch das Gesetz des Mose komme es zur Erkenntnis der Sünde? Es gibt doch sehr viele, die auch schon vorher ihre Sünde erkannten. Sogar Kain sprach, nachdem er gesündigt hatte: „Zu groß ist meine Schuld, als daß sie vergeben werden könnte" (Gen 4,13 LXX). Und auch die Patriarchen, als sie zu Josef nach Ägypten hinabzogen und von ihm durch seine gespielte Anklage in die Enge getrieben wurden, sagen zueinander: „Wir sind an unserem Bruder schuldig geworden. Wir haben die Bedrängnis seiner Seele nicht beachtet, als er uns um Erbarmen anflehte, und wir haben ihn nicht erhört. Darum ist nun diese Bedrängnis über uns gekommen" (Gen 42,21). Auch Ijob, der bekanntlich vor dem Gesetz lebte[39], sagt: „Niemals habe ich meine Sünde verheimlicht, auch nicht, wenn ich unfreiwillig sündigte, niemals habe ich aus Scheu vor der Menge der Leute mein Vergehen nicht zugegeben" (Ijob 31,33f LXX). Sie alle werden offensichtlich gelehrt, ihre Sünde zu erkennen. Deshalb läßt sich daraus schließen, daß der Apostel Paulus nicht das Gesetz des Mose meint mit den Worten: „Was das Gesetz sagt, sagt es denen, die unter dem Gesetz leben." Er spricht vielmehr vom natür-

naturali lege, quae scripta est in cordibus hominum. Haec ergo lex, quaecumque dicit, his, qui in lege sunt, dicit. In lege autem sunt hi, qui id aetatis agunt, quo discretionem boni malique iam capiant. Sine lege vero illi sunt, quibus nondum huiusmodi discretionis sensus advenit, secundum quod et Paulus dicit: „Ego autem vivebam sine lege aliquando." Secundum hanc ergo legem naturalem consequenter apostolus dixisse videbitur omne os obstruendum et omnem mundum obnoxium Dei iudicio futurum. Huius enim legis, quae naturaliter hominibus inest, nullus est expers neque Iudaeorum neque gentilium; et ideo consequenter dictum videtur etiam illud, quod iustificetur Deus in verbis suis et vincat, cum iudicatur.

Ut verbi causa dicamus: Si requiratur, quid Deus homini contulerit et quid homo ex his, quae a Deo accepit, operatus sit, iudicari cum hominibus Deus videbitur; et invenietur quidem Deus dedisse homini omnes affectus omnesque motus, quibus ad virtutem niti possit et progredi, insuper etiam vim rationis inseruisse, qua agnosceret, quid deberet agere, quid cavere. Haec ergo invenitur Deus communiter omnibus hominibus praestitisse. Sed si his acceptis homo neglexerit iter virtutis incedere, cui ex Deo nihil defuit, | 939 invenitur ipse defuisse eis, quae a Deo data sunt sibi. Merito ergo dicitur in tali iudicio Deus vincere et iustificari in verbis suis.

Haec ergo lex naturalis loquitur omnibus, qui in lege sunt; ex cuius praeceptis soli mihi immunes fieri videntur infantes, quibus nondum inest pravi rectique iudicium. Sed

lichen Gesetz, das ins Herz der Menschen geschrieben ist (vgl. Röm 2,15). Dieses Gesetz sagt, was immer es sagt, zu denen, die unter dem Gesetz leben. Unter dem Gesetz aber leben alle, die alt genug sind, um zwischen Gut und Böse unterscheiden zu können. Ohne Gesetz dagegen leben die, deren Verständnis noch nicht zu einer solchen Unterscheidung gelangt ist. In diesem Sinn sagt auch Paulus: „Ich lebte einst ohne das Gesetz" (Röm 7,9). Offensichtlich hat der Apostel also vom natürlichen Gesetz gesprochen und ganz folgerichtig gesagt, jeder Mund müsse verstummen und die ganze Welt sei dem kommenden Gericht Gottes verfallen. Denn von diesem Gesetz, das von Natur aus im Menschen angelegt ist, ist niemand ausgenommen, weder Jude noch Heide. Und deshalb kann man schließen, daß Gott gerechtfertigt ist in seinen Worten und recht behält, wenn man mit ihm rechtet (vgl. Ps 51,6: LXX 50,6).

Um es mit einem Beispiel zu sagen: Wenn es um die Frage geht, was Gott dem Menschen gegeben und was der Mensch mit dieser Gabe Gottes getan hat, scheint Gott mit den Menschen im Rechtsstreit zu stehen. Es zeigt sich dann, daß Gott dem Menschen alle Anlagen und alle Antriebe gegeben hat, mit denen er sich um die Tugend bemühen und darin fortschreiten kann. Darüber hinaus hat Gott ihm auch noch die Kraft des Verstandes verliehen, mit der er erkennen kann, was er tun beziehungsweise meiden soll. Es zeigt sich also, daß Gott dies allen Menschen gleicherweise geschenkt hat. Wenn jedoch der Mensch alles empfangen hat und es trotzdem vernachlässigt, den Weg der Tugend zu beschreiten, obwohl ihm von Gott alles gegeben wird, dann ist klar, daß er mit den ihm von Gott verliehenen Gaben gefehlt hat. Mit Recht heißt es also, daß Gott in einem solchen Gericht Sieger bleibt und recht behält mit seinen Worten (vgl. Röm 3,4).

Das natürliche Gesetz spricht also zu allen, die unter dem Gesetz leben. Seine Vorschriften gelten offenbar nur für die Kinder nicht, die noch nicht beurteilen können, was

his si etiam illi sociandi sint, qui quacumque ex causa impotes sunt mentis, videto. Exceptis vero his nullus hominum mihi effugere videtur hanc legem.

Considerandum est autem, ne forte non solum homines, sed et angelos et omnem, quaecumque illa est, rationabilem creaturam lex ista constringat. Si enim recte a sapientibus definitum est legem esse, quae dictet quod agi debeat et quod agi non debeat vetet, quomodo non huiusmodi lex etiam supernis et caelestibus ordinibus inserta videbitur, quibus utique et observandi quiddam et quiddam cavendi disciplina est? Et nisi hac lege tenerentur, numquam de eis diceret scriptura divina: „Angelos quoque, qui non servaverunt principatum suum, sed dereliquerunt proprium domicilium, Deus ad iudicium magni diei aeternis vinculis in tartaro constrictos sub caligine reservavit.“ Unde constat inesse eis legem; qua non observata passi sunt haec, quae superius scriptura testata est. Sed et Paulus, cum dicit: „An nescitis, quia angelos iudicabimus?“, quid aliud nisi sub lege scit esse positos eos, quos pronuntiat ad iudicium deducendos?

Sed si quis nobis occurrat, ex eo quod supra diximus Deum esse cum hominibus iudicandum, quasi etiam ipsum dicere videamur esse sub lege, audi, quanta de hoc cautela in apostoli litteris invenitur, qui Christum non in lege esse, sed plenitudinem esse legis commemorat; et sicut ipse est iustitia, ex qua omnes iusti fiunt, et ipse est veritas, ex qua omnes in veritate consistunt, et ipse est vita, ex qua omnes vivunt, ita et ipse est lex, ex qua omnes in lege sunt. Venit

---

40 Vgl. 6,8; *philoc.* 9; CLEMENS, *str.* 1,25; *Stoicorum Veterum Fragmenta* 3,314 f.

41 Vgl. 5,1.

falsch oder richtig ist. Ob man auch die aus irgendeinem Grund geistig Unfähigen zu diesen Ausnahmen zählen muß, wäre zu überlegen. Abgesehen von ihnen kann sich aber meiner Meinung nach kein Mensch diesem Gesetz entziehen.

Zu bedenken ist jedoch, ob etwa nicht nur die Menschen, sondern auch die Engel und jedwede geistbegabte Kreatur diesem Gesetz verpflichtet ist. Wenn nämlich die Philosophen richtig definiert haben, ein Gesetz schreibe vor, was man tun müsse, und verbiete, was man nicht tun dürfe[40], wieso sollte da ein solches Gesetz nicht auch den Wesen der höheren und himmlischen Ordnung eingegeben sein? Sie haben doch auch eine Verhaltensregel, die ihnen gebietet, gewisse Dinge zu befolgen und sich vor anderen zu hüten. Wenn sie nicht durch ein solches Gesetz gebunden wären, hätte die göttliche Schrift wohl niemals von ihnen gesagt: „Auch die Engel, die ihren hohen Rang mißachtet und ihren Wohnsitz verlassen haben, hat Gott mit ewigen Fesseln in der Finsternis der Unterwelt eingeschlossen, um sie am großen Tag zu richten" (Jud 6). Daher steht fest, daß sie ein Gesetz in sich tragen. Aber sie haben es nicht beobachtet und deshalb das erlitten, was das erwähnte Schriftzitat bezeugt hat. Genauso ist Paulus, wenn er sagt: „Wißt ihr nicht, daß wir über Engel richten werden?" (1 Kor 6,3), völlig sicher, daß die Engel unter einem Gesetz stehen, weil er von ihnen verkündet, sie würden vor Gericht kommen[41].

Da wir oben sagten, Gott müsse mit den Menschen einen Rechtsstreit austragen, wendet möglicherweise jemand ein, wir wollten damit sagen, Gott selbst stehe gleichfalls unter dem Gesetz. Doch sollte man beachten, mit wieviel Vorsicht der Apostel in seinen Briefen von diesem Thema spricht. Er erklärt, Christus stehe nicht unter dem Gesetz, sondern sei die Erfüllung des Gesetzes (vgl. Röm 10,4). So wie er die Gerechtigkeit in Person ist, durch die alle gerecht werden, ist er auch die Wahrheit, durch die alle in der Wahrheit feststehen, ebenso ist er das Leben in Person, durch das alle leben, und auch das Gesetz, durch das alle

ergo ad iudicium, non tamquam qui in lege sit, sed tamquam qui lex sit. Ego autem puto, quod hi, qui iam perfecti sunt et Domino coniuncti unus spiritus cum ipso effecti sunt, nec ipsi in lege sunt, sed magis ipsi sunt lex, sicut et alibi idem apostolus dicit: „Quia iusto lex non est posita.“ Ita „quaecumque lex loquitur, eis, qui in lege sunt, loquitur, ut omne os obstruatur“, secundum ea, quae supra diximus, ut „subditus fiat“ vel, ut alibi legimus, „obnoxius fiat omnis mundus Deo“; quod et magis cum Graecis exemplaribus convenit.

Sed requiramus, „omnem mundum“ hic quid appellaverit. Numquidnam putabitur per omnem | mundum ita ter- | 940 renus hic debere intelligi locus, ut et arbores et lapides et herbae ac semina et paleae, quae in ipso sunt, pariter nominatae sint? Partes enim mundi haec esse singula videntur. Non arbitror ita quempiam ineptum inveniri, ut haec possit asserere. Restat igitur, ut „omnem mundum“ omne rationale animal dicat; et sicut omne, quod irrationale est, excipitur ab hoc sensu, ita nulla mihi videtur ab hac conditione rationalis creatura secerni. Omnis ergo mundus obnoxius fit Deo per hoc, quod legem naturalem inseruit omnibus; de quibus et in alio loco dicit, quia „in nomine Iesu omne genu flectetur caelestium, terrestrium et infernorum.“ Quod utique si faciat, complesse videbitur legem, si non

---

42 ORIGENES bildet neue Wörter, um die gemeinte Wirklichkeit auszudrücken. Christus ist αὐτολόγος, αὐτοσοφία, αὐτοαλήθεια und αὐτονόμος (SCHERER, *Commentaire* 146,15f). RUFIN spricht im selben Sinn von Christus als der Gerechtigkeit und dem Leben selbst. ORIGENES nennt damit die ἐπίνοιαι bzw. wie er in den späten Werken lieber sagt, die δυνάμεις = *virtutes* Christi; vgl. Bd. 1, 80f Anm. 14 und 196 Anm. 15, sowie HEITHER, *Translatio Religionis* 157f.

unter dem Gesetz stehen. Er kommt also nicht so zum Gericht, als stehe er unter dem Gesetz, sondern als das Gesetz selber[42]. Meiner Meinung nach stehen die bereits Vollkommenen, die mit dem Herrn verbunden und ein Geist mit ihm geworden sind (vgl. 1 Kor 6,17), auch nicht unter dem Gesetz, sondern sind selbst Gesetz. Dem entspricht das Wort des Apostels an anderer Stelle: „Das Gesetz ist nicht für den Gerechten bestimmt" (1 Tim 1,9). Demgemäß verstehen wir also: „Was das Gesetz sagt, sagt es denen, die unter dem Gesetz leben, damit jeder Mund verstummt und die ganze Welt Gott unterworfen werde", oder wie wir an anderer Stelle gelesen haben, „und die ganze Welt vor Gott schuldig wird". Letzteres stimmt eher mit den griechischen Handschriften überein[43].

Doch wollen wir jetzt untersuchen, was der Apostel hier als „die ganze Welt" bezeichnet hat. Soll man etwa annehmen, die ganze Welt sei hier im Sinne des irdischen Bereiches zu verstehen, so daß damit auch Bäume, Steine, Gräser, Samen und Halme, wie es sie auf Erden gibt, gleichfalls aufgezählt werden? All dies gehört ja zur Welt. Ich glaube nicht, daß jemand so dumm ist, eine solche Behauptung aufzustellen. Der Apostel kann also nur die vernunftbegabten Lebewesen insgesamt mit „die ganze Welt" bezeichnen. Alles, was ohne Vernunft ist, gehört also nicht dazu, doch kann man meiner Ansicht nach kein vernunftbegabtes Geschöpf davon ausnehmen. Deshalb also wird die ganze Welt vor Gott schuldig, weil er allen das Naturgesetz eingegeben hat. Von ihnen spricht Paulus auch an anderer Stelle, daß nämlich „im Namen Jesu alle ihre Knie beugen werden im Himmel, auf der Erde und unter der Erde" (Phil 2,10). Wenn dies geschieht, hat die Welt offenbar das Ge-

---

[43] RUFIN hat im Lemma *subditus*, aber *obnoxius* paßt besser zur Erklärung des ORIGENES. Darum zitiert er von hier ab lieber diese Lesart, wobei nicht klar ist, ob ORIGENES eine Variante zu ὑπόδικος kannte; vgl. HAMMOND-BAMMEL, *Römerbrieftext* 217.

faciat, esse obnoxius legi, per legem autem consequenter et Deo.

Si cui vero de solis hominibus hoc videbitur dictum, quod et legem naturalem ipsis inesse dixerit et de solis ipsis scriptum accipiat, „ut omne os obstruatur, et obnoxius fiat omnis mundus Deo", utetur occasione subsequentis sermonis, quo dicit: „Quia ex operibus legis non iustificabitur omnis caro." Quod utique dictum videbitur de his tantum, qui in carne sunt positi. Sed qui priorem sensum magis tenere volunt, observabunt diligentius, quomodo apostolus dixerit ex operibus legis non iustificari omnem carnem, quia ad eos, qui in carne sunt, opera legis spectant, ad eos vero, qui in spiritu sunt, id est superiores ordines caelestium ministeriorum, sensus pertinet legis. „Ex operibus igitur legis quod non iustificabitur omnis caro in conspectu eius", hoc modo intelligendum puto: Quia omnis, qui caro est et secundum carnem vivit, non potest iustificari ex lege Dei, sicut et alibi dicit idem apostolus, quia „qui in carne sunt, Deo placere non possunt", item alibi: „Quia sapientia carnis inimica est Deo, legi enim Dei non est subiecta; nec enim potest." Et propheta dicit: „Omnis caro fenum"; et in evangelio scriptum est: „Spiritus est, qui vivificat, caro autem non prodest quidquam." De his ergo dicit, quia ex lege Dei „non iustificabitur omnis caro coram ipso".

Sed et hoc, quod addidit „coram ipso", non otiose praetereat, sicut iam frequentius admonuimus, quia aliud est coram Deo iustificari, aliud coram hominibus; hoc est ad

---

[44] Die vernunftbegabten Wesen bilden drei *ordines*: 1. die Engel, 2. die Dämonen, 3. die Menschen; vgl. ORIGENES, *princ.* 1,8. Menschen können in den Stand der Engel aufsteigen, wenn sie Söhne der Auferstehung sind. Vgl. oben 42–45 mit Anm. 15.

setz erfüllt; andernfalls ist sie vor dem Gesetz schuldig und, so ist zu schließen, durch das Gesetz auch vor Gott.

Vielleicht meint jemand, die Aussage des Paulus gelte nur für menschliche Wesen, weil Paulus gesagt hatte, in ihnen wohne ein natürliches Gesetz. Wenn er das Schriftwort: „damit jeder Mund verstummt und die ganze Welt vor Gott schuldig wird" also nur auf die Menschen anwendet, kann ihm der folgende Satz als Beweis dienen: „Denn durch Werke des Gesetzes wird niemand, der im Fleisch ist, gerechtfertigt." Offensichtlich gilt dieser Ausspruch nur für diejenigen, die im Fleisch leben. Wer aber lieber am vorher erwähnten Verständnis festhalten will, soll genauer darauf achten, daß der Apostel gesagt hat, keiner, der im Fleisch ist, werde durch Werke des Gesetzes gerechtfertigt. Die Werke des Gesetzes beziehen sich nämlich auf die, welche im Fleisch sind, der Sinn des Gesetzes jedoch ist für jene, die im Geist sind, das heißt für Wesen, die einem höheren Stand angehören und im Himmel Dienst tun[44]. Meiner Meinung nach muß also das Wort: „Durch Werke des Gesetzes wird niemand, der im Fleisch ist, vor Gott gerechtfertigt", so verstanden werden, daß niemand, der im Fleisch ist und dem Fleisch gemäß lebt, durch das Gesetz Gottes gerechtfertigt werden kann. Denn der gleiche Apostel erklärt an anderer Stelle: „Wer vom Fleisch bestimmt ist, kann Gott nicht gefallen" (Röm 8,8), und ebenso anderswo: „Denn das Trachten des Fleisches ist Feindschaft gegen Gott; es unterwirft sich nicht dem Gesetz Gottes und kann es auch nicht" (Röm 8,7). Der Prophet sagt gleichfalls: „Alles Fleisch ist wie Gras" (Jes 40,6), und im Evangelium steht geschrieben: „Der Geist ist es, der lebendig macht, das Fleisch nützt nichts" (Joh 6,63). Aufgrund dieser Zeugnisse also sagt Paulus, daß nach dem Gesetz Gottes „niemand, der im Fleisch ist, vor ihm gerechtfertigt wird".

Doch soll man auch den Zusatz „vor ihm" nicht achtlos übergehen, wie wir schon öfter gemahnt haben. Es ist nämlich zweierlei, vor Gott gerechtfertigt zu werden und vor

comparationem aliorum hominum potest alius homo, qui emendatius vixerit, iustus videri, ad comparationem autem Dei non solum homo non iustificabitur, sed et sicut Iob dicit: „Stellae autem non sunt mundae coram ipso“; quae utique coram | nobis mundae sunt, hoc est ad comparatio- | 941
nem hominum mundae habentur et sanctae, ad comparationem vero Dei mundae esse non possunt.

„Per legem enim agnitio peccati.“ Videamus, quomodo per legem fit agnitio peccati. Dum per legem discimus, quid agendum sit, quid cavendum, simul et quid peccatum sit et quid non sit, agnoscimus. Non ergo, ut haeretici Deum legis accusant, mala radix est lex et mala arbor, per quam peccati venit agnitio; quia non dixit „ex lege agnitio peccati“, sed „per legem“, ut scias non ex ipsa ortum, sed per ipsam agnitum esse peccatum; ut verbi gratia si diceremus: Per artem medicinae datur languoris agnitio; numquidnam videretur tibi causa languoris esse medicina, quia per ipsam qualitas languoris agnoscitur? Sed sicut constat bonam esse medicinam, quae aegritudinis intelligentiam praestat, qua possit vitari infirmitas, ita et lex bona est, per quam deprehenditur et agnoscitur peccatum. Servat autem, ut puto, huiusmodi expositio etiam illius explanationis consequentiam, quam supra edidimus de eo, quod scriptum est: „Causati enim sumus Iudaeos et Graecos omnes sub peccato esse, sicut scriptum est: Quia non est iustus quisquam, non est intelligens, non est requirens Deum.“

---

[45] Für die heidnische Antike sind die Sterne Gottheiten, für die Juden die himmlischen Heerscharen Gottes; vgl. ORIGENES, *princ.* 1, 7: ORIGENES beweist mit Ijob 25, 5, daß die Sterne vernunftbegabt und beseelt sind. Das wurde später als häretisch abgelehnt.

[46] ORIGENES zitiert die Marcioniten (vgl. HARNACK, *Marcion* 194* bis 195*), in deren Evangelientext dieser Vers stand und so gedeutet wurde; vgl. ORIGENES, *princ.* 2, 5: Das Gleichnis ist die *famosissima quaestio* der Marcioniten.

den Menschen. Das heißt, im Vergleich mit anderen Menschen kann jemand, der sich in seinem Leben einigermaßen von Fehlern frei gemacht hat, als gerecht gelten; im Vergleich mit Gott aber kann nicht nur kein Mensch gerechtfertigt werden, sondern bei Ijob heißt es sogar: „Selbst die Sterne sind nicht rein vor ihm" (Ijob 25,5). Vor uns sind sie rein, das heißt, im Vergleich mit den Menschen gelten sie als rein und heilig, im Vergleich mit Gott aber können sie nicht rein sein[45].

„Durch das Gesetz kommt es vielmehr zur Erkenntnis der Sünde." Wir wollen sehen, inwiefern es durch das Gesetz zur Erkenntnis der Sünde kommt. Da wir durch das Gesetz lernen, was wir tun und lassen sollen, erkennen wir zugleich auch, was Sünde ist und was nicht. Es ist also nicht so, wie die Häretiker dem Gott des Gesetzes vorwerfen, daß das Gesetz die schlechte Wurzel und der schlechte Baum ist (vgl. Lk 6,43)[46], durch den die Erkenntnis der Sünde kommt. Es heißt ja nicht: „Aus dem Gesetz" kommt die Erkenntnis der Sünde, sondern „durch das Gesetz". Daher soll man begreifen, daß die Sünde durch das Gesetz erkannt wird, nicht aber aus ihm hervorgegangen ist. Wir könnten zum Beispiel sagen: Durch die medizinische Kunst kommt es zur Erkenntnis der Krankheit; man kommt aber nicht auf die Idee, die Medizin als Ursache der Krankheit anzusehen, da man durch sie die Art der Krankheit erkennt. Vielmehr steht fest, daß die Medizin etwas Gutes ist, weil sie uns das Übel erkennen läßt, so daß wir die Krankheit vermeiden können. Daher ist auch das Gesetz gut, durch das man die Sünde wahrnimmt und erkennt. Eine solche Interpretation schließt sich meiner Meinung nach gut an die Erklärung an, die wir oben zu dem Schriftwort gegeben haben: „Wir haben die Anklage erhoben, daß alle, Juden wie Griechen, unter der Herrschaft der Sünde stehen, wie es in der Schrift heißt: Es gibt keinen, der gerecht ist, auch nicht einen; es gibt keinen Verständigen, keinen, der Gott sucht" (Röm 3,9–11).

7. *Nunc autem sine lege iustitia Dei manifestata est, testificata a lege et prophetis. Iustitia autem Dei per fidem Iesu Christi in omnes et super omnes, qui credunt in eum. Non enim est distinctio. Omnes enim peccaverunt et egent gloria Dei, iustificati gratis per gratiam ipsius, per redemptionem, quae est in Christo Iesu.* Quod astruximus in superioribus dicentes non de lege Moysi dictum: „Quia quaecumque lex loquitur, his, qui in lege sunt, loquitur“, putabit aliquis non tam vere quam violenter assertum, cum videat nunc nomen legis non ad naturae, sed ad Moysi legem referri; et dicet, quod in praesenti loco iustitia Dei pronuntietur ab apostolo manifestari per legem, et non solum per legem, sed et per prophetas, ut sine ulla ambiguitate de lege Moysi intelligantur dicta esse, quae scripta sunt; ex qua lege iustitia Dei per fidem Christi Iesu manifestetur in omnes, qui credunt, sive ex Iudaeis sive ex gentibus venientes, qui tamen non ex operibus iustificentur, sed ex gratia Dei, redemptore eis effecto ipso Iesu Christo. Haec quidem dicet is, qui sensum apostoli in his, quae supra exposuimus, violenter a nobis accusabit inflexum.

Sed illud est, quod constanter possumus affirmare: Quia sicut nos, qui haec asserunt, putant in hoc sermone apostoli, quem nunc proposuimus, nihil in|venire posse, quo | 942 astruamus haec non de Moysi, sed de naturae lege conscripta, ita nec illi quidem invenire aliquid poterunt, quomodo quae superius dicta sunt, ad Moysi potius quam ad naturae

7. *Jetzt aber ist ohne Gesetz die Gerechtigkeit Gottes offenbart worden, bezeugt vom Gesetz und den Propheten, die Gerechtigkeit Gottes aus dem Glauben an Jesus Christus, offenbart für alle und an allen, die an ihn glauben. Denn es gibt keinen Unterschied. Alle haben gesündigt und bedürfen der Herrlichkeit Gottes. Ohne es verdient zu haben, werden sie gerechtfertigt, dank seiner Gnade, durch die Erlösung in Christus Jesus* (Röm 3,21–24). Im vorigen Abschnitt haben wir betont, daß Paulus nicht vom Gesetz des Mose spricht, wenn er verkündet: „Was das Gesetz sagt, sagt es denen, die unter dem Gesetz leben“ (Röm 3,19). Man wird meinen, das sei nicht wahr, sondern eher gewaltsam behauptet; denn man sehe ja jetzt, daß der Name „Gesetz“ sich nicht auf das natürliche Gesetz, sondern auf das Gesetz des Mose beziehe. Und daher wird man sagen, der Apostel verkünde an dieser Stelle, daß Gottes Gerechtigkeit sich durch das Gesetz offenbart, und nicht nur durch das Gesetz, sondern auch durch die Propheten. Daher müsse man das Pauluswort ohne jeden Zweifel vom Gesetz des Mose verstehen. Durch dieses Gesetz werde die Gerechtigkeit Gottes durch den Glauben an Jesus Christus für alle offenbart, die glauben, ob sie nun vorher Juden oder Heiden waren. Auf jeden Fall werden sie, so heißt es dann weiter, nicht aufgrund ihrer Werke gerechtfertigt, sondern dank der Gnade Gottes, da Jesus Christus ihr Retter wurde (vgl. Tit 3,5f). In dieser Weise wird wohl jemand argumentieren, der uns anklagt, wir hätten in der vorgetragenen Auslegung das vom Apostel Gemeinte gewaltsam umgedeutet.

Trotzdem können wir unbeirrt bei unserer Behauptung bleiben. Unsere Gegner meinen, bei dem gerade zitierten Wort des Apostels könnten wir keinen Anhaltspunkt finden, um unsere Behauptung zu stützen, das sei nicht vom Gesetz des Mose, sondern vom natürlichen Gesetz geschrieben. Genauso können auch sie bei dem oben Gesagten nichts finden, was darauf hinweist, daß es mehr um das

legem respicere videantur; et ideo sicut illis non idcirco priora stabunt, quia videntur posteriora constare, ita nec nobis quidem poterunt prima turbari, si secunda non eodem currere tramite videantur.

Quid igitur? Contraria sibi scribere dicemus apostolum? Et haec erit egregii explanatoris assertio! Quod accidere illis solet, qui in diversos sectarum sensus unum fidei dogma disrumpunt et illa tantum de scripturis divinis testimonia explorant, quibus proprium dogma constituant, earum vero, quae e diverso veniunt, scripturae divinae sententiarum absolutiones ne extremo, ut ait Dominus, digito contingunt. Sed qui fideliter et integre sacrorum voluminum colligit sensum, debet ostendere, quomodo ea, quae videntur esse contraria, non sunt vere contraria. Tentabimus ergo etiam in praesenti loco ostendere, quomodo priori expositioni nostrae haec subsequens non repugnet.

Saepe diximus et evidentius in praefatione diximus, quod ita apostolus in hac epistula multarum legum faciat mentionem, ut cum de una ad alteram transit, deprehendi nisi ab intento satis lectore vix possit. Dixerat in superioribus, quia „per legem agnitio peccati est"; et quia sensit posse scilicet responderi: Ergo si ex lege naturali agnitio peccati est, potest ex ipsa et agnitio esse iustitiae secundum illam scilicet, quam supra medicinae artis imaginem dedimus, ut quemadmodum per illam languor agnoscitur, ut

---

[47] Gerade angesichts der marcionitischen Irrlehre hält ORIGENES am Prinzip der Einheit der Schrift fest und sucht sie aus sich selbst zu erklären, vgl. NEUSCHÄFER, *Origenes als Philologe* 281f.

[48] Vgl. *praefatio Origenis* und oben 82f Anm. 38.

Gesetz des Mose geht als um das natürliche Gesetz. Wie also für sie das vorher Gesagte nicht deshalb gilt, weil das danach Kommende feststeht, so kann auch für uns die Erklärung der ersten Stelle nicht unsicher werden, wenn sich herausstellt, daß die zweite offenbar nicht in derselben Weise erkärt werden kann.

Was also nun? Sollen wir sagen, der Apostel habe sich selbst widersprochen? So etwas kann nur ein ungewöhnlich bedeutender Ausleger behaupten! Normalerweise behaupten das die, welche die eine Glaubenslehre in verschiedene sektiererische Auffassungen aufspalten. Sie erforschen nur bestimmte Zeugnisse der Heiligen Schrift, um mit ihnen ihre eigene Lehre zu begründen. Für Aussagen der Heiligen Schrift aber, die das Gegenteil bezeugen, rühren sie keinen Finger, wie der Herr sagt (vgl. Mt 23,4), das heißt, sie bemühen sich nicht um deren Lösung. Wer aber mit gläubigem und lauterem Herzen immer mehr von den heiligen Schriften zu verstehen sucht, der muß zeigen, inwiefern die scheinbar gegensätzlich lautenden Stellen sich in Wirklichkeit nicht widersprechen. Laßt uns also auch für die vorliegende Stelle aufzuzeigen versuchen, daß die zuerst gegebene Erklärung mit der darauffolgenden nicht im Widerspruch steht[47].

Schon oft und besonders deutlich im Vorwort haben wir erörtert, in wie verschiedenem Sinnzusammenhang der Apostel in diesem Brief das Wort „Gesetz“ erwähnt[48], so daß nur ein äußerst aufmerksamer Leser ihn einigermaßen verstehen kann, wenn er von der einen Wortbedeutung zur anderen übergeht. Im Vorherigen hatte er gesagt: „Durch das Gesetz kommt es zur Erkenntnis der Sünde“ (Röm 3,20). Da merkte er, daß man ihm leicht entgegnen könne: Wenn also die Erkenntnis der Sünde durch das natürliche Gesetz kommt, dann kann aus ihm auch die Erkenntnis der Gerechtigkeit abgeleitet werden. Dies würde dem Bild entsprechen, das wir oben aus dem Bereich der medizinischen Wissenschaft verwandt haben. Genauso wie man

sanitas inveniatur, ita etiam per legem naturae, si potest agnitio fieri peccati, similiter possit et iustitiae fieri. Hoc ergo cum vidisset posse sibi obici, postquam dixit: „Per legem enim agnitio peccati“, subiungit: „Nunc autem sine lege iustitia Dei manifestata est.“ Tale est ergo, quod dicit: Non sicut per legem agnitio peccati, ita et manifestatio iustitiae Dei per legem fit; sed sine lege manifestatur iustitia Dei. Poterat enim naturae lex arguere peccati naturam et notitiam eius ostendere; iustitia autem Dei supergreditur et supereminet hoc, quodcumque mens humana solis naturalibus sensibus potest rimari. Neque enim sufficit ad intelligendam et considerandam non quamcumque humanam, sed ipsam Dei iustitiam et iudicia, quae ex ipsa descendunt, de quibus dicitur, quia sunt abyssus multa, et quia tam profunda sit iustitia Dei et iudicia, ut apostolus dicat: „Quam inscrutabilia sunt iudicia Dei!“

Sed et sapientia ita ad homines loquitur, quasi non possit | iustitia Dei naturae solius motibus sciri, sed per doc- | 943
trinae studium quaeri; et ideo dicit: „Discite iustitiam, qui iudicatis terram!“ Quamobrem ad Dei iustitiam agnoscendam nihil prorsus opitulabitur lex naturae, etiamsi videatur sentire aliquid de humana iustitia. Illa enim lex potest sentire, quod inter homines iustum sit, ut, quod in se quis pati non vult, hoc ne proximo faciat. Numquid naturaliter potest sentire de illa iustitia, quae dicit: „Videte, ne faciatis

---

[49] Vgl. *frg.* 15 (Ramsbotham): Die Gerechtigkeit Gottes ist größer als die φυσικαὶ ἀφορμαί = „Spuren in der Natur“, lat. meist *indicia.*
[50] Vgl. 2,9 und Bd. 1, 228 Anm. 30.

durch die Medizin die Krankheit erkennt, um die Gesundheit zu erlangen, so könnte dann auch das natürliche Gesetz nicht nur die Erkenntnis der Sünde, sondern zugleich die der Gerechtigkeit vermitteln. Da Paulus diesen Einwand also als möglich voraussah, fügte er zu dem Satz: „Durch das Gesetz kommt es zur Erkenntnis der Sünde" noch hinzu: „Jetzt aber ist ohne Gesetz die Gerechtigkeit Gottes offenbart worden" (Röm 3,21). Er sagt also folgendes: Durch das Gesetz kommt es zwar zur Erkenntnis der Sünde, aber nicht in gleicher Weise zur Offenbarung der Gerechtigkeit Gottes. Die Gerechtigkeit Gottes wird vielmehr ohne Gesetz offenbart. Das natürliche Gesetz konnte zwar die Natur der Sünde klar herausstellen und sie zum Bewußtsein bringen; Gottes Gerechtigkeit aber übersteigt bei weitem alles, was der menschliche Geist allein durch natürliches Denken erforschen kann. Dieses kann wohl irgendwie die menschliche Gerechtigkeit erfassen und bedenken, aber es reicht nicht aus, um die Gerechtigkeit Gottes sowie die Urteilssprüche, die sich aus ihr herleiten, zu ergründen. Es heißt ja, daß die Urteilssprüche Gottes tief sind wie der Abgrund (vgl. Ps 36,7: LXX 35,7) und daß Gottes Gerechtigkeit sowie seine Entscheidungen so unerforschlich sind, daß der Apostel sagt: „Wie unergründlich sind Gottes Entscheidungen!" (Röm 11,33)[49].

Doch auch die Weisheit spricht so zu den Menschen, als könne man die Gerechtigkeit Gottes nicht mit dem natürlichen Streben allein erfassen, sondern müsse sie durch Studium der Lehre suchen. Sie sagt deshalb: „Lernt Gerechtigkeit, ihr Richter der Erde!" (Weish 1,1; Ps 2,10). Das natürliche Gesetz verhilft daher keineswegs zur Erkenntnis der Gerechtigkeit Gottes, wenn es auch die menschliche Gerechtigkeit in etwa begreifen läßt. Dieses Gesetz kann zwar erfassen, was unter Menschen gerecht ist, nämlich dem Nächsten nichts zuzufügen, was man selbst nicht erleiden will (vgl. Tob 4,15; Mt 7,12 par)[50]. Kann es jedoch auf natürliche Weise etwas von jener Ge-

iustitiam vestram coram hominibus!“ et: „ut nesciat sinistra tua, quid faciat dextra tua“? Haec et huiusmodi iusta dictare non potest lex naturae; et ideo dicit apostolus: „Nunc autem sine lege“, naturae scilicet, „iustitia Dei manifestata est“, testimonium habens legis Moysi et prophetarum, in quibus sanctus spiritus multa per figuras et aenigmata de iustitia Dei scripserat.

Et nolo mireris, quod unum vocabulum legis secundo in eodem loco positum diversa significet! Invenimus hanc esse scripturae consuetudinem et in aliis locis ut ibi: „Nonne vos dicitis, quia adhuc quattuor menses sunt, ut veniat messis? Elevate oculos vestros, et videte regiones, quia albae sunt ad messem.“ Nonne et hoc loco messis secundo nominata primo ad corporalem messem refertur, secundo ad spiritalem? Et iterum in evangelio cum dicit ad Samaritanam mulierem salvator: „Da mihi bibere!“ et post responsum eius iterum dicit ad eam: „Si scires, quis est, qui dicit tibi: Da mihi bibere, tu utique petisses eum, et dedisset tibi aquam vivam.“ Et iterum addidit ad eam: „Omnis, qui bibit ex aqua hac, sitiet iterum; qui autem biberit ex aqua, quam ego do ei, non sitiet in aeternum.“ Vides, quomodo et bibere et aqua nunc quidem corporaliter, nunc autem spiritaliter in uno eodemque accipitur loco? Est et illic similiter positum, ubi caecus a nativitate curatur. Post hoc dicit salvator: „In iudicium ego veni in hunc mundum, ut qui non vident videant et qui vident caeci fiant.“ Nonne

---

[51] Der folgende Rufintext bis 104, Zeile 19 ist eine ziemlich wortgetreue Übersetzung des mittleren Teiles von ORIGENES, *philoc.* 9; vgl. dazu die Untersuchungen von HARL, *Origène et l'interprétation*; SCHERER, *Commentaire* 52–58 und HAMMOND-BAMMEL, *Philocalia IX*. Es besteht keine Einigkeit darüber, welchem Teil des Kommentars der Philokalieabschnitt entnommen ist.

[52] Zu Homonymie als Stileigentümlichkeit der Schrift, besonders bei den Propheten und bei Paulus, vgl. Bd. 1, 39 Einführung mit Anm. 64.

rechtigkeit begreifen, die sagt: „Hütet euch, eure Gerechtigkeit vor den Menschen zur Schau zu stellen“, und: „Deine linke Hand soll nicht wissen, was deine rechte tut“ (Mt 6,1.3)? Solche und ähnliche Gerechtigkeitsforderungen kann das natürliche Gesetz nicht erlassen. Deshalb sagt der Apostel: „Jetzt aber ist ohne Gesetz“, hier meint er selbstverständlich das natürliche Gesetz, „die Gerechtigkeit Gottes offenbart worden“ (Röm 3,21). Sie wird bezeugt vom Gesetz des Mose und von den Propheten. In ihren Schriften hatte der Heilige Geist in Gleichnissen und Rätselsprüchen viel von der Gerechtigkeit Gottes gesprochen.

Man braucht sich nicht zu wundern[51], daß mit dem einen Wort „Gesetz“, das zweimal im gleichen Vers steht, Verschiedenes bezeichnet wird. Wir haben entdeckt, daß die Schrift auch an anderen Stellen diese Gewohnheit hat[52], zum Beispiel: „Sagt ihr nicht: Noch vier Monate dauert es bis zur Ernte? Blickt umher und seht, daß die Felder weiß sind, reif zur Ernte“ (Joh 4,35). Bezieht sich nicht auch an dieser Stelle das zweimal genannte Wort „Ernte“ beim ersten Mal auf die materielle, beim zweiten Mal auf die geistige Ernte? Weiter die Stelle im Evangelium, wo es heißt, daß der Erlöser zur Samariterin sagt: „Gib mir zu trinken!“ (Joh 4,7). Und auf ihre Antwort hin: „Wenn du wüßtest, wer es ist, der zu dir sagt: Gib mir zu trinken!, dann hättest du ihn gebeten, und er hätte dir lebendiges Wasser gegeben“ (Joh 4,10). Darauf sagte er auch noch zu ihr: „Jeder, der von diesem Wasser trinkt, wird wieder Durst bekommen; wer aber von dem Wasser trinkt, das ich ihm geben werde, wird niemals mehr Durst haben“ (Joh 4,13f). Man sieht, wie hier an ein und derselben Stelle die Worte „trinken“ und „Wasser“ einmal körperlich, das andere Mal geistig verstanden werden. Ähnliches findet man auch bei der Heilung des Blindgeborenen (vgl. Joh 9,1–11). Denn im Anschluß daran sagt der Erlöser: „Um zu richten, bin ich in diese Welt gekommen, damit die Blinden sehend und die Sehenden blind werden“ (Joh 9,39). Wird nicht

etiam hic et videre et non videre nunc corporaliter, nunc spiritaliter intelligitur? Ita ergo etiam in hoc loco apostolus, cum sine lege dicit iustitiam Dei manifestari, naturae lex intelligitur; cum vero dicit: „Testificata a lege et prophetis“, Moysi legem designat.

Quod si adhuc tibi minus planum putatur esse quod diximus, addemus etiam haec: Si enim videtur, quod eadem lex sit, de qua dicitur: „Nunc autem sine lege iustitia Dei manifestata est“, quae est et illa, de qua ait: „testificata a lege et prophetis“, si quidem sine lege manifestata est, non accipit testimo|nium [944] legis; si autem ex lege accipit testimonium, non ergo sine lege manifestata est. Quod cum insolubile sit nec aliqua possit ratione convelli, dicendum est iustitiam quidem Dei manifestari a Christo Iesu praebente ei testimonium non lege naturae, quae adhuc est utique exigua et parva, sed lege Moysi, non ea, quae secundum litteram, sed quae secundum spiritum est, de qua idem dicit apostolus: „Quia lex spiritalis est.“ Similiter autem et prophetae per eum, qui in ipsis locutus est, spiritum Dei.

Est praeterea et illa apud apostolum de hoc sermone, si quis diligentius observet, mira distinctio. Moris est apud Graecos nominibus ἄρθρα praeponi, quae apud nos possunt articuli nominari. Si quando igitur Moysi legem nominat, solitum nomini praemittit articulum; si quando vero naturalem vult intelligi, sine articulo nominat legem. Et hoc ergo in loco, ubi dicit: „Nunc sine lege iustitia Dei manife-

auch hier „sehen“ und „blind sein“ einmal körperlich, das andere Mal geistig aufgefaßt? Wenn also der Apostel an der vorliegenden Stelle sagt, die Gerechtigkeit Gottes werde ohne Gesetz offenbart, ist das natürliche Gesetz gemeint. Wenn er jedoch sagt: „bezeugt vom Gesetz und den Propheten“, weist er auf das Gesetz des Mose hin.

Sollte aber vielleicht noch nicht ganz klar sein, was wir gesagt haben, so wollen wir Folgendes hinzufügen: Angenommen es ist das gleiche Gesetz, von dem es heißt: „Jetzt aber ist ohne Gesetz die Gerechtigkeit Gottes offenbart worden“ wie das, von dem der Apostel sagt: „bezeugt vom Gesetz und den Propheten“, dann können wir sagen: Wenn Gottes Gerechtigkeit ohne Gesetz offenbart worden ist, wird sie nicht vom Gesetz bezeugt. Wird sie aber vom Gesetz bezeugt, dann ist sie, wie sich ergibt, nicht ohne Gesetz offenbart worden. Diese Aussagen sind unlösbar miteinander verklammert und können aus keinem vernünftigen Grund auseinandergerissen werden. Man muß daher sagen, daß Gottes Gerechtigkeit durch Jesus Christus offenbart wird und daß nicht das natürliche Gesetz für sie Zeugnis gibt, welches ja auf jeden Fall gering und klein ist, sondern das Gesetz des Mose, und zwar nicht das Gesetz dem Buchstaben nach, sondern das Gesetz dem Geiste nach. Von ihm sagt der Apostel auch: „Das Gesetz ist geistig“ (Röm 7,14). In gleicher Weise geben auch die Propheten durch den Geist Gottes, der in ihnen gesprochen hat, Zeugnis.

Für den aufmerksamen Beobachter macht der Apostel bei diesem Wort außerdem noch eine erstaunliche Unterscheidung. Im Griechischen werden den Substantiven gewöhnlich ἄρϑρα vorangestellt, die man bei uns Artikel nennen kann. Wenn Paulus daher vom Gesetz des Mose spricht, setzt er gewöhnlich den Artikel davor; wenn er aber das natürliche Gesetz verstanden wissen will, spricht er von „Gesetz“ ohne Artikel. An dieser Stelle also, wo er sagt: „Jetzt ist ohne Gesetz Gottes Gerechtigkeit offenbart

stata est", articulum non habet; in sequenti vero, ubi dicit: „testificata a lege et prophetis", secundo in loco legem cum articulo posuit.

Si ergo sufficienter patuit de legis appellatione diversitas, videamus nunc, quae iustitia sine naturali lege manifestetur. Idem apostolus Paulus dicit de Christo, quia „factus est nobis sapientia a Deo et iustitia et sanctificatio et redemptio." Haec ergo iustitia Dei, quae est Christus, manifestatur sine lege quidem naturali, non tamen sine lege Moysi vel prophetis. Dat enim ei testimonium lex, sicut et ipse dicit: „Scrutamini scripturas, ipsae sunt, quae testimonium reddunt de me." Nam lex quidem naturalis potest occasiones praebere et intellectum dare, ut diximus, vel ad ea, quae inter homines agi aequitas poscit, vel ad hoc ipsum, ut esse sentiat Deum. De Christo autem, quod sit filius Dei, sentire naturaliter quis potest? Ideo ergo sine hac lege iustitia Dei, quae est Christus, manifestata est, testificata ex lege Moysi et prophetis.

Verum priusquam ad consequentia properemus, omittenda non videtur ne haec quidem observatio, quod in peccato quidem agnitionem posuit, in iustitia vero manifestationem. „Omne enim, quod manifestatur, lux est"; etsi quod manifestatur lux est, peccatum, quod lux non est, non manifestatur, sed agnoscitur. Ego sic accipio et illud: „Nihil occultum, quod non manifestetur, nec opertum, quod non reveletur."

---

53 Neuschäfer, *Origenes als Philologe* 205, spricht vom ἐξοχή-Aspekt des Artikels.

54 Origenes drückt sich sehr vorsichtig aus: *Occasiones* ist hier die Übersetzung von ἀφορμαί, sonst meist *indicia*. Vgl. Scherer, *Commentaire* 152, 14–16: „Die Erkenntnis der menschlichen Gerechtigkeit, des allen Menschen gemeinsamen Maßes, der Besonnenheit und Tapferkeit kann aus natürlichen Anzeichen gewonnen werden. Es gibt aber überhaupt keinen Anhaltspunkt für die Erkenntnis der Gottessohnschaft Christi." Die vier Kardinaltugenden werden zum ersten Mal bei Plato aufgezählt, vgl. *Politeia* 427e–434d u.a.

worden", hat das Wort „Gesetz" keinen Artikel. Im Folgenden aber, wo er sagt: „bezeugt von dem Gesetz und den Propheten", hat er bei der zweiten Zitation das Wort „Gesetz" mit Artikel gebraucht[53].

Wenn also genügend klargeworden ist, was der verschiedenartige Gebrauch von „Gesetz" bedeutet, wollen wir nun sehen, welche Gerechtigkeit ohne natürliches Gesetz offenbart werden soll. Der Apostel Paulus sagt von Christus: „Gott hat ihn für uns zur Weisheit gemacht, zur Gerechtigkeit, Heiligung und Erlösung" (1 Kor 1,30). Diese Gerechtigkeit Gottes also, die Christus ist, wird ohne das natürliche Gesetz offenbart, nicht jedoch ohne das Gesetz des Mose oder ohne die Propheten. Das Gesetz gibt nämlich Zeugnis von ihr, wie der Herr sagt: „Erforscht die Schriften, gerade sie legen Zeugnis über mich ab" (Joh 5,39). Das natürliche Gesetz kann zwar hilfreich sein[54], indem es, wie wir schon sagten, Einsicht schenkt für alles, was im Verhältnis der Menschen untereinander recht und billig ist, und indem es zur Erkenntnis des Daseins Gottes selbst hinführt. Wer aber kann rein natürlich begreifen, daß Christus der Sohn Gottes ist? Daher ist also ohne dieses Gesetz Gottes Gerechtigkeit, die Christus ist, offenbart worden, bezeugt vom Gesetz des Mose und von den Propheten.

Aber bevor wir schnell zum Folgenden übergehen, sollten wir wohl nicht unterlassen zu beachten, daß der Apostel im Zusammenhang mit der Sünde von Erkenntnis spricht, im Zusammenhang mit der Gerechtigkeit jedoch von Offenbarung. Denn „alles, was offenbart wird, ist Licht" (Eph 5,14); und wenn alles, was offenbart wird, Licht ist, wird die Sünde, da sie kein Licht ist, nicht offenbart, sondern erkannt. So verstehe ich auch das Folgende: „Es gibt nichts Verborgenes, das nicht offenbart wird, und nichts Geheimes, das nicht aufgedeckt und erkannt wird" (Lk 8,17)[55].

---

[55] Vgl. 9,41.

Sed ad propositum revertamur! Lex ergo et prophetae testes sunt iustitiae Dei; quae iustitia per fidem Iesu Christi manifestatur in omnes credentes, in quibus nulla est distinctio, utrum ex Iudaeis an ex gentibus credant. Vide autem, quia manife|standae iustitiae Dei non unam posuit | 945 causam tantummodo fidei, sed et legem sociat et prophetas; quia neque fides sola sine lege et prophetis manifestat iustitiam Dei neque rursus lex et prophetae sine fide; alterum ergo haeret ex altero, ut sit ex utroque perfectio.

Nulla, inquit, distinctio est inter Iudaeos et Graecos, cum constet ex aequo omnes sub peccato factos esse, sicut supra claruit, et nunc iustitiam Dei legis et prophetarum testimoniis fultam per fidem Iesu Christi ex aequo omnibus datam. Ex eo quod omnes sub peccato facti fuerant, alieni sine dubio effecti sunt etiam a gloria Dei, quod eam nec capere ullo genere poterant nec mereri. Quomodo enim peccator auderet dare gloriam Deo, ad quem dicit propheta: „Peccatori autem dixit Deus: Quare tu enarras iustitias meas?“ Et iterum alia scriptura dicit: „Non est speciosa laus Dei in ore peccatoris.“ Idcirco iustitia Dei per fidem Iesu Christi ad omnes perveniens, qui credunt, sive Iudaei sint sive Graeci, purgatos eos a prioribus sceleribus iustificat et capaces facit gloriae Dei; et hoc non ex meritis eorum nec pro operibus facit, sed gratis gloriam credentibus praestat, „per redemptionem“, inquit, „quae est in Christo Iesu“.

---

[56] Origenes bekräftigt bei jeder Gelegenheit die Einheit der Testamente, gemeint ist aber zugleich die Einheit von Buchstabe und Geist in beiden Testamenten, die man nur im Glauben erfassen kann, vgl. 2,14.

Doch kehren wir zu unserem Vorhaben zurück. Gesetz und Propheten sind also Zeugen für die Gerechtigkeit Gottes. Diese Gerechtigkeit wird durch den Glauben an Jesus Christus offenbart für alle, die glauben. Dabei gibt es keine Rücksicht darauf, ob die Glaubenden vorher Juden oder Heiden waren. Man muß aber auch sehen, daß für die Offenbarung der Gerechtigkeit Gottes nicht nur der Glaube als Grund angegeben wird, sondern in gleicher Weise auch das Gesetz und die Propheten. Denn weder der Glaube ohne Gesetz und Propheten offenbart die Gerechtigkeit Gottes noch andererseits Gesetz und Propheten ohne den Glauben. Das eine hängt vom anderen ab, so daß beides zusammen die Vollendung bringt[56].

Es gibt keinen Unterschied zwischen Juden und Griechen, sagt der Apostel. Da bekanntlich alle gleicherweise unter der Herrschaft der Sünde stehen, wie oben klargeworden ist, so wird auch gleicherweise allen durch den Glauben an Jesus Christus Gottes Gerechtigkeit zuteil, die sich auf das Zeugnis des Gesetzes und der Propheten stützt. Weil alle unter der Herrschaft der Sünde standen, wurden sie zweifellos auch der Herrlichkeit Gottes entfremdet, konnten sie überhaupt nicht mehr fassen und ihrer in keiner Weise würdig sein. Wie könnte es nämlich ein Sünder wagen, Gott zu verherrlichen, da der Prophet zu ihm sagt: „Zum Frevler aber spricht Gott: Was zählst du meine Gebote auf?“ (Ps 50,16: LXX 49,16). Und wieder an einer anderen Stelle sagt die Schrift: „Schlecht klingt das Gotteslob im Mund des Frevlers“ (Sir 15,9). Deshalb kommt Gottes Gerechtigkeit durch den Glauben an Jesus Christus zu allen, die glauben, ob Juden oder Griechen. Sie reinigt sie von ihren früheren Sünden, schenkt ihnen die Gerechtigkeit und macht sie aufnahmefähig für Gottes Herrlichkeit, nicht aufgrund ihrer Verdienste oder um ihrer Werke willen, sondern sie verleiht den Glaubenden unverdient die Herrlichkeit „durch die Erlösung in Christus Jesus“ (Röm 3,24).

Videamus attentius, quid sibi velit redemptio, quae est in Christo Iesu. Redemptio dicitur id, quod datur hostibus pro his, quos in captivitate detinent, ut eos restituant pristinae libertati. Detinebatur ergo apud hostes humani generis captivitas peccato tamquam bello superata, venit filius Dei, qui „factus est nobis“ non solum „sapientia a Deo et iustitia et sanctificatio“, sed et „redemptio“; et semet ipsum dedit redemptionem, id est, semet ipsum hostibus tradidit ac sitientibus eis suum sanguinem fudit; et haec est credentibus facta redemptio, sicut et Petrus in epistula sua scribit dicens: „Quia non corruptibili argento vel auro redempti estis, sed pretioso sanguine unigeniti filii Dei.“ Hoc fortassis et Salomon sub mysterio designabat dicens: „Redemptio animae viri propriae divitiae eius.“ Si enim requiras, quae sint animae propriae divitiae, invenies sapientiam divitias eius esse et iustitiam et sanctificationem. Haec autem omnia Christum esse dicit apostolus. Christus ergo est animae divitiae, et ideo ipse est redemptio eius. Nam corporales divitiae pernicies magis animae quam redemptio eius esse credendae sunt, nisi ad bonum opus conversae iustitiae et misericordiae fiant et ex corporalibus divitiis ad animae divitias transferantur.

8. *Quem proposuit Deus propitiationem per fidem in san-* 946
guine eius, ad ostensionem iustitiae suae, per remissionem praecedentium delictorum, in sustentationem Dei, ad osten-

---

[57] Die verschiedenen Bilder, unter denen ORIGENES von der Erlösung spricht, sind behandelt von ALCAIN, *Cautiverio*; vgl. auch HEITHER,

Laßt uns genau sehen, was diese Erlösung in Christus Jesus bedeutet. Erlösung ist mit anderen Worten der Lösepreis, der den Feinden gegeben wird für ihre Gefangenen, damit sie diese wieder freilassen[57]. Von den Feinden des Menschengeschlechts wurde also der Mensch in Gefangenschaft festgehalten wie ein durch die Sünde im Kampf Besiegter. Da kam Gottes Sohn, „er wurde für uns" von Gott nicht nur „zur Weisheit gemacht, zur Gerechtigkeit und Heiligung", sondern auch „zur Erlösung" (1 Kor 1,30). Sich selbst gab er als Lösepreis, das heißt, er lieferte sich den Feinden aus und vergoß sein Blut für die, die danach dürsteten. Das ist die Erlösung, die an den Glaubenden geschehen ist, wie auch Petrus in seinem Brief schreibt: „Nicht um vergängliches Silber oder Gold wurdet ihr losgekauft, sondern mit dem kostbaren Blut des einzigen Sohnes Gottes" (1 Petr 1,18f). Dieses Mysterium hat vielleicht auch Salomo angedeutet, als er sprach: „Der Lösepreis für die Seele eines Menschen ist ihr eigentlicher Wert" (Spr 13,8). Wenn man nämlich fragt, was der eigentliche Wert einer Menschenseele ist, so entdeckt man, daß es Weisheit, Gerechtigkeit und Heiligung sind. All das aber ist Christus, wie der Apostel sagt. Christus also ist der Wert einer Menschenseele, und deshalb ist er auch ihr Lösepreis. Äußere Werte sollte man nämlich eher als Untergang der Seele einschätzen, nicht als ihre Erlösung, es sei denn, sie würden umgewandelt in gute Werke der Gerechtigkeit und Barmherzigkeit. Auf diese Weise könnten nämlich äußere Werte zu Werten der Seele werden.

8. *Ihn hat Gott dazu vorherbestimmt, Sühne zu leisten mit seinem Blut, Sühne, wirksam durch Glauben. So erweist Gott seine Gerechtigkeit durch die Vergebung der Sünden, die früher, in der Zeit seiner Geduld, begangen wurden; er*

Translatio Religionis 248–257.

sionem iustitiae eius in hoc tempore, ut sit ipse iustus et iustificans eum, qui ex fide est Iesu Christi. Cum multa nos et admiranda docuisset sanctus apostolus de Domino nostro Iesu Christo, quae per mysterium de eo dicuntur, hoc in loco eminentius aliquid protulit, quod non facile in aliis scripturae locis arbitror inveniri. Nam cum superius dixisset, quod pro omni genere humano redemptionem semet ipsum dedisset, ut eos, qui in peccatorum captivitate tenebantur, redimeret, dum „sine Deo pro omnibus mortem gustat", nunc addit aliquid sublimius et dicit, quia „proposuit eum Deus propitiationem per fidem in sanguine ipsius"; quo scilicet per hostiam sui corporis propitium hominibus faceret Deum et per hoc ostenderet iustitiam suam, dum eis remitteret praecedentia delicta, quae pessimis tyrannis serviendo contraxerant eo tempore, quo sustinebat et patiebatur Deus haec fieri. Sed ad hoc patiebatur, ut post haec, id est in hoc tempore, ostenderet iustitiam suam. In consummatione etenim saeculi, in novissimo tempore manifestavit Deus iustitiam suam et redemptionem dedit eum, quem propitiatorem fecit, ne forte, si prius propitiatorem misisset, non tam multos humani generis repropitiasset Deo quam in his temporibus, quibus iam mundus repletus videtur hominibus. Deus enim iustus est, et iustus iustificare non poterat iniustos; ideo interventum voluit esse propitiatoris, ut per eius fidem iustificarentur, qui per opera propria iustificari non poterant. Haec, quantum ad sermonis ipsius explanationem spectant, praemissa sint, ut apostolica lectio evidentior fiat.

Nunc autem, ut nobis moris est, quid interior sensus apostolici sermonis contineat, requiramus; et primo omni-

---

[58] ORIGENES hatte hier wohl die Lesart χωρὶς θεοῦ. Er kennt aber auch die andere χάριτι θεοῦ, wie z.B. *comm. in Io.* 1,255 zeigt. Vgl. FRÜCHTEL, *Origenes: Gespräch mit Herakleides* 79 Anm. 99.

erweist seine Gerechtigkeit in der gegenwärtigen Zeit, um zu zeigen, daß er gerecht ist und den rechtfertigt, der aus dem Glauben an Jesus Christus lebt (Röm 3,25f). Viel Wunderbares hat uns der heilige Apostel über unseren Herrn Jesus Christus gelehrt, viele Mysterien von ihm verkündet. An dieser Stelle hat er etwas stärker hervorgehoben, was meiner Meinung nach an anderen Schriftstellen nicht leicht zu finden ist. Oben hatte er nämlich gesagt, Christus habe sich selbst als Lösepreis für alle Menschen hingegeben, um die von der Sünde Gefangengehaltenen zu erlösen, da er „mit Ausnahme von Gott[58] für alle den Tod erlitt“ (Hebr 2,9). Jetzt fügt er darüber hinaus etwas noch Großartigeres hinzu: „Gott hat ihn dazu vorherbestimmt, Sühne zu leisten mit seinem Blut, Sühne, wirksam durch Glauben.“ Das bedeutet: Durch die Opfergabe seines Leibes erwirkte er für die Menschen die Versöhnung mit Gott. Er zeigte dadurch seine Gerechtigkeit, daß er ihnen die früheren Sünden vergab, die sie als Diener böser Tyrannen auf sich geladen hatten zu der Zeit, in der Gott dies in seiner Langmut und Geduld geschehen ließ. Doch nur deshalb duldete er es, um danach, das heißt in der gegenwärtigen Zeit, seine Gerechtigkeit zu zeigen. Denn am Ende der Welt hat Gott seine Gerechtigkeit geoffenbart und den als Lösepreis hingegeben, den er zum Versöhner machte. Wenn er ihn früher als Versöhner gesandt hätte, hätte er vielleicht nicht so viele Menschen mit Gott wieder versöhnt wie in diesen Zeiten, da die Welt ja schon voll von Menschen ist. Gott ist nämlich gerecht, und als Gerechter konnte er die Ungerechten nicht rechtfertigen. Daher wollte er, daß einer die Versöhnung vermitteln sollte. Durch den Glauben an ihn sollten alle gerechtfertigt werden, die durch eigene Werke nicht gerechtfertigt werden konnten. Das sei vorausgeschickt, zur Erklärung des Wortlauts; was wir beim Apostel lesen, soll so deutlicher werden.

Nun aber wollen wir unserer Gewohnheit entsprechend fragen, was die Aussage des Apostels an innerem Sinn

um, quomodo dictum sit: „Quem proposuit Deus propitiatorium sive propitiatorem per fidem in sanguine eius.“ Certum est in omnibus paene locis apostoli sensum ex legis et prophetarum manare thesauris. Inquiramus ergo, ubi appellationem propitiatorii invenerit et unde hoc nomen assumpserit. Memini in Exodo loquentem Dominum ad Moysen et praecipientem, quae oporteret eum facere, primo quidem mandare arcam et vectes eius atque annulos per arcae latera fieri; post haec „et facies, inquit, propitiatorium ex auro puro, duos cubitos et semis longitudinem eius et unum cubitum et semis latitudinem eius. Et facies duo cherubin aurea tornata | et superpones ea per singula latera (947) propitiatorii, unum cherubin ex latere hoc et aliud cherubin ex latere altero propitiatorii; et facies, ut cherubin duo sint ex duobus lateribus eius extendentia alas suas et obumbrantia super propitiatorium; et facies suae contra se super propitiatorium erunt. Et facies cherubin et impones propitiatorium super arcam et in arcam mittes testimonia, quae dabo tibi; et innotescam tibi inde et loquar ad te desursum super propitiatorium inter medium duorum cherubin, quae sunt super arcam testamenti, secundum omnia, quae praecipiam tibi ad filios Israel.“ Evidenter apparet, quod nomen propitiatorii apostolus in his locis inventum in suis nunc litteris posuit, de quo nobis sermo est. Et videtur propitiatorium hoc, de quo scriptum est in Exodo, ad nullum nisi ad salvatorem Dominum rettulisse, cum dicit, quia hunc posuit „Deus propitiatorium per fidem“.

Quomodo sane huius veri propitiatorii forma et figura fuerit illud, quod in Exodo describitur ex auro purissimo

[59] Röm 3,25 könnte wörtlich übersetzt werden: „Ihn hat Gott als Sühneplatte ...“ (ἱλαστήριον ist nämlich die Bezeichnung der LXX für den Deckel der Bundeslade, es ist ein substantiviertes Adjektiv und heißt „das Sühnende“, kann hier aber im Akkusativ auch „den Sühnenden“ heißen, darum übersetzt RUFIN *propitiatorium sive propitiatorem*).

enthält, zunächst einmal, inwiefern es heißt: „Ihn hat Gott dazu vorherbestimmt, Versöhner zu sein beziehungsweise Sühne zu leisten mit seinem Blut, Sühne, wirksam durch Glauben." Sicher ist, daß das vom Apostel Gemeinte fast überall aus dem Schatz des Gesetzes und der Propheten stammt. Wir wollen also fragen, wo er die Bezeichnung *propitiatorium* — Sühne[59] gefunden hat und woher er diesen Begriff genommen hat. Wie ich mich erinnere, steht im Buch Exodus, daß Gott zu Mose gesprochen und ihm geboten hat, was er tun solle. Er ließ ihn zuerst eine Lade herstellen mit einer Leiste und Ringen an ihrer Seite (vgl. Ex 25,10–12). Danach sagte er: „Verfertige eine Sühneplatte aus reinem Gold, zweieinhalb Ellen lang und anderthalb Ellen breit. Mach zwei Kerubim aus getriebenem Gold und arbeite sie an den beiden Seiten der Sühneplatte heraus! Mach je einen Kerub an der einen und an der anderen Seite der Sühneplatte; zwei Kerubim sollen an den beiden Seiten sein, die ihre Flügel ausbreiten über die Sühneplatte und sie beschirmen, und sie sollen ihre Gesichter über der Sühneplatte einander zuwenden. Mach die Kerubim und setz die Sühneplatte auf die Lade, und in die Lade leg die Bundesurkunde, die ich dir gebe. Dort werde ich mich dir zu erkennen geben und dir über der Sühneplatte zwischen den beiden Kerubim, die auf der Lade der Bundesurkunde sind, alles sagen, was ich dir für die Israeliten auftragen werde" (Ex 25,17–22). Es ist offensichtlich und klar, daß der Apostel den Begriff „Sühneplatte" an dieser Stelle gefunden und jetzt in seinem Brief diesen Ausdruck gebraucht hat, von dem wir reden. Die Sühneplatte, von der die Schrift im Buch Exodus spricht, war für Paulus offenbar ein eindeutiger Hinweis auf unseren Herrn und Erlöser. Denn er sagt: „Ihn hat Gott dazu eingesetzt, Sühne zu leisten, Sühne, wirksam durch Glauben."

Es lohnt die Mühe, dem nachzugehen, inwiefern die Sühneplatte, die, wie im Buch Exodus beschrieben, aus reinem Gold gemacht war, Form und Gestalt der eigent-

factum, operae pretium est investigare. Et primo quidem considerandum est, quibus in locis aurum, quod in opere assumitur, aurum purum dicatur, quibus vero in locis aurum tantummodo sine ulla adiectione ponatur. Quod ego in pluribus observans deprehendisse mihi videor, quod sicubi cum adiectione aurum purum dicitur, indicet sanctam illam et puram Iesu animam, quae „peccatum non fecit, nec inventus est dolus in ore eius“; et ipsi conveniant mensurae istae longitudinis ac latitudinis propitiatorii, quamvis haec explanare sit arduum et aptare animae illi sanctae singula quaeque, quae de propitiatorio referuntur.

Primo ergo videamus quod dicit longitudinem propitiatorii neque duos solum cubitos habuisse, qui numerus sociandis generandisque aptari corporibus solet, neque tres integros, qui numerus excedere appellationem creaturae consuevit et naturae incorporeae consecrari. Duos ergo cubitos et dimidium longitudinem dicit propitiatorii et unum ac dimidium latitudinem. Quod si audere in talibus fas est, quoniam dicit idem apostolus de Christo, quod „Dei et hominum mediator est“, videtur mihi inter Deum et hominem media haec esse anima, quae inferior quidem sit a trinitatis natura minus aliquid habens nec tamen, cum inde infra sit, duali numero, qui in corpore positis deputatur, absque eximia et praecellenti virtutum suarum eminentia misceatur. Hoc enim ostenditur, quod mensura eius | 948 supra duos cubitos habere aliquid designatur, licet minus tribus. Sed et quod latitudo eius unum et dimidium memoratur cubitum habere, propterea quidem de monade ac

[60] Vgl. SCHERER, *Commentaire* 158,2–6. Dort heißt es, das reine Gold symbolisiere den reinen, nicht mit der Materie vermischten Geist, das ist den göttlichen νοῦς. Doch müsse man lieber von der Seele als der gottmenschlichen Person Jesu sprechen, denn sie vollziehe die Sühne.

lichen Sühneplatte darstellte. Zuerst muß man wohl überlegen, an welchen Stellen das Gold, das man verarbeitet, ausdrücklich als reines Gold bezeichnet wird, und an welchen Stellen einfach von Gold die Rede ist ohne jede Beifügung. Ich habe öfter darauf geachtet und meine, Folgendes bemerkt zu haben: An den Stellen, wo die Beifügung „reines" Gold steht, soll dies ein Hinweis sein auf die heilige und reine Seele Jesu[60]. Von ihr heißt es, daß sie „keine Sünde begangen hatte und in ihrem Mund kein trügerisches Wort war" (Jes 53,9; 1 Petr 2,22). Zu ihr passen auch, wie ich entdeckt habe, die Maße für die Länge und Breite der Sühneplatte, obwohl es schwierig ist, dies zu erklären und alle Einzelheiten, die über die Sühneplatte berichtet werden, auf die heilige Seele Jesu anzuwenden.

Zuerst wollen wir also die Aussage betrachten, daß die Länge der Sühneplatte nicht nur zwei Ellen beträgt — diese Zahl steht meist bei körperlichen Wesen, die sich vereinigen müssen, um Leben zu zeugen. Die Länge der Sühneplatte beträgt aber auch nicht volle drei Ellen, denn diese Zahl überschreitet das Maß, das normalerweise für ein Geschöpf verwendet wird, und ist der unkörperlichen Natur vorbehalten. Die Schrift sagt also, die Länge der Sühneplatte sei zweieinhalb Ellen und ihre Breite anderthalb Ellen. Von Christus sagt der Apostel: „Er ist Mittler zwischen Gott und den Menschen" (1 Tim 2,5). Ich möchte meinen, wenn man über solche Dinge reden darf, daß diese Seele in der Mitte zwischen Gott und den Menschen steht. Sie ist zwar geringer als die Natur der Dreifaltigkeit, darum beträgt ihr Maß etwas weniger; sie darf jedoch deswegen nicht mit der Zahl Zwei, die den körperlichen Dingen zusteht, unterschiedslos zu diesen gerechnet werden, ohne daß man ihre außerordentlichen und überragenden Tugenden hervorhebt. Dies wird klargestellt, wenn es heißt, daß ihr Maß über zwei Ellen hinausgeht, jedoch weniger als drei beträgt. Daß aber die Breite der Platte anderthalb Ellen ausmacht, wird wohl deshalb erwähnt, weil ihre Stellung

singulari sua statione describitur, non tamen ex toto in dualem numerum, qui interdum etiam pro immundis ponitur, crevisse. Quamvis enim carnem naturae nostrae susceperit, ex incontaminata tamen virgine assumpta et casta sancti spiritus operatione formata est. Propterea ergo et apostolus de mediatore disserens, evidentem distinctionem signavit dicens: „Mediator Dei et hominum, homo Christus Iesus"; quo scilicet mediatorem non ad deitatem Christi, sed ad humanitatem, quae est eius anima, referendum doceret. Longitudo ergo ponitur eius et latitudo. Longitudo illud significat, quod tendit ad Deum trinitatique sociatur; latitudo, quod inter homines, qui latam spatiosamque viam incedere solent, conversatur; et ideo mediatoris recte nomine nuncupatur, quia, ut diximus, anima haec sancta media quidem fuit inter divinitatem trinitatis et fragilitatem humanitatis.

Haec ergo intelligi potest propitiatorium, secundum ea, quae supra diximus, cui superponi dicuntur duo cherubin, unum ex latere hoc et unum ex latere altero. Cuius ergo formam duo ista cherubin habere existimanda sunt? Cherubin enim in nostram linguam interpretatum „plenitudinem scientiarum" significat. Ubi ergo dicimus plenitudinem scientiarum, nisi in eo, de quo dicit apostolus: „in quo sunt omnes thesauri sapientiae et scientiae absconditi"? De verbo utique Dei haec dicit apostolus. Sed et de spiritu sancto similia scribit, cum dicit: „Nobis autem revelavit Deus per spiritum suum; spiritus enim omnia scrutatur,

---

[61] Wenn ORIGENES über die Bedeutung von Zahlen und Maßen spricht und in ihnen Mysterien entdeckt, wird es dem modernen Leser schwer, ihm zu folgen, vgl. z.B. ORIGENES, *hom. in Gen.* 2,5 über die Maße der Arche. Diese Auffassung ist aber der Antike, vor allem durch den Einfluß der Pythagoreer, und auch den biblischen Schriftstellern sehr vertraut.

einzigartig und einmalig ist. Damit ist auch gesagt, daß sie nicht ganz die Zahl Zwei erreicht, die manchmal auch für unreine Dinge gebraucht wird. Obwohl die Seele Jesu unsere fleischliche Natur angenommen hat, wurde sie doch von einer unbefleckten Jungfrau empfangen und nahm Gestalt an durch das reine Wirken des Heiligen Geistes. Wenn der Apostel also über den Mittler spricht, hat er eine deutliche Unterscheidung getroffen, da er sagt: „Mittler zwischen Gott und den Menschen ist der Mensch Christus Jesus" (1 Tim 2,5). Damit wollte er lehren, Christus sei Mittler nicht mit Bezug auf seine Gottheit, sondern auf seine Menschheit, das heißt auf seine Seele. Ihre Länge und Breite werden also bestimmt. Die Länge bedeutet, daß sie zu Gott strebt und mit dem dreifaltigen Gott eins wird, die Breite, daß sie unter den Menschen weilt, die gewöhnlich auf dem breiten und geräumigen Weg gehen (vgl. Mt 7,13). Mit Recht wird daher diese heilige Seele als Mittler bezeichnet, da sie, wie gesagt, die Mitte einnimmt zwischen der göttlichen Dreifaltigkeit und der menschlichen Schwachheit[61].

Sie kann also gemäß dem oben Gesagten als Sühneplatte verstanden werden. Auf ihr werden, wie es heißt, zwei Kerubim aufgestellt, einer auf dieser und einer auf der anderen Seite (vgl. Ex 25,18f). Als Sinnbild wofür soll man nun diese zwei Kerubim betrachten? Kerubim bedeutet nämlich, in unsere Sprache übersetzt, „Fülle des Wissens"[62]. Von der Fülle des Wissens können wir aber nur bei dem sprechen, von dem der Apostel sagt: „In ihm sind alle Schätze der Weisheit und des Wissens verborgen" (Kol 2,3). Sicherlich sagt er das vom Wort Gottes. Das gleiche schreibt er aber auch vom Heiligen Geist mit den Worten: „Uns aber hat es Gott enthüllt durch seinen Geist: Der Geist ergründet nämlich alles, auch die Tiefen Gottes"

---

[62] Die allegorische Erklärung zieht die Etymologie oft heran.

etiam alta Dei.“ Significatur igitur, ut ego arbitror, in isto propitiatorio, hoc est in anima Iesu, verbum Dei, qui est unigenitus filius, et spiritum eius sanctum semper habitare; et hoc est, quod indicant duo cherubin propitiatorio superposita. Sed et illud observa, quod non dixit: Cherubin unum ex latere dextro et cherubin aliud ex latere sinistro, sed ait: „Cherubin unum ex latere hoc et cherubin aliud ex latere altero“, ut ostenderet in illo propitiatorio, hoc est in anima Christi, sinistrum nihil fuisse.

Sunt autem et pennata duo haec cherubin, et non solum pennata, sed et alas suas pandentia. Si quis sanctorum summum habere a Deo testimonium meruit, dictum est, quod Deus esset cum eo, sicut de Iesu Nave dicitur: „Et Deus erat cum ipso, sicut fuit | cum Moyse famulo eius.“ | 949
Sicubi vero pollicitatio maioris a Deo muneris datur, dicit Deus: „Et ero in eis et ambulabo inter eos.“ Nullam vero inter homines ita beatam et ita excelsam reperies animam nisi hanc solam, in qua tantum latitudinis, tantum capacitatis invenit verbum Dei et spiritus sanctus, ut non solum habitare, sed et alas pandere et novo sacramenti ritu aliquando etiam volitare dicatur. Faciem quoque contra se invicem super hanc beatam animam cherubin utraque habere dicuntur, per quod concors ei et consonus a filio Dei et a spiritu sancto divinitatis sensus infunditur.

Ubi autem superponitur haec anima Deo plena, in qua complacuit habitare omnem plenitudinem deitatis? „Super arcam“, inquit, „testamenti.“ Potest arca testamenti sancta

---

[63] Allgemein gilt die linke Seite als die schlechte. Das griech. εὐώνυμος ist ein Euphemismus und macht damit schon die Unglücksbedeutung deutlich.

[64] Vom Fliegen ist bei den Kerubim auf der Bundeslade nicht die Rede, wohl aber bei den Serafim in Jes 6,2. In *hom. in Is.* 1,2 und *princ.* 1,3; 4,3 identifiziert ORIGENES die beiden Serafim ebenso mit dem Wort

(1 Kor 2,10). Meiner Meinung nach wird also darauf hingewiesen, daß auf der Sühneplatte, das heißt in der Seele Jesu, immer Gottes Wort, und das ist sein eingeborener Sohn, und der Heilige Geist wohnen. Genau dies zeigen die zwei Kerubim an, die auf der Sühneplatte aufgestellt sind. Beachte aber auch, daß er nicht sagte: Einen Kerub auf der rechten Seite und den anderen auf der linken Seite, sondern daß er sagte: „Einen Kerub auf dieser Seite und den anderen auf der anderen Seite" (Ex 25,19). Damit wollte er zeigen, daß es bei der Sühneplatte, das heißt in der Seele Christi, nichts gegeben habe, was auf die linke Seite gehört[63].

Auch Flügel haben die beiden Kerubim; und sie haben nicht nur Flügel, sondern breiten sie auch aus. Wenn Gott einem Heiligen die Würde verlieh, von ihm die größtmögliche Anerkennung zu erhalten, dann heißt es, Gott sei mit ihm gewesen. So wird von Josua gesagt: „Und Gott war mit ihm, wie er mit seinem Diener Mose war" (Jos 1,5). Wo Gott aber eine noch größere Gabe verheißt, sagt er: „Ich werde unter ihnen sein und in ihrer Mitte wandeln" (Lev 26,12). Keine andere so heilige und ausgezeichnete Seele läßt sich aber bei den Menschen finden außer dieser einzigen, in der das Wort Gottes und der Heilige Geist eine solche Weite und Aufnahmefähigkeit gefunden haben, daß sie nicht nur in ihr wohnen, sondern auch ihre Flügel ausbreiten und sogar manchmal fliegen, entsprechend dem neuen Vollzug des Mysteriums[64]. Auch heißt es, daß die beiden Kerubim ihr Antlitz über dieser heiligen Seele einander zugewandt haben. Das will sagen: Der Sohn Gottes und der Heilige Geist gießen ihr in Eintracht und Einmütigkeit das göttliche Denken und Verstehen ein.

Und worauf ruht diese von Gott erfüllte Seele, in der Gott mit seiner ganzen Fülle wohnen wollte (vgl. Kol 1,19; 2,9)? „Auf der Bundeslade" (Ex 25,21), sagt die Schrift.

---

und dem Geist Gottes wie hier die Kerubim. Das Fliegen deutet er auf den Vorgang der Offenbarung.

eius caro, in qua beata haec anima collocatur, intelligi, habens in se testimonia Dei, quae intelliguntur Christi, quas in carne pertulit passiones divinis olim praedictae testimoniis. Possunt etiam virtutes caelestes intelligi arca Dei, quae et ipsae capaces quidem sunt verbi Dei et spiritus sancti, sed praeponitur eis anima Iesu, et ipsa quodammodo mediatrice gratiam divinae largitionis accipiunt.

Post haec: „Et innotescam tibi", inquit, „inde, et loquar ad te desuper propitiatorio." Non solum Moysi, sed et unicuique sanctorum, qui famulus Dei est, non aliunde innotescit Deus nec aliunde cognoscitur, nisi de propitiatorio isto, quod supra exposuimus, et de medio cherubin. Hoc et Habacuc propheta significat, ubi dicit: „In medio duorum animalium cognosceris, dum appropinquaverint anni, cognosceris, et cum adfuerit tempus, ostenderis." „Nemo enim scit patrem nisi filius et cui voluerit filius revelare." Sed et Paulus dicit, quia „nobis revelavit Deus per spiritum suum." Propterea ergo dicit, quod „innotescam tibi inde et loquar tibi desuper propitiatorio inter duo cherubin, quae sunt super arcam testamenti."

Puto autem, quod non importune ea, quae de Exodo assumpsimus, explanata sint, ut evidens fieret sensus, quomodo apostolus in praesenti loco propitiatorii nomen assumpserit, cum dicit: „Quem proposuit Deus propitiatorium per fidem." Sed et hoc ipsum, quod dixit „proposuit", magis de anima Iesu quam de deitate eius dictum sentitur. „Proposuit" enim intelligitur quasi prius posuit, hoc est priusquam esset. Quod enim est, ponitur, quod nondum

---

[65] SCHERER, *Commentaire* 96, meint, die Deutung der Lade auf das Fleisch Christi sei RUFIN zuzuschreiben, vgl. dagegen CHADWICK, *Rufinus* 19f.

Man kann in der Bundeslade das heilige Fleisch Jesu erkennen, in dem diese heilige Seele wohnt. Das Fleisch Jesu trägt die Zeugnisse Gottes in sich. Wir verstehen darunter alles, was er im Fleisch erlitt, so wie es von Gott schon früher vorhergesagt wurde. Auch die himmlischen Mächte können als Lade Gottes verstanden werden, da auch sie fähig sind, Gottes Wort und den Heiligen Geist aufzunehmen[65]. Aber zuerst geht es um die Seele Jesu, gewissermaßen durch ihre Vermittlung empfangen die Himmelsmächte die aus göttlicher Freigebigkeit gewährte Gnade.

Darauf folgt: „Dort werde ich mich dir zu erkennen geben und dort über der Sühneplatte zu dir sprechen" (Ex 25,22). Nicht nur dem Mose, sondern jedem der Heiligen, der ein Diener Gottes ist, gibt sich Gott nur von der Sühneplatte aus, deren Bedeutung wir erklärt haben, nur aus der Mitte der Kerubim zu erkennen, und man kann ihn auch nur von dort her verstehen. Der Prophet Habakuk deutet das gleichfalls an, indem er sagt: „Inmitten der zwei Wesen wirst du erkannt; wenn die Jahre gekommen sind, erkennt man dich, und wenn die Zeit da ist, wirst du offenbar" (Hab 3,2 LXX). „Niemand kennt nämlich den Vater, nur der Sohn und der, dem es der Sohn offenbaren will" (Mt 11,27). Auch Paulus sagt: „Uns hat es Gott enthüllt durch seinen Geist" (1 Kor 2,10). Deshalb also sagt Gott: „Dort werde ich mich dir zu erkennen geben und zu dir sprechen über der Sühneplatte zwischen den beiden Kerubim, die auf der Bundeslade sind" (Ex 25,22).

Ich glaube, damit haben wir die Stelle aus dem Buch Exodus angemessen erklärt. Es sollte klarwerden, wieso der Apostel an der vorliegenden Stelle das Wort Sühne aufgriff, als er sagte: „Ihn hat Gott dazu vorherbestimmt, Sühne zu leisten, Sühne, wirksam durch Glauben." Doch ist auch der Ausdruck: „Er hat ihn vorherbestimmt" eher als eine Aussage über die Seele Jesu als über seine Gottheit zu verstehen. „Er hat vorherbestimmt" ist nämlich so zu verstehen, als habe er zuvor bestimmt, das heißt, bevor er

est, proponitur. Non ergo convenit de eo, qui semper erat, id est de verbo Dei, dici, quia propositus | est; sed de anima | 950 eius, quae, licet inseparabilis sit a verbo Dei, creata tamen est et unigeniti deitate posterior, nec inconvenienter videbitur de ea dictum, quod, antequam esset, proposita est et praeordinata, ut esset propitiatorium.

Quia ergo secundum ea, quae supra exposuimus, Iesum Christum „proposuit Deus propitiatorium per fidem in sanguine eius", necessarium videtur requirere de divinis legibus, quae sit propitiatio, quae per sanguinem fiat, ut ex his colligere possimus, quomodo etiam per sanguinem Iesu propitiatio facta sit. Scriptum est in Levitico post pontificis hostiam: „Quod si omnis synagoga Israel ignoraverit et latuerit sermo ab oculis eius et fecerit unum de mandatis Domini, quod non fiet, et deliquerit et innotuerit eis peccatum, quod peccaverunt, adducet synagoga vitulum ex bobus pro peccato"; et post pauca: „Et inferet sacerdos, qui unctus est, ex sanguine vituli in tabernaculum testimonii"; et post pauca iterum: „Et faciet", inquit, „vitulum, quemadmodum fecit vitulum pro peccato, et repropitiabit pro his sacerdos, et remittetur eis." Per sanguinem ergo repropitiat sacerdos pro omni synagoga, ut remittatur eis.

Requiramus nunc singula quaeque nomina, quae de salvatore scripta sunt, et in singulis appellationibus, quae sint, quae designentur, diligentius contemplemur. Invenies igitur, quoniam quidem in ipso complacuit habitare omnem plenitudinem divinitatis corporaliter, esse ipsum et propitiatorium et pontificem et hostiam, quae offertur pro populo. Et quidem de propitiatorio iam satis est dictum. Sed

[66] Vgl. 1,5.

war. Was nämlich da ist, wird bestimmt, was noch nicht ist, wird vorherbestimmt. Es ziemt sich also nicht, von dem, der immer war, das heißt vom Wort Gottes, zu sagen, er sei vorherbestimmt. Von seiner Seele jedoch, die zwar untrennbar ist vom Wort Gottes, aber dennoch geschaffen wurde und so später ist als die Gottheit des einzigen Sohnes, von ihr kann man wohl angemessen sagen, daß sie vorherbestimmt wurde, bevor sie war, und im voraus dazu bestimmt wurde, Sühne zu leisten[66].

Oben haben wir erklärt, daß Gott Jesus Christus „vorherbestimmt hat, Sühne zu leisten mit seinem Blut, Sühne, wirksam durch Glauben". Daher müssen wir das Gesetz Gottes erforschen, um zu erkennen, welche Sühne mit Blut geleistet wird, damit wir daraus schließen können, wie auch mit dem Blut Jesu Sühne geleistet worden ist. Im Buch Levitikus steht nach den Vorschriften für das Opfer des Priesters: „Wenn die ganze Gemeinde Israels ohne Vorsatz gesündigt hat und etwas vom Herrn Verbotenes getan hat, ohne es bemerkt zu haben, und dadurch schuldig wurde, dann soll die Gemeinde für die Verfehlung einen Jungstier als Sündopfer darbringen" (Lev 4,13 f). Und etwas weiter heißt es: „Dann soll der gesalbte Priester etwas vom Blut des Stiers in das Offenbarungszelt tragen" (Lev 4,16). Und noch etwas weiter: „Er soll mit dem Stier tun, was auch mit dem Sündopferstier gemacht wird. Dann soll der Priester die Gemeinde entsühnen, und es wird ihnen vergeben werden" (Lev 4,20). Mit dem Blut entsühnt also der Priester die ganze Gemeinde Israels, damit ihnen vergeben wird.

Nun wollen wir die verschiedenen Bezeichnungen untersuchen, mit denen der Erlöser in der Schrift benannt wird, und aufmerksam betrachten, was mit den einzelnen Titeln ausgesagt werden soll. Weil Gott mit seiner ganzen Fülle wirklich in ihm wohnen wollte (vgl. Kol 1,19; 2,9), kann man sagen, daß er sowohl Sühneplatte als auch Priester und Opfergabe ist, die für das Volk dargebracht wird. Über die Sühneplatte haben wir schon genug gesagt. Über

et de pontifice evidenter David in psalmo et apostolus Paulus ad Hebraeos scribit. Quod autem sit et hostia, testatur Ioannes dicens: „Hic est agnus Dei, qui tollit peccata mundi.“ Secundum hoc ergo, quod hostia est, profusione sanguinis sui propitiatio efficitur in eo, quod dat remissionem praecedentium delictorum; quae tamen propitiatio ad unumquemque credentium per viam fidei venit. Nisi enim daret remissionem praecedentium delictorum, propitiatio non probaretur effecta. Cum vero peccatorum remissio tribuatur, certum est propitiationem effusione sacri sanguinis adimpletam; „absque sanguinis enim effusione“, sicut apostolus dicit, „non fit remissio“ peccatorum.

Verum ne Paulus tibi solus praesumpsisse propitiationis nomen videatur in Christo, audi, quomodo et Ioannes consone de hoc sensu loquatur, cum dicit: „Filioli mei, haec scribo vobis, ut non peccetis; | sed etsi quis peccaverit, | 951 advocatum habemus apud patrem, Iesum Christum iustum; et ipse est propitiatio pro peccatis nostris, non solum autem pro nostris, sed et pro universi mundi.“ Uno igitur eodemque sensu apostoli propitiatorium vel propitiationem vel, ut in latinis codicibus frequentius invenitur, propitiatorem nominant Christum. Sed nihil interest, sive „propitiator“ sive „propitiatorium“ sive „propitiatio“ sive etiam „exoratio“ scriptum sit, cum apud Graecos uno semper eodemque sermone proferatur. Nisi forte videatur quibusdam „propitiatio“ ipsa eius divina substantia, „propitiator“ vero, cum dispensationes in hominibus explet, intelligi.

---

[67] Christus ist Priester, Altar (hier = Sühneplatte) und Opfergabe. Das letztere ist ausschlaggebend für das Sühne- bzw. Erlösungsgeschehen.

[68] Hier entstehen Schwierigkeiten durch die verschiedenen Übersetzungen. RUFIN hat inkonsequenterweise verwandte, jedoch nicht identische Wörter gleich übersetzt. Im Griechischen stehen ἱλαστήριον und ἱλασμός (vgl. HAMMOND-BAMMEL, *Römerbrieftext* 217–219), wie der folgende Satz ausdrücklich bestätigt.

[69] Der Papyrus, SCHERER, *Commentaire* 162,17, stellt seine οὐσία als

sein Priestertum schreibt David offensichtlich im Psalm und der Apostel Paulus im Brief an die Hebräer (vgl. Ps 110,4: LXX 109,4; Hebr 2,17). Daß er aber auch Opfergabe ist, bezeugt Johannes mit den Worten: „Er ist das Lamm Gottes, das die Sünde der Welt hinwegnimmt“ (Joh 1,29). Weil er also Opfergabe ist, wird durch das Vergießen seines Blutes Sühne bewirkt, denn er schenkt die Vergebung der zuvor begangenen Sünden. Diese Sühne gelangt allerdings zu jedem Gläubigen auf dem Weg des Glaubens. Würde er nämlich nicht die Vergebung der zuvor begangenen Sünden schenken, könnte man die Wirkung der Sühne nicht erweisen. Da jedoch Vergebung der Sünden gewährt wird, ist die Sühne durch das Vergießen des heiligen Blutes mit Sicherheit vollzogen worden. Denn, wie der Apostel sagt: „Ohne daß Blut vergossen wird, gibt es keine Vergebung“ der Sünden (Hebr 9,22)[67].

Man soll aber nicht meinen, nur Paulus habe den Begriff der Sühne auf Christus anzuwenden gewagt. Denn auch Johannes sagt in Übereinstimmung mit diesem Verständnis: „Meine Kinder, ich schreibe euch das, damit ihr nicht sündigt. Wenn aber einer sündigt, haben wir einen Beistand beim Vater: Jesus Christus, den Gerechten. Er ist die Sühne für unsere Sünden, aber nicht nur für unsere Sünden, sondern auch für die der ganzen Welt“ (1 Joh 2,1f). In ein und demselben Sinn bezeichnen also die Apostel Christus als „Sühneplatte“, als „Sühne“ oder, wie man es in lateinischen Kodizes häufig findet, als „Versöhner“. Es ist jedoch kein Unterschied, ob es „Versöhner“, „Sühneplatte“, „Sühne“ oder auch „Versöhnung“ heißt, weil bei den Griechen immer dasselbe Wort steht[68]. Einige möchten allerdings den Ausdruck „Sühne“ im Zusammenhang mit seinem göttlichen Wesen verstehen, im Wort „Versöhner“ dagegen erkennen, daß er seinen Auftrag bei den Menschen erfüllt[69].

ἱλαστήριον und seine ἐνέργεια als ἱλασμός einander gegenüber, RUFIN die göttliche und die menschliche Seite des Wirkens Christi.

Sed et quod dixit Ioannes, quia „ipse est exoratio“ sive propitiatio „pro peccatis nostris, non solum autem pro nostris, sed et pro universi mundi“, quaedam nobis intulisse videtur augmenta mysterii, ut ostendat Iesum propitiatorem esse non solum credentium, verum et totius mundi; non tamen prius mundi et tunc nostrum, sed prius nostrum et ita demum totius mundi. Quamvis enim universa creatura gratiam redemptoris exspectet, unusquisque tamen in suo ordine veniet ad salutem. Hoc indicari arbitror et in Levitico, ubi repropitiationis hostiae per pontificem mandantur offerri. Nec tamen in his sacrificiorum confusus ordo proponitur; sed primo quidem dicit, quae sit propitiatio et qualis hostia, si sacerdos peccaverit, offeratur; secundo, si omnis synagoga deliquerit per ignorantiam, cuiusmodi victimis placetur Deus; tertio, si princeps peccaverit, quo ordine purificandus sit, scribitur; quarto, si anima una peccaverit, etiam de hoc, quis sit expiandi ritus, exponitur. Quae singula mystico intellectu futuram Christi propitiationem non solum pro peccatis nostris, sed et pro universo mundo certis quibusque ordinibus et modis causisque designant, si quis tamen haec secundum illam revelationem, quae Moysi in monte demonstrata esse dicitur, sancto spiritu illuminatus aspiciat.

Fit ergo per repropitiationem sanguinis Christi remissio „praecedentium delictorum, in sustentatione Dei, ad ostensionem iustitiae suae“. Sustentatio Dei est, ubi peccator non statim punitur ut peccat, sed secundum quod ibidem

---

[70] ORIGENES deutet die einzelnen Opferbestimmungen als Hinweise auf das Mysterium Christi, vgl. seine *hom. in Lev.*

Das Wort des Johannes aber: „Er ist die Versöhnung (bzw. Sühne) für unsere Sünden; aber nicht nur für unsere Sünden, sondern auch für die der ganzen Welt“ (1 Joh 2,2), macht das Mysterium für uns noch größer. Denn damit wird erwiesen, daß Jesus der Versöhner ist, nicht allein für die Glaubenden, sondern auch für die ganze Welt. Allerdings nicht zuerst für die Welt und dann für uns, sondern zuerst für uns und auf diese Weise schließlich für die ganze Welt. Obwohl nämlich die ganze Schöpfung auf die Gnade des Erlösers harrt (vgl. Röm 8,19), kommt doch jeder in der für ihn gültigen Ordnung zum Heil (vgl. 1 Kor 15,23). Ich glaube, das steht auch im Buch Levitikus. Dort wird angeordnet, daß der Hohepriester die Sühnopfer darzubringen hat (vgl. Lev 4). Und doch wird bei diesen Opfern die richtige Reihenfolge eingehalten, denn erstens wird erklärt, welche Sühne geleistet und was für ein Opfer dargebracht werden soll, wenn ein Priester gesündigt hat; zweitens mit welchen Schlachtopfern Gott gnädig gestimmt werden soll, wenn die ganze Gemeinde aus Unwissenheit gesündigt hat; drittens steht geschrieben, welcher Reinigungsritus vollzogen werden muß, wenn ein Sippenoberhaupt gesündigt hat; und viertens wird noch ausgeführt, welcher Sühneritus für irgend jemand aus dem Volk gilt. Wenn man all dies im einzelnen mystisch versteht, weist es hin auf die zukünftige Sühne durch Christus, die nicht nur für unsere Sünden, sondern auch für die der ganzen Welt nach bestimmter Ordnung, Art und Begründung vollzogen wird. Dann muß man all dies jedoch gemäß der Offenbarung, die Mose auf dem Berg zuteil wurde, betrachten als ein vom Geist Erleuchteter (vgl. Ex 25,9.40; 26,30; Hebr 8,3)[70].

Durch die Versöhnung im Blut Christi wird also die Vergebung „der Sünden gewirkt, die zuvor, in der Zeit der Geduld Gottes, begangen wurden. So erweist Gott seine Gerechtigkeit.“ Gott ist geduldig, denn der Sünder wird nicht sofort bestraft, sobald er sündigt, sondern, entspre-

apostolus dixit, per patientiam Dei adducitur ad paenitentiam; et in hoc ostendere dicitur iustitiam suam Deus. Bene autem addidit: „in hoc tempore“, praesentis enim saeculi tempore in sustentatione est iustitia Dei, futuri vero in retributione. Iustum namque apud Deum visum est, ut, quia futurum saeculum ad | iudicium statuerat, praesens I 952 sustentationi et patientiae deputaret. Nam si puniret in hoc tempore peccatorem, iustum non videretur iterum ad iudicium, quem punierat, evocare. Si vero sustentet et patiatur in praesenti saeculo, recte erit iustus iudex in futuro. Iustificat ergo eum, qui ex fide est, sicut et de Abraham scriptum est, quia „credidit Abraham Deo, et reputatum est ei ad iustitiam.“ Quod si Abraham credidit et ex fide iustificatus est, consequens sine dubio erit, ut et nunc, qui credit Deo per fidem Iesu Christi, iustificetur cum fideli Abraham.

9. *Ubi est ergo gloriatio tua? Exclusa est. Per quam legem? Operum? Non, sed per legem fidei. Arbitramur enim iustificari hominem per fidem sine operibus legis.* Iterum ac saepius commonemus eos, qui scripta Pauli diligentius advertere cupiunt, distinctionem illam, quam supra diximus, observare tenacius, quomodo nunc circumcisionis causam, nunc praeputii, id est Iudaeorum vel gentilium, discreto semper tramite prosequatur. Si enim paululum quid fugerit

chend der Aussage des Apostels im gleichen Brief, wird er durch Gottes Langmut zur Umkehr geführt (vgl. Röm 2,4). Darin, so heißt es, erweist Gott seine Gerechtigkeit. Ganz richtig fügt der Apostel aber hinzu: „in der gegenwärtigen Zeit“, denn in der gegenwärtigen Weltzeit erweist sich Gottes Gerechtigkeit in seiner Geduld, in der kommenden Welt jedoch durch sein Vergelten. Denn Gott hat es offenbar als gerecht erachtet, die gegenwärtige Zeit der Langmut und Geduld zu überlassen, da er die zukünftige für das Gericht festgesetzt hat. Wenn er nämlich in dieser Zeit den Sünder bestrafen würde, wäre es keinesfalls gerecht, den Bestraften noch einmal vor Gericht zu stellen. Wenn er aber in der gegenwärtigen Zeit langmütig und geduldig ist, wird er in der zukünftigen wirklich ein gerechter Richter sein. Er rechtfertigt also den, der vom Glauben bestimmt ist, so wie es auch von Abraham geschrieben steht: „Abraham glaubte Gott, und das wurde ihm als Gerechtigkeit angerechnet“ (Gen 15,6; Röm 4,3; Gal 3,6). Wenn aber Abraham glaubte und aufgrund des Glaubens gerechtfertigt wurde, kann man ohne Zweifel daraus schließen, daß auch der, der jetzt an Gott glaubt, auf dem Weg des Glaubens an Jesus Christus zusammen mit dem glaubenden Abraham gerechtfertigt wird (vgl. Gal 3,9).

9. *Wo bleibt also dein Rühmen? Es ist ausgeschlossen. Durch welches Gesetz? Durch das der Werke? Nein, durch das Gesetz des Glaubens. Denn wir sind der Überzeugung, daß der Mensch gerechtfertigt wird durch Glauben, ohne Werke des Gesetzes* (Röm 3,27f). Häufig und immer wieder ermahnen wir alle, welche sich mit Sorgfalt den Schriften des Paulus widmen wollen, die oben genannte Unterscheidung ganz genau zu beachten, wie nämlich Paulus einmal die Sache der Beschnittenen vertritt und ein andermal die der Unbeschnittenen, das heißt also, wie er sich um Juden oder Heiden auf jeweils verschiedenem Wege bemüht. Wenn nämlich dem Leser irgendeine Geringfügigkeit entgeht,

legentem, continuo angusta haec et exilis intelligentiae semita perturbabitur.

Igitur cum superius ostendisset apostolus, quid esset amplius Iudaeo aut quae utilitas circumcisionis, et docuisset, quia primis illis credita sunt eloquia Dei, et per haec visus fuisset extollere eorum iactantiam, qua adversum gentiles erigi solent, et rursum contra haec in sequentibus obiecisset iustitiam Dei per fidem Iesu Christi esse in omnes, qui credunt, neque habere aliquam distinctionem, sed omnes deliquisse, Iudaeos et Graecos, et egere gloria Dei et iustificari per gratiam ac redemptionem, quae est in Christo Iesu, ipsumque esse propitiatorium per fidem et iustificari ab eo omnem, qui ex fide est, nunc iam velut conclusionem assertionum suarum ponens in hoc loco dicit: „Ubi est ergo gloriatio tua? Exclusa est. Per quam legem? Operum? Non, sed per legem fidei. Arbitramur enim iustificari hominem per fidem sine operibus legis"; et dicit sufficere solius fidei iustificationem, ita ut credens quis tantummodo iustificetur, etiamsi nihil ab eo operis fuerit expletum.

Imminet igitur nobis, qui integram esse scripturam apostoli conamur asserere et ordine suo cuncta constare, ut requiramus, quis sine operibus sola fide iustificatus sit. Quantum igitur ad exemplum pertinet, sufficere arbitror illum latronem, qui cum Christo crucifixus clamavit ei de cruce: „Domine Iesu, memento mei, cum veneris in regnum

---

[71] ORIGENES macht immer wieder darauf aufmerksam, daß man die verschiedenen Adressaten in den einzelnen Passagen des Römerbriefes beachten muß, vgl. Bd. 1, 30f Einführung und 2, 14.

[72] Das *sola fide* ist bei ORIGENES klar ausgesprochen, auch durch den griechischen Urtext bezeugt (vgl. SCHERER, *Commentaire* 164, 4–9), und doch haben die Werke eine große Bedeutung (vgl. HEITHER, *Translatio Religionis* 234–241). ORIGENES sucht die Synthese. Die im Folgenden

wird sogleich der enge und winzig kleine Zugang zum Verständnis gestört[71].

Im vorhergehenden Teil des Briefes hatte der Apostel den Vorzug des Juden und den Nutzen der Beschneidung aufgezeigt. Er hatte gelehrt, daß ihnen als den ersten die Worte Gottes anvertraut worden waren (vgl. Röm 3,1f). Dadurch war offenbar ihr Übermut herausgefordert worden, mit dem sie sich gewöhnlich gegen die Heiden erheben. Anschließend hatte er dagegen dann wieder eingewendet, daß die Gerechtigkeit Gottes aus dem Glauben an Jesus Christus für alle zugänglich sei, die glauben. Es gebe keinen Unterschied, sondern alle, Juden wie Griechen, hätten gesündigt und die Herrlichkeit Gottes verloren; sie würden gerechtfertigt durch die Gnade und die Erlösung in Christus Jesus, der die Sühne durch den Glauben bewirke; von ihm würden alle aufgrund ihres Glaubens gerechtfertigt (vgl. Röm 3,22–26). Die Schlußfolgerung aus seinen Darlegungen zieht der Apostel nun hier: „Wo ist also dein Rühmen? Es ist ausgeschlossen. Durch welches Gesetz? Durch das der Werke? Nein, durch das Gesetz des Glaubens. Denn wir sind der Überzeugung, daß der Mensch gerechtfertigt wird durch Glauben, ohne Werke des Gesetzes.“ Damit sagt er, die Rechtfertigung durch den Glauben allein genüge, so daß jemand nur aufgrund des Glaubens gerechtfertigt wird, auch wenn er kein einziges Werk vollbracht hat[72].

Weil wir behaupten möchten, daß die Schrift des Apostels in sich stimmig ist und alle seine Worte Bestand haben, sind wir gezwungen, danach zu fragen, wer denn ohne Werke durch den Glauben allein gerechtfertigt wurde. Sofern es um ein Beispiel geht, genügt es, meine ich, den Verbrecher anzuführen, der mit Christus gekreuzigt wurde und ihm vom Kreuz aus zurief: „Herr Jesus, gedenke mei-

---

angeführten Beispiele sind Extremfälle, welche die radikale Aussage des Paulus stützen sollen.

tuum!“ Nec aliud quidquam describitur | boni operis eius | 953 in evangeliis, sed pro hac sola fide ait ei Iesus: „Amen dico tibi: Hodie mecum eris in paradiso.“ Aptemus nunc, si videtur, causae huius latronis verba apostoli Pauli et dicamus ad Iudaeum: „Ubi est ergo gloriatio tua?“ Certum, quia exclusa est, exclusa autem non per legem operum, sed per legem fidei. Per fidem enim iustificatus est hic latro sine operibus legis, quia super hoc Dominus non requisivit, quid prius operatus esset, nec exspectavit, quid operis, cum credidisset, expleret, sed sola confessione iustificatum comitem sibi eum paradisum ingressurus assumpsit.

Sed et mulier illa, de qua in evangelio secundum Lucam refertur, quia „cum cognovisset, quod Iesus recubuit in domo Pharisaei, detulit vas unguenti et stans retro ad pedes eius ac flens lacrymis lavit pedes eius et capillis capitis sui detersit et osculabatur atque ungebat unguento. Videns autem Pharisaeus, qui eum vocaverat, dixit intra semet ipsum: Hic si esset propheta, sciret utique, quae et qualis est mulier, quae tangit pedes eius, quia peccatrix est.“ Iesus autem dixit ad eum parabolam quingentorum vel quinquaginta denariorum; et ex nullo legis opere, sed pro sola fide ait ad eam: „Remittuntur tibi peccata tua“; et iterum: „Fides tua te salvam fecit, vade in pace!“ Sed et in multis evangelii locis hoc sermone usum legimus salvatorem, ut credentis fidem causam dicat esse salutis eius. Ex quibus

ner, wenn du in dein Reich kommst" (Lk 23,42). Im Evangelium steht sonst überhaupt nichts von seinen guten Werken, sondern allein um dieses Glaubens willen sagt Jesus zu ihm: „Amen, ich sage dir: Heute noch wirst du mit mir im Paradies sein" (Lk 23,43). Wir wollen jetzt, wenn es recht ist, die Worte des Apostels auf den Fall dieses Verbrechers anwenden und zum Juden sagen: „Wo bleibt also dein Rühmen?" Mit Sicherheit ist es ausgeschlossen, ausgeschlossen aber nicht durch das Gesetz der Werke, sondern durch das Gesetz des Glaubens. Durch den Glauben ist dieser Verbrecher gerechtfertigt worden ohne Werke des Gesetzes. Denn der Herr fragte nicht weiter, was er früher getan habe; auch wartete er nicht auf ein Werk, das er vollbringen würde, nachdem er zum Glauben gekommen war. Vielmehr hat er den, der allein durch sein Bekenntnis gerechtfertigt war, bei seinem Eintritt ins Paradies als Gefährten mitgenommen.

Wir können auch die Frau anführen, von der im Evangelium nach Lukas berichtet wird, „die erfuhr, daß Jesus im Haus eines Pharisäers bei Tisch war. Sie nahm ein Gefäß mit Salböl und trat von hinten an seine Füße heran. Dabei weinte sie und wusch mit ihren Tränen seine Füße. Sie trocknete sie mit ihrem Haar, küßte sie und salbte sie mit dem Öl. Als der Pharisäer, der ihn eingeladen hatte, das sah, dachte er: Wenn dieser Mann ein Prophet wäre, müßte er wissen, was das für eine Frau ist, die seine Füße berührt; sie ist ja eine Sünderin" (Lk 7,37–39). Jesus aber trug ihm das Gleichnis von den fünfhundert und den fünfzig Denaren vor. Und nicht um irgendeines Gesetzeswerkes willen, sondern allein wegen ihres Glaubens sagte er zu ihr: „Deine Sünden sind dir vergeben" (Lk 7,48), und weiter: „Dein Glaube hat dir geholfen. Geh in Frieden!" (Lk 7,50). Auch an vielen anderen Stellen im Evangelium lesen wir, daß der Erlöser ähnlich formuliert hat. Damit hat er den vertrauensvollen Glauben eines Menschen als Ursache für sein Heil bezeichnet (vgl. z.B. Mt 9,22; Mk 5,34; 10,52 u.ö.).

omnibus claret, quod recte arbitratur apostolus iustificari hominem per fidem sine operibus legis. Sed fortassis haec aliquis audiens resolvatur et bene agendi negligentiam capiat, siquidem ad iustificandum fides sola sufficiat. Ad quem dicemus, quia post iustificationem si iniuste quis agat, sine dubio iustificationis gratiam sprevit. Neque enim ob hoc quis accipit veniam peccatorum, ut rursum sibi putet peccandi licentiam datam; indulgentia namque non futurorum, sed praeteritorum criminum datur.

Igitur ut ad propositum redeamus, iustificatur homo per fidem, cui ad iustificandum nihil conferunt opera legis. Ubi vero fides non est, quae credentem iustificet, etiamsi opera quis habeat ex lege, tamen quia non sunt aedificata supra fundamentum fidei, quamvis videantur esse bona, tamen operatorem suum iustificare non possunt, quod eis deest fides, quae est signaculum eorum, qui iustificantur a Deo, sicut superius diximus, quia „credidit Abraham Deo, et reputatum est ei ad iustitiam.“ Tantum est, ut is, qui iustificatur per gratiam fidei, dicat secundum Paulum, quia „gratia | Dei, quae mihi data est, inanis non fuit.“ Excludi- | 954
tur ergo omnis gloriatio, quae ex legis operibus venit.

Et ut adhuc manifestius fiat quod dicimus, exemplum dabimus ex his, quae in evangelio scripta sunt, ubi „ascendit pharisaeus et publicanus ad templum Dei; et stans“, inquit, „Pharisaeus in medio, dicebat: Deus, gratias ago tibi, quoniam non sum sicut ceteri homines, raptores, iniusti, adulteri vel ut etiam publicanus iste. Ieiuno bis in

[73] Hier wird ORIGENES' pastorales Anliegen spürbar. Gegen die gnostische Lehre mußte er Freiheit und Verantwortung des Menschen betonen. Darum ist er als kluger Pädagoge sehr behutsam mit Aussagen über die verzeihende Güte Gottes. Paulus ist darin sein Vorbild; vgl. 7,18; HEITHER, *Translatio Religionis* 41–44 und Bd. 1, 36 Einführung.

Aus alldem wird klar, daß der Apostel mit Recht der Meinung ist, der Mensch werde gerechtfertigt durch den Glauben, ohne Werke des Gesetzes. Aber vielleicht wird jemand nachlässig, wenn er das hört, und er bemüht sich nicht mehr, das Gute zu tun, da ja zur Rechtfertigung der Glaube allein genügt. Ihm wollen wir antworten, daß es zweifellos von Verachtung gegen die Gnade der Rechtfertigung zeugt (vgl. Gal 2,21), wenn einer nach der Rechtfertigung ungerecht handelt. Denn die Vergebung der Sünden empfängt man nicht dazu, daß man meint, auf diese Weise wieder sündigen zu dürfen. Die Vergebung wird nämlich nicht für die Frevel der Zukunft, sondern für die der Vergangenheit gewährt[73].

Um also zu unserem Thema zurückzukommen: Der Mensch wird durch den Glauben gerechtfertigt, zu seiner Rechtfertigung tragen die Werke des Gesetzes nichts bei. Wo aber der Glaube fehlt, der den Glaubenden rechtfertigt, gibt es keine Rechtfertigung, auch wenn jemand Werke des Gesetzes vorweisen kann. Sie sind zwar augenscheinlich gut, jedoch nicht auf dem Fundament des Glaubens errichtet. Daher können sie den, der sie verrichtet, nicht rechtfertigen, weil ihnen der Glaube fehlt. Dieser ist das Siegel derer, die von Gott gerechtfertigt werden, wie wir oben sagten: „Abraham glaubte Gott, und das wurde ihm als Gerechtigkeit angerechnet“ (Röm 4,3). So sehr ist dies der Fall, daß jeder, der durch die Gnade des Glaubens gerechtfertigt wird, mit Paulus sprechen kann: „Gottes Gnade, die er mir verlieh, ist nicht unwirksam geblieben“ (1 Kor 15,10). Jedes Rühmen, das aus Werken des Gesetzes kommt, ist also ausgeschlossen.

Damit aber unsere Aussage noch klarer wird, wollen wir den Abschnitt aus dem Evangelium heranziehen, in dem es heißt: „Ein Pharisäer und ein Zöllner gingen zum Tempel hinauf. Der Pharisäer stellte sich in die Mitte und sprach: Gott, ich danke dir, daß ich nicht wie die anderen Menschen bin, die Räuber, Betrüger, Ehebrecher oder auch wie dieser Zöllner dort. Ich faste zweimal in der Woche und

sabbato, decimas do omnium, quae possideo", et reliqua. Et haec fortassis vere dixerit, sed secundum Domini sententiam iactantiae morbo corruptus non descendit iustificatus de templo. Talis ergo gloriatio, quae veniebat ex operibus legis, excluditur, quia non habet humilitatem crucis Christi; in qua qui gloriatur, audi, quid dicit: „Mihi autem absit gloriari, nisi in cruce Domini mei Iesu Christi, per quem mihi mundus crucifixus est et ego mundo." Vides apostolum non gloriantem super iustitia sua neque super castitate neque super sapientia neque super ceteris virtutibus vel actibus suis, sed apertissime pronuntiantem et dicentem: „Qui gloriatur, in Domino glorietur."

Et sic exclusa est Iudaica gloriatio, non per legem operum, sed per legem fidei, quae est in Christo Iesu, in cuius cruce gloriatur apostolus. Quis enim recte vel super castitate sua gloriabitur, cum scriptum legat, quia „si quis aspexerit mulierem ad concupiscendum eam, iam moechatus est eam in corde suo"? Unde et propheta dicit: „Quomodo gloriabitur quis castum se habere cor?" Aut quis gloriabitur super sapientia, cum scriptum videat, quia „mundus per sapientiam non cognovit Deum; et ideo placuit Deo per stultitiam praedicationis salvos facere credentes", et iterum: „Quae stulta sunt mundi, elegit Deus, ut confundat sapientes." Quis autem vel super iustitia sua gloriabitur, cum audiat Deum per prophetam dicentem, quia „omnis iustitia vestra sicut pannus mulieris menstruatae"? Sola igitur iusta gloriatio est in fide crucis Christi, quae excludit

gebe den zehnten Teil meines ganzen Besitzes“ (Lk 18,10 bis 12), und so weiter. Das hatte er vielleicht wahrheitsgemäß gesagt, aber nach dem Urteil des Herrn war er vom Übel des Hochmuts verdorben und kam nicht als Gerechtfertigter vom Tempel herab. Ein solches Rühmen, das sich aus den Werken des Gesetzes herleitete, wird also ausgeschlossen, denn ihm fehlt die Demut des Kreuzes Christi. Wir wollen hören, was der sagt, der sich des Kreuzes rühmt: „Ich aber will mich allein des Kreuzes Jesu Christi, meines Herrn, rühmen, durch das mir die Welt gekreuzigt ist und ich der Welt“ (Gal 6,14). Siehe, der Apostel rühmt sich nicht wegen seiner Gerechtigkeit, auch nicht wegen seiner Keuschheit, seiner Weisheit oder wegen seiner übrigen Tugenden beziehungsweise Taten, sondern er verkündet in aller Offenheit und sagt: „Wer sich rühmen will, rühme sich des Herrn“ (1 Kor 1,31).

So ist das Rühmen der Juden ausgeschlossen, nicht durch das Gesetz der Werke, sondern durch das Gesetz des Glaubens, das in Christus Jesus ist, in dessen Kreuz sich der Apostel rühmt. Wer würde sich nämlich zu Recht seiner Keuschheit rühmen, wenn er die Schriftstelle liest: „Wer eine Frau auch nur lüstern ansieht, hat in seinem Herzen schon Ehebruch mit ihr begangen“ (Mt 5,28)? Daher sagt der Prophet: „Wie kann sich jemand rühmen, er habe ein reines Herz?“ (Spr 20,9). Oder wer könnte sich seiner Weisheit rühmen, wenn er sieht, daß geschrieben steht: „Die Welt hat auf dem Weg der Weisheit Gott nicht erkannt; deshalb beschloß Gott, alle, die glauben, durch die Torheit der Verkündigung zu retten“ (1 Kor 1,21) und weiter: „Das Törichte in der Welt hat Gott erwählt, um die Weisen zuschanden zu machen“ (1 Kor 1,27). Und wer wollte sich seiner Gerechtigkeit rühmen, wenn er hört, daß Gott durch den Propheten sagt: „All eure Gerechtigkeit ist wie das Tuch einer Frau zur Zeit ihrer Blutung“ (Jes 64,5: LXX Jes 64,6). Berechtigtes Rühmen gibt es also nur im

omnem illam gloriationem, quae descendit ex operibus legis.

Haec autem a nobis dicta sunt, pro eo quod tamquam interrogantis sermone dixit apostolus: „Ubi est ergo gloriatio tua?“ Et ad haec sibi ipse respondit: „Exclusa est.“ Et rursum, quasi ipse se interroget, ait: „Per quam legem? Operum?“ Et respondit sibi ipsi: „Non, sed per legem fidei. Arbitramur enim iustificari hominem per fidem sine operibus legis.“ De his iam superius diximus. Quod vero etiam in praesenti loco duarum legum facit iterum men|tionem et | 955 dicit legem operum et legem fidei, considera etiam ipse, qui legis, utrum ad legem Moysi et legem naturalem sermo hic debeat inclinari an ad legem litterae et legem spiritus, quia lex litterae occidit et mortem operatur, lex autem spiritus vitae liberat a lege peccati et mortis.

10. Unde et convenienter in consequentibus ponit: *An Iudaeorum Deus tantum? Nonne et gentium? Immo et gentium. Quoniam quidem unus Deus, qui iustificat circumcisionem ex fide et praeputium per fidem.* His quidem, qui alium volunt esse Iudaeorum Deum et alium gentium, id est alium legis et alium evangeliorum, satis de hoc erit angusta et arcta responsio apostolo Paulo abundantius satis dante sententiam suam, cum non solum unum dicat esse Deum Iudaeorum et gentium, sed et addat, quod idem

---

[74] Der griech. Text spricht an dieser Stelle vom Vorrang des natürlichen Gesetzes als des Gesetzes Gottes, das in das Herz aller, der Juden wie der Heiden, geschrieben ist, gegenüber dem Gesetz des Mose (vgl. SCHERER, *Commentaire* 168,9–11). Das erklärt besser den Übergang zum folgenden Abschnitt des Kommentars, der beginnt: *Unde et …*

Glauben an das Kreuz Christi; es schließt alles Rühmen aus, das sich aus Werken des Gesetzes ableitet.

Wir haben dies deshalb ausgeführt, weil der Apostel wie ein Fragender gesagt hat: „Wo bleibt also dein Rühmen?" und sich selbst geantwortet hat: „Es ist ausgeschlossen." Danach fragt er sich gleichsam selbst: „Durch welches Gesetz? Durch das der Werke?" Und gibt sich die Antwort: „Nein, sondern durch das Gesetz des Glaubens. Denn wir sind der Überzeugung, daß der Mensch gerecht wird durch Glauben, ohne Werke des Gesetzes." Darüber haben wir schon weiter oben gesprochen. Weil er aber an der vorliegenden Stelle wieder die zwei Gesetze erwähnt, indem er vom Gesetz der Werke und vom Gesetz des Glaubens spricht, muß auch der Leser überlegen, ob dieser Satz auf das Gesetz des Mose beziehungsweise das Naturgesetz anzuwenden ist[74] oder auf das Gesetz des Buchstabens und das Gesetz des Geistes. Denn das Gesetz des Buchstabens tötet (vgl. 2 Kor 3,6) und wirkt den Tod; das Gesetz des lebenspendenden Geistes aber befreit vom Gesetz der Sünde und des Todes (vgl. Röm 8,2).

10. Passend fährt Paulus daher fort[75]: *Ist denn Gott nur der Gott der Juden, nicht auch der Heiden? Ja, auch der Heiden, da doch gilt: Gott ist der Eine. Er rechtfertigt die Beschnittenen aus dem Glauben und die Unbeschnittenen durch den Glauben* (Röm 3,29f). Diejenigen, die behaupten, der Gott der Juden sei ein anderer als der Gott der Heiden, das heißt, der Gott des Gesetzes sei ein anderer als der Gott der Evangelien, werden hierauf schwerlich und nur mit äußerster Mühe antworten können, da der Apostel Paulus seine Aussage mit hinreichender Deutlichkeit macht. Er sagt nicht nur, Gott sei der eine Gott der Juden und Heiden, sondern er fügt noch hinzu, daß er ein und

[75] Vgl. zum ganzen Abschnitt HEITHER, *Translatio Religionis* 97–104.

atque ipse sit, qui iustificat circumcisionem ex fide et praeputium per fidem. Quod etsi circumcisionem per allegoriam suscipere voluerint, ita ut sanctos et spiritales quosque ab eo circumcisionem dicant esse appellatos, statim in consequentibus invenient obicem. Si enim circumcisionem sanctos vel, ut illi nominant spiritales, appellavit, consequens est, ut praeputium peccatores dixerit, quos illi animales vocant. Et quomodo conveniet, ut bonus Deus pariter spiritales animalesque iustificet? Illis ergo in his apostoli sermonibus nodus inextricabilis erit. Secundum nos vero, qui circumcisionem eos, qui ex Iudaeis crediderunt, et praeputium nihilominus eos, qui ad fidem ex gentibus vocati sunt, dicimus, plana erit et facilis expositio. Idem enim ipse Deus ex utroque populo credentes non circumcisionis aut praeputii privilegio, sed solius fidei contemplatione iustificat.

Superest et unius syllabae differentia, in qua variasse videtur apostolus. Non nos otiose praetereat quod dicit, quia circumcisionem ex fide iustificet Deus et non per fidem, praeputium vero per fidem et non ex fide. Non enim mihi videtur superflua apud eum haberi ista praepositionum commutatio, quia invenimus ab eo et in aliis locis non ut libet, sed observanter haec posita et necessario differentiam distinctionis huius esse servatam, sicut cum de Deo loquens dicit: „Quoniam ex ipso et per se ipsum et in ipso

---

[76] Gemeint sind die Valentinianer. ORIGENES benutzt ihre Terminologie; vgl. PAGELS, *The Valentinian Claim* 244.251f; ders., *The Gnostic Paul* 23f.

derselbe ist, der die Beschnittenen aus dem Glauben und die Unbeschnittenen durch den Glauben rechtfertigt. Auch wenn die Gegner die Beschneidung allegorisch auffassen wollten, indem sie sagten, die Heiligen und Geisterfüllten würden hier von Paulus als Beschnittene bezeichnet, so würden sie doch sofort im Folgenden auf ein Hindernis stoßen. Wenn nämlich Paulus die Heiligen beziehungsweise, wie sie es nennen, die Pneumatiker als Beschnittene bezeichnet hat, dann wäre es konsequent, die Unbeschnittenen als Sünder zu bezeichnen, die jene Psychiker nennen. Wie läßt es sich aber vereinbaren, daß der gute Gott Pneumatiker und Psychiker gleicherweise rechtfertigt? Für die Häretiker wird also in diesen Worten des Apostels ein unlösbares Problem liegen[76]. Für uns aber ist die Erklärung einfach und ohne Schwierigkeiten, wenn wir als Beschnittene die bezeichnen, die als Juden gläubig wurden, als Unbeschnittene dagegen die, welche als ehemalige Heiden zum Glauben berufen worden sind. Ein und derselbe Gott rechtfertigt nämlich die Glaubenden aus beiden Völkern nicht aufgrund des Vorrechtes der Beschneidung beziehungsweise des Unbeschnittenseins, sondern nur im Hinblick auf ihren Glauben.

Es bleibt dennoch bei den Worten des Apostels ein Unterschied von einer Silbe, die offensichtlich eine Änderung darstellt. Wir dürfen nicht unbeachtet lassen, daß er sagt, Gott rechtfertige die Beschnittenen *aus* dem Glauben und nicht *durch* den Glauben, die Unbeschnittenen jedoch *durch* den Glauben und nicht *aus* dem Glauben. Es scheint mir nicht ohne Bedeutung zu sein, daß er die Präpositionen ändert, denn wir entdecken, daß auch an anderen Stellen die Präpositionen von ihm nicht willkürlich, sondern mit Bedacht gesetzt sind. Er mußte so unterschiedlich formulieren, genau wie an der Stelle, wo er von Gott spricht und sagt: „Denn aus ihm und durch ihn und in ihm ist alles" (Röm 11,36). Und an anderer Stelle ebenfalls: „Wie nämlich die Frau aus dem Mann stammt, so kommt der Mann

sunt omnia." Et iterum alibi dicit: „Sicut enim mulier ex viro, sic et vir per mulierem, omnia autem ex Deo." Tale est et quod ad Corinthios scribit: „Alii quidem per spiritum datur sermo | sapientiae, alii sermo scientiae secundum 956 eundem spiritum, alii fides in eodem spiritu." Et non solus Paulus apostolus harum distinctionum observantias tenet, sed et Ioannes, qui, cum de verbo Dei dicat, quia „omnia per ipsum facta sunt", vitam non per ipsum, sed in ipso factam esse testatur dicens: „Quod factum est, in ipso vita erat."

Et quoniam multum est, ut ea, quae nunc exempli causa protulimus, exponantur, sensum eorum pro captu nostro breviter colligamus. Cum dicitur „ex ipso", principale aliquid huius praepositionis indicio videtur ostendi. Cum vero „per ipsum" dicitur, sequentis causae, id est eius, quae post principalem est, intelligentia designatur. Ut verbi causa dicamus quod ait: „Ex ipso et per ipsum et in ipso sunt omnia", „ex ipso" primae creationis omnium, et hoc ipsum, quod, quae sunt, ex Deo esse coeperunt, significantiam dedit; „per ipsum", quod ea, quae prius facta fuerant, reguntur et dispensantur per eum, a quo subsistendi initium trahunt; „in ipso", quod hi, qui iam correcti et emendati sunt, in ipsius perfectione consistunt. Sic ergo haec plenissimae rationis tenere differentias edocentur, ut, quod subsistimus, „ex Deo" habere dicamur, quod dispensamur et regimur, „per ipsum" fieri designetur, quod vero in summa perfectionis consistimus, „in ipso" esse declaretur.

---

[77] Zum Unterschied der Präpositionen vgl. SCHERER, *Commentaire* 170,10–16). RUFIN zitiert zusätzlich 1 Kor 12,8f und leitet dieses Zitat auf unpassende Weise ein (er hat ja schon aus 1 Kor zitiert). Das weist auf einen Bruch hin.

[78] Die Präpositionen „aus", „durch" und „in" bezeichnen also die jeweils verschiedene Art der Teilhabe des Menschen an den drei göttlichen Personen; vgl. DUPUIS, *L'esprit de l'homme* 110–125.

durch die Frau zur Welt; alles aber stammt aus Gott“ (1 Kor 11,12)[77]. Ganz ähnlich schreibt er an die Korinther: „Dem einen wird *durch* den Geist die Gabe geschenkt, Weisheit mitzuteilen, dem anderen *gemäß* demselben Geist die Gabe, Erkenntnis zu vermitteln, dem dritten *im* gleichen Geist Glaubenskraft“ (1 Kor 12,8f). Und nicht nur der Apostel Paulus hält sich gewöhnlich an diese Unterscheidung, sondern auch Johannes, der einerseits vom Wort Gottes sagt: „Alles ist *durch* ihn geworden“ (Joh 1,3), bezeugt andererseits, daß das Leben nicht *durch* ihn, sondern *in* ihm geworden ist, weil er sagt: „Was geworden ist, war Leben *in* ihm“ (Joh 1,3f).

Weil es nun zu viel wäre, alle Stellen zu erklären, die wir als Beispiele angeführt haben, wollen wir ihren Sinn nach Möglichkeit kurz zusammenfassen. Wenn es heißt: „aus ihm“, wird mit dieser Präposition offenbar auf etwas Erstes, Grundsätzliches hingewiesen. Wenn es dagegen heißt: „durch ihn“, soll man verstehen, daß es sich um eine Zweitursache handelt, die der grundsätzlichen nachgeordnet ist. Im Wort des Apostels: „Aus ihm und durch ihn und in ihm ist alles“ (Röm 11,36), können wir zum Beispiel erkennen, daß mit „aus ihm“ vom Apostel die erste Schöpfung des Alls gemeint ist und die Tatsache, daß alles, was ist, aus Gott seinen Ursprung nahm. „Durch ihn“ besagt nach dem Apostel, daß alles, was zuvor geschaffen wurde, durch den gelenkt und geordnet wird, von dem es den Anfang des Daseins empfängt. „In ihm“ bedeutet, daß alle, die schon auf den rechten Weg gewiesen wurden und sich gebessert haben, in seiner Vollkommenheit feststehen. So wird also verständlich, daß man die Unterscheidungen zwischen den Präpositionen mit voller Berechtigung beibehält. Daß wir existieren, haben wir, wie uns gesagt wird, „aus Gott“; daß wir nach Gottes Plan gelenkt werden, soll uns klar werden mit dem „durch ihn“; daß wir aber in der Vollkommenheit selbst feststehen, soll mit „in ihm“ zum Ausdruck gebracht werden[78].

Potest et in praesenti loco talis quaedam observari differentia, ut circumcisio, quae velut primo loco et ordine iustificatur, ex fide et non per fidem iustificanda memoretur, praeputium vero, quod secundo loco ad iustificationem trahitur, non ex fide, sed per fidem iustificandum dicatur. Puto autem, quod et in ea differentia, quam supra diximus: „Sicut enim mulier ex viro, ita et vir per mulierem", plenius ista designentur. Primo etenim loco vir est, ex quo descendere mulier dicitur et non per virum. Secundo vero in loco per mulierem vir, quia mulier ministrare quodammodo videtur auctori viro, et ideo per mulierem vir dicitur nasci et non ex muliere.

Sed fortassis occurrat aliquis huic de muliere et viro expositioni nostrae et obiciat illud, quod dixit apostolus de Christo: „Factum ex muliere, factum sub lege", et non dixit: Factum per mulierem. Cui hoc modo respondendum puto: De omni quidem homine conveniet dici, quod per mulierem factus sit, quoniam quidem, priusquam per mulierem nasceretur, ex viro accepit exordium, Christus vero, qui non ex semine viri carnis suae | sumpsit originem, | 957 merito „ex muliere" factus dicitur. Ipsi namque, id est mulieri, et ipsa principalis origo carnis eius ascribitur, et recte non per mulierem, sed „ex muliere" factus ab apostolo memoratur. Iustificat ergo unus atque idem Deus circumcisionem ex fide et praeputium per fidem. Quod si

---

[79] Der Unterschied, der deshalb zwischen den beiden Gruppen besteht, wird im griechischen Text noch mehr betont; ORIGENES spricht von den Beschnittenen als den edleren und besseren unter den Gerechtfertigten, vgl. SCHERER, *Commentaire* 172,12–17 = *frg.* 19 (RAMSBOTHAM). In der Einheitsübersetzung wird der Unterschied der Präpositionen nicht berücksichtigt.

Auch an der hier behandelten Stelle kann eine solche Unterscheidung beobachtet werden. Es heißt, daß die Beschnittenen, die gleichsam an erster Stelle und dem Rang nach als die ersten gerechtfertigt werden, aus dem Glauben und nicht durch den Glauben gerechtfertigt werden sollen; die Unbeschnittenen aber, die an zweiter Stelle zur Rechtfertigung berufen werden, sollen, wie es heißt, durch den Glauben und nicht aus dem Glauben gerechtfertigt werden. Meiner Meinung nach macht aber an der oben genannten Stelle: „Wie nämlich die Frau aus dem Mann stammt, so kommt der Mann durch die Frau zur Welt“ (1 Kor 11,12) die Unterscheidung des Apostels dies noch umfassender deutlich. An erster Stelle steht nämlich der Mann, aus dem, wie es heißt, die Frau stammt, sie kommt nicht durch ihn (vgl. 1 Kor 11,8), an zweiter Stelle dagegen steht die Frau, durch die der Mann zur Welt kommt, denn die Frau soll offenbar dem Mann als dem Zeugenden eine Hilfe sein. Daher heißt es auch, daß der Mann durch die Frau geboren wird und nicht aus der Frau.

Doch vielleicht bringt jemand bei dieser unserer Auslegung über Mann und Frau den Einwand, daß der Apostel von Christus sagt: „Geboren aus einer Frau und dem Gesetz unterstellt“ (Gal 4,4). Er hat nicht gesagt: durch eine Frau geboren. Darauf ist meiner Meinung nach Folgendes zu antworten: Von jedem Menschen sagt man sicherlich zutreffend, er sei durch eine Frau zur Welt gekommen, jedoch bevor er durch die Frau zur Welt kam, empfing er seinen Ursprung aus dem Mann. Von Christus aber, dessen fleischlicher Ursprung sich nicht aus dem Samen eines Mannes herleitet, wird mit Recht gesagt, er sei „aus einer Frau“ (Gal 4,4) geboren. Ihr, das heißt der Frau, wird nämlich auch dieser erste Anfang seiner fleischlichen Existenz zugeschrieben. Daher sagt der Apostel mit Recht, er sei „aus einer Frau“ geboren und nicht durch eine Frau. Ein und derselbe Gott rechtfertigt also die Beschnittenen aus dem Glauben und die Unbeschnittenen durch den Glauben[79].

requirat aliquis curiosius, ii, qui ex fide iustificantur, per quem iustificentur, et rursum ii, qui per fidem iustificantur, ex quo iustificentur, licet fortassis multa in hoc curiositas videatur, tamen convenienter dicere possumus, quod, qui ex fide iustificantur, initio ex fide sumpto per adimpletionem bonorum operum consummantur, et qui per fidem iustificantur, a bonis operibus exorsi per fidem summam perfectionis accipiunt. Ita utrumque sibi adhaerens alterum ex altero consummatur.

11. Et propterea puto apostolum statim in consequentibus posuisse: *Legem ergo evacuamus per fidem? Absit! Sed legem statuimus.* Quoniam in superioribus ad fidem cuncta visus est revocare, ipse sibi, quod ab alio proponi posset, obtendit et dicit: Si per fidem iustificatur homo et non ex operibus legis, etsi Deus circumcisionem ex fide iustificat et praeputium per fidem, legem ergo Moysi, o Paule, destruis per fidem? Sed ad hoc ipse respondens dicit: „Absit! Immo legem statuimus", hoc est confirmamus. Sed operae pretium est videre, quomodo legem se confirmare pronuntiet, qui in superioribus dixerit, quia non iustificetur homo ex operibus legis. Salvator in evangeliis dicit, quia „Moyses de me scripsit." Qui ergo non credit Christo, de quo Moyses scripsit in lege, destruit legem; qui autem credit Christo, de quo Moyses scripsit, legem confirmat per fidem, quia credit in Christum.

---

[80] Es ist unklar, ob mit den beiden Dingen Glaube und Werke oder Juden und Heiden gemeint sind. Letzteres ist wahrscheinlicher, vgl. die Übersetzung von COCCHINI, *Commento 1 (1985)* 169. Die Kirche entsteht also aus den gerechtfertigten Juden und durch die gerechtfertigten Heiden.

[81] Der Glaube dringt durch die Schale des Buchstabens zum geistigen Kern vor, er entdeckt als τέλος des Gesetzes Christus. Darum richtet er das Gesetz in seinem eigentlichen Sinn auf.

Vielleicht möchte jemand noch genauer erforschen, durch wen die aus dem Glauben Gerechtfertigten gerechtfertigt werden, und andererseits, aus wem die durch den Glauben Gerechtfertigten gerechtfertigt werden. Das ist vielleicht ein Zeichen großer Neugier, doch ist es angemessen zu sagen, daß die aus dem Glauben Gerechtfertigten den Anfang ihres Heils aus dem Glauben empfangen und dann durch die Erfüllung guter Werke zur Vollendung gelangen. Die durch den Glauben Gerechtfertigten haben mit guten Werken begonnen und erreichen durch den Glauben die Höhe der Vollkommenheit. So hängt jedes mit dem anderen zusammen, und eins wird durch das andere vollendet[80].

11. Deswegen, glaube ich, hat der Apostel sofort weitergesprochen: *Machen wir nun durch den Glauben das Gesetz wirkungslos? Im Gegenteil, wir richten das Gesetz auf* (Röm 3,31). Weil er im Vorhergehenden offensichtlich alles vom Glauben abhängig machte, führt er nun an, was ihm jemand anders entgegenhalten könnte, und sagt: Wenn der Mensch durch den Glauben gerechtfertigt wird und nicht aus Werken des Gesetzes und wenn Gott die Beschnittenen aus dem Glauben, die Unbeschnittenen aber durch den Glauben rechtfertigt, machst du, Paulus, dann nicht durch den Glauben das Gesetz des Mose hinfällig? Doch darauf antwortet er: „Im Gegenteil, wir richten das Gesetz auf", das heißt, wir bekräftigen es. Es lohnt aber die Mühe zu sehen, inwiefern er sich dazu bekennt, das Gesetz zu bekräftigen, da er weiter oben doch gesagt hatte, der Mensch werde nicht aufgrund der Werke des Gesetzes gerechtfertigt (vgl. Röm 3,20.28). Im Evangelium spricht der Erlöser: „Mose hat über mich geschrieben" (Joh 5,46). Wer also Christus nicht glaubt, über den Mose im Gesetz geschrieben hat, macht das Gesetz hinfällig. Wer aber Christus glaubt, über den Mose geschrieben hat, bekräftigt das Gesetz durch den Glauben, weil er an Christus glaubt[81].

Fidem autem dicimus in patrem et filium et spiritum sanctum integram, plenam, perfectam, quae nihil diversum, nihil discrepans aut extraneum in trinitate profitetur. Nam Marcion, qui alium dicit Deum legis, alium patrem Christi, per fidem suam non statuit neque confirmat, sed destruit legem. Hoc et Ebion facit; hoc et omnes, qui in fide catholica aliquid corruptionis interserunt. Ego etiam illud convenienter adiciam, quod omnis, qui credens Christo bene agit et continet se ab omni macula peccati, hic legem Dei recte vivendo confirmat; qui vero praeceps peccatorum vitiis agitur et sine ullo paenitendi retinaculo assiduitate scelerum maculatur, hic etiamsi credere Christo videatur, per fidem suam non statuit, sed destruit | legem. | 958

Sed et illa nequaquam nobis praetereunda videtur obiectio, quam proferre quis potest et dicere, quod contraria sibi scribere videatur apostolus, cum in praesenti quidem loco dicit non destrui legem, sed confirmari, in secunda vero ad Corinthios ita scribit: „Quod si ministerium mortis in litteris formatum in lapidibus factum est in gloria, ita ut non possent intendere filii Israel in faciem Moysi propter gloriam vultus eius, quae destruitur, quomodo non magis ministerium spiritus erit in gloria?“ et paulo post: „Si enim, quod destruitur, per gloriam est, multo magis, quod manet, in gloria est.“ Dici ergo potest, quia gloria vultus Moysi, quae destruitur, et hoc, quod dicit: „Si enim, quod destruitur, per gloriam est“, contrarium videri huic sententiae, qua

---

[82] Nach COCCHINI, *Commento 1 (1985)* 170 Anm. 56, stammt dieser Hinweis von RUFIN, denn ORIGENES spricht in seinen anderen Werken von den Ebioniten, nicht aber von deren Gründer. Ein Häresiarch namens HEBION wird bei FILASTRIUS, *Diversarum haereseon liber* 36, einem Zeitgenossen des RUFIN, erwähnt. RUFIN selbst nennt ihn *Commentarius in symbolum apostolorum* 37.

Den Glauben an den Vater, den Sohn und den Heiligen Geist aber bezeichnen wir als unverkürzt, ganz und vollkommen. Dieser Glaube bekennt, daß in der Dreifaltigkeit nichts widersprüchlich, uneins oder uneigentlich ist. Denn Marcion, der behauptet, der Gott des Gesetzes sei ein anderer als der Vater Christi, richtet weder durch seinen Glauben das Gesetz auf noch bekräftigt er es, sondern er macht es hinfällig. Das gleiche tut auch Ebion[82] und alle, die dem katholischen Glauben etwas Verderbliches beimischen. Ich will noch passend hinzufügen: Jeder, der im Glauben an Christus gut handelt und sich von aller Beflekkung durch die Sünde freihält, bekräftigt mit seinem richtigen Leben Gottes Gesetz. Wer sich aber blindlings in sündhafte Laster stürzt, ohne sich durch Buße zügeln zu lassen, und sich fortwährend durch Frevel befleckt, der richtet durch seinen Glauben das Gesetz nicht auf, sondern macht es hinfällig, auch wenn er dem Anschein nach an Christus glaubt.

Doch keineswegs darf der Einwand unbeachtet bleiben, den jemand vorbringen könnte mit der Behauptung, der Apostel widerspreche sich selbst in seinen Briefen. An der vorliegenden Stelle erklärt er, das Gesetz werde nicht hinfällig gemacht, sondern bekräftigt; im zweiten Brief an die Korinther dagegen schreibt er: „Wenn schon der Dienst, der zum Tod führt und dessen Buchstaben in Stein gemeißelt waren, so herrlich war, daß die Israeliten das Gesicht des Mose nicht anschauen konnten, weil es eine Herrlichkeit ausstrahlte, die doch hinfällig war, wie sollte da der Dienst des Geistes nicht viel herrlicher sein?“ (2 Kor 3,7f) und etwas weiter: „Wenn nämlich schon das, was hinfällig ist, in Herrlichkeit erscheint, die Herrlichkeit des Bleibenden wird es überstrahlen“ (2 Kor 3,11). Der Apostel spricht einerseits vom Glanz auf dem Antlitz des Mose, der hinfällig war, und sagt auch: „Wenn nämlich schon das, was hinfällig ist, in Herrlichkeit erscheint.“ Kann man da nicht sagen, das bedeute einen Widerspruch zu dem, was er hier

pronuntiat: „Non destruimus legem per fidem, sed statuimus et confirmamus."

Sed vide, si possimus hoc modo, quod intentatur, absolvere. Non est idem, quod dixit: Legem destruimus, et: Lex destruitur. Paulus ergo in praesenti loco hoc pronuntiat, quod legem ipse non destruat. Nam etsi destruitur lex per eam, quae supereminet, gloriam, non per Paulum neque per alium aliquem sanctorum destruitur. Unde et ipse Dominus dicebat: „Non veni solvere legem, sed adimplere." Nullus ergo sanctorum nec ipse Dominus destruit legem, sed gloria eius temporalis et pertransiens a gloria aeterna et permanente destruitur et superatur. Unde vide, quam caute et perspicaciter apostolicae legendae sint litterae. Non dixit: „Neque enim glorificatum est, quod gloriosum est", et siluit, alioquin falsum videretur; quomodo enim, quod gloriosum est, non esset glorificatum? Sed addidit „propter eam, quae supereminet, gloriam", ut ostenderet non a quocumque destrui gloriam Moysi, id est legis, sed, ut diximus, ex comparatione maioris gloriae, quae in Christo est, obtegi et obscurari eam gloriam, quae in lege est; et ideo dicit: „Si enim quod destruitur, per gloriam est, multo magis, quod manet, in gloria est." Manere, quae Christi sunt, dicit, destrui, quae Moysi sunt, sed destrui non per hominem, sed ex comparatione, ut diximus, supervenientis gloriae; quoniam quidem „lex paedagogus noster fuit in Christo", donec veniret plenitudo temporum, et sicut dicimus necessarium

verkündet: „Wir machen durch den Glauben das Gesetz nicht hinfällig, sondern wir richten es auf und bekräftigen es“?

Es ist zu sehen, ob man auf folgende Weise das bedrängende Problem lösen kann: Wir machen das Gesetz hinfällig, bedeutet nicht das gleiche wie: Das Gesetz wird hinfällig. Paulus bekennt also an der vorliegenden Stelle, daß er das Gesetz nicht hinfällig macht. Denn wenn auch das Gesetz durch die alles überstrahlende Herrlichkeit hinfällig wird (vgl. 2 Kor 3,10), so doch nicht durch Paulus oder einen anderen Heiligen. Daher sagte auch der Herr selbst: „Ich bin nicht gekommen, um das Gesetz aufzulösen, sondern um es zu erfüllen“ (Mt 5,17). Keiner von den Heiligen und auch nicht der Herr selbst macht also das Gesetz hinfällig, sondern seine zeitliche und vergängliche Herrlichkeit wird durch die ewige und bleibende Herrlichkeit hinfällig gemacht und übertroffen. Wie vorsichtig und genau muß man also die Briefe des Apostels lesen! Er hat nicht einfach gesagt: „Das Herrliche ist nicht verherrlicht worden“, und hat dann geschwiegen; das würde man ja als falsch beurteilen; denn wie hätte etwas Herrliches nicht verherrlicht werden können? Er hat vielmehr hinzugefügt: „Das Herrliche verblaßt vor der alles überstrahlenden Herrlichkeit“ (2 Kor 3,10), um zu zeigen, daß die Herrlichkeit des Mose, das heißt des Gesetzes, nicht von irgend jemand hinfällig gemacht wird, sondern, wie wir sagten, daß im Vergleich mit der größeren Herrlichkeit, die in Christus ist, die Herrlichkeit des Gesetzes verdeckt und verdunkelt wird. Deshalb sagt der Apostel auch: „Wenn schon das, was hinfällig ist, in Herrlichkeit erscheint, die Herrlichkeit des Bleibenden wird es überstrahlen“ (2 Kor 3,11). Er sagt: Was zu Christus gehört, bleibt; was zu Mose gehört, wird hinfällig, jedoch nicht durch einen Menschen, sondern, wie wir sagten, im Vergleich mit der Herrlichkeit, die es überstrahlt. Denn das Gesetz „war unser Erzieher in Christus“ (Gal 3,24), bis „die Zeit erfüllt war“ (Gal 4,4).

rium esse opus paedagogi, donec parvulus est is, qui sub paedagogo est, destrui autem et non esse necessarium officium paedagogi, cum ad perfectionem venerit is, qui sub paedagogo fuit, ita dicimus destrui | iam opus legis, ubi | 959
advenit plenitudo temporis, et filius, qui aliquando nihil differebat a servo, haeres factus est paternae substantiae. Quod autem haec ita debeant intelligi, quae destruenda appellat apostolus, consuetudinem eius super hoc vocabulo etiam in aliis disce, ubi dicit: „Ex parte scimus et ex parte prophetamus. Cum autem venerit, quod perfectum est, destruentur ea, quae ex parte sunt.“ Et in hoc loco scientia Pauli vel prophetia destrui dicitur absque iniuria apostolicae gratiae; quo scilicet intelligamus ad comparationem perfectorum vacare et otiosa esse ea, quae imperfecta sunt.

Ita ergo et in praesenti sermone Paulus quidem legem non destruit, sed confirmat. Gloria autem Christi cum revelata fuerit, eam gloriam, quae apparuit in Moyse et ex qua glorificatus fuerat, ipsa comparatione sui, qua supereminet, et confutat et arguit et ostendit nec gloriam computandam. Tale est et | quod alibi dicitur: „Illum oportet | 960
crescere, me autem minui“; et quod ipse Paulus dicit: „Cum autem factus sum vir, destruxi quae erant parvuli.“ Hoc ostendit et similitudo paedagogi, cuius opus destruitur et cessat, cum ad perfectam aetatem venerit parvulus. Propterea ergo cautissime dixit apostolus: „Legem ergo destruimus per fidem? Absit!“ et non dixit: Lex ergo destruitur per fidem, sed „legem ergo destruimus?“ et rursus

Wie man sagt, braucht man einen Erzieher, solange der Zögling klein ist (vgl. Gal 4,1); das Amt des Erziehers ist jedoch nicht mehr nötig, und seine Aufgabe wird hinfällig, wenn der Zögling voll erwachsen geworden ist. So sagt man auch, daß die Aufgabe des Gesetzes hinfällig geworden war, sobald die Zeit erfüllt war (vgl. Gal 4,4) und der Sohn, der sich vorher in keiner Weise vom Sklaven unterschied (vgl. Gal 4,1), zum Erben des väterlichen Vermögens wurde. Daß man es so verstehen muß, wenn der Apostel von der Hinfälligkeit spricht, erfahren wir auch an anderen Stellen, wo er nach seiner Gewohnheit diesen Ausdruck gebraucht. Dort sagt er: „Stückwerk ist unser Erkennen, Stückwerk unser prophetisches Reden. Wenn aber das Vollendete kommt, wird alles Stückwerk hinfällig" (1 Kor 13,9f). An dieser Stelle heißt es ebenfalls, die Erkenntnis des Paulus und sein prophetisches Reden werde hinfällig, und doch tut man damit der apostolischen Gnadengabe kein Unrecht. Daraus sollen wir verstehen, daß im Vergleich zum Vollkommenen das Unvollkommene nutzlos und unbedeutend ist.

Paulus macht also mit den hier angeführten Worten das Gesetz nicht hinfällig, sondern er bekräftigt es. Wenn aber die Herrlichkeit Christi offenbar wird, dann macht der Vergleich mit ihr, die alles überstrahlt, schon in sich selbst jene Herrlichkeit zunichte, die in Mose erschien und aufgrund der er verherrlicht wurde (vgl. 2 Kor 3,10). Sie zeigt auch, daß letztere nicht als Herrlichkeit anzusehen war. So heißt es anderswo: „Er muß wachsen, ich aber muß kleiner werden" (Joh 3,30); und auch Paulus selbst sagt: „Als ich ein Mann wurde, legte ich ab, was Kind an mir war" (1 Kor 13,11). Das zeigt auch das Beispiel vom Erzieher, dessen Arbeit hinfällig wird und aufhört, wenn aus dem Kind ein Erwachsener geworden ist. Deshalb also äußert sich der Apostel sehr vorsichtig: „Machen wir nun durch den Glauben das Gesetz hinfällig? Keineswegs!" Er hat nicht gesagt: „Das Gesetz wird durch den Glauben hinfällig gemacht",

in sequentibus: „Non, sed legem statuimus.“ Nam etsi destruitur lex, non per fidem destruitur, sed per supereminentem gloriam. Per fidem autem non solum non destruitur lex, sed statuitur per apostolos et confirmatur, quia Christum, quem lex et prophetae venturum praedixerunt, isti praedicant iam venisse; et confirmatio utique prophetiae vel legis est, cum, quae praedicta fuerant, monstrantur impleta.

sondern gefragt: „Machen wir also das Gesetz hinfällig?" Darauf folgt: „Nein, sondern wir richten das Gesetz auf." Denn wenn auch das Gesetz hinfällig wird, so doch nicht durch den Glauben, sondern durch die alles überstrahlende Herrlichkeit. Durch den Glauben aber wird nicht nur das Gesetz nicht hinfällig, sondern es wird durch die Apostel aufgerichtet und bekräftigt. Sie verkünden, daß Christus schon gekommen ist, den das Gesetz und die Propheten als den Kommenden voraussagten; und es ist sicherlich eine Bekräftigung von Gesetz und Propheten, wenn das, was vorausgesagt wurde, als erfüllt gezeigt wird[83].

---

[83] Ähnliche Gedanken wie hier in 3,11 entwickelt ORIGENES oft. Entscheidend für sein Verständnis von dem Verhältnis zwischen Gesetz und Evangelium ist das Verständnis von τέλος als Ziel und Vollendung in Röm 10,4. ORIGENES betrachtet grundsätzlich die Beziehung AT–NT als Verhältnis von unvollkommener zu vollkommener Religion. Vgl. DANIÉLOU, *L'unité*; MOLLAND, *Conception* 101–136; HEITHER, *Translatio Religionis* 181–187.

1. *Quid ergo dicemus invenisse Abraham patrem nostrum secundum carnem? Si enim Abraham ex operibus iustificatus est, habet gloriam, sed non apud Deum. Quid enim scriptura dicit? Credidit Abraham Deo, et reputatum est illi ad iustitiam. Ei autem, qui operatur, merces non imputatur secundum gratiam, sed secundum debitum; ei vero, qui non operatur, credit autem in eum, qui iustificat impium, reputatur fides eius ad iustitiam. Sicut et David dicit beatitudinem hominis, cui Deus accepto fert iustitiam sine operibus: Beati, quorum remissae sunt iniquitates et quorum tecta sunt peccata. Beatus vir, cui non imputavit Dominus peccatum.*

Cum superius duas proposuerit leges, quarum unam operum, aliam fidei nominavit, per quam legem fidei excludi gloriationem dicit eorum, qui in legis operibus gloriantur, et pronuntiaverit fide iustificari hominem sine operibus legis, consequenter nunc, ut haec de scripturis asserantur, Abrahae producit exemplum et dicit, quia „Abraham, si ex operibus iustificatus est, habet gloriam, sed non apud Deum". Quod quidem non sine arte dialectica disserit. Nam si is, qui ex operibus iustificatur, non habet gloriam apud Deum, Abraham autem constat habere gloriam apud Deum, ergo non ex operibus, sed ex fide iustificatus est Abraham, ut necessario habeat gloriam apud Deum. Sic enim scriptura pronuntiat, | 960C quia „credidit Abraham Deo, et reputatum est illi ad iustitiam". Quod si

1. *Müssen wir nun nicht fragen: Was hat dann unser leiblicher Stammvater Abraham erlangt? Wenn nämlich Abraham aufgrund von Werken gerechtfertigt wurde, hat er zwar Ruhm, aber nicht vor Gott. Was sagt denn die Schrift? Abraham glaubte Gott, und das wurde ihm als Gerechtigkeit angerechnet. Dem aber, der Werke tut, wird Lohn angerechnet, nicht der Gnade, sondern der Schuldigkeit entsprechend; dem jedoch, der keine Werke tut, sondern an den glaubt, der den Gottlosen rechtfertigt, dem wird sein Glaube als Gerechtigkeit angerechnet. So preist auch David den Menschen selig, dem Gott Gerechtigkeit ohne Werke anrechnet: Selig sind die, deren Frevel vergeben und deren Sünden bedeckt sind. Selig ist der Mensch, dem der Herr die Sünde nicht anrechnet* (Röm 4,1–8).

Im Vorhergehenden hat Paulus von zwei Gesetzen gesprochen. Das eine hat er das Gesetz der Werke und das andere das Gesetz des Glaubens genannt. Durch das Gesetz des Glaubens, sagt er, werde das Rühmen derer ausgeschlossen, die sich der Werke des Gesetzes rühmen (vgl. Röm 3,27). Und dann hat Paulus verkündet, der Mensch werde durch den Glauben gerechtfertigt ohne Werke des Gesetzes (vgl. Röm 3,28). Um das aus der Schrift zu belegen, führt er daher jetzt das Beispiel Abrahams an und sagt: „Wenn nämlich Abraham aufgrund von Werken gerechtfertigt wurde, dann hat er zwar Ruhm, aber nicht vor Gott.“ Das trägt er bestimmt nicht ohne kunstvolle Dialektik vor. Denn wenn einer, der aufgrund von Werken gerechtfertigt wurde, keinen Ruhm vor Gott hat, wenn aber andererseits feststeht, daß Abraham Ruhm vor Gott hat, so ist also Abraham nicht aufgrund von Werken, sondern aufgrund des Glaubens gerechtfertigt worden. Auf diese Weise hat er ja ganz sicher Ruhm vor Gott. So verkündet es nämlich die Schrift: „Abraham glaubte Gott, und das wurde ihm als Gerechtigkeit angerechnet“ (Gen 15,6).

Deus reputavit illi ad iustitiam, sine dubio et gloria eius apud Deum est. Propterea ergo apostolus testimonio huic, quod assumpsit ex libro Genesis, adiungit et sermonem proprium et dicit, quia „ei, qui operatur, merces non imputatur secundum gratiam, sed secundum debitum; ei vero, qui non operatur, credit autem in eum, qui iustificat impium, reputatur fides eius ad iustitiam."

Per omnem itaque hunc locum apostolus hoc videtur ostendere, quod duae quaedam sint iustificationes, quarum unam ex operibus nominat, aliam vero ex fide. Et illam quidem, quae ex operibus est, dicit habere quidem gloriam, sed in semet ipsa et non apud Deum, illam vero, quae ex fide est, habere gloriam apud Deum, utpote apud inspicientem corda hominum et scientem, quis est, qui credit in occulto, et quis est, qui non credit. Et ideo merito apud solum Deum habet gloriam, qui affectum fidei eius pervidet in occultis; qui vero iustificationem ex operibus sperat, potest fieri, ut opera eius etiam ab hominibus comprobentur. Palam namque est et videri oculis potest, quidquid opere manifestum est; etsi fides in occulto est, opera autem palam sunt, conveniet in hoc assumi illud, quod scriptum est: „Quae occulta sunt Domino Deo tuo, quae autem manifesta sunt vobis et filiis vestris."

Sed et illud his aptare | conveniet, quod scriptum est, | 961
quia „iustus ex fide mea vivet". Competenter igitur dicimus, quia hi, qui secundum interiorem hominem circum-

---

1 ORIGENES versucht zunächst den Gedankengang des Paulus zu erfassen. An dieser Stelle rühmt er die kunstvolle Dialektik des Paulus, obwohl er seine sprachlichen und stilistischen Fähigkeiten sonst gering einschätzt, vgl. Bd. 1, 38–41 Einführung. Dialektik ist von ORIGENES bzw. RUFIN an dieser Stelle im populär-philosophischen Sinn als Kunst des rechten Philosophierens und Argumentierens gemeint, vgl. ORIGENES, *Cels.* 6, 7 (von PLATO abgeleitet) und im Kommentar 6, 13: *dialectica arte collectis syllogismis* (im aristotelischen Sinn mit Logik gleichgesetzt).

2 ORIGENES versteht Paulus vom jüdischen Denken her, das keinen

Wenn Gott ihm den Glauben als Gerechtigkeit anrechnete, so ist der Glaube auch ohne Zweifel sein Ruhm vor Gott[1]. Darum fügt der Apostel im Anschluß an das Zitat aus dem Buch Genesis noch eine eigene Bemerkung hinzu und sagt: „Dem, der Werke tut, wird Lohn angerechnet, nicht der Gnade, sondern der Schuldigkeit entsprechend; dem jedoch, der keine Werke tut, sondern an den glaubt, der den Gottlosen rechtfertigt, dem wird sein Glaube als Gerechtigkeit angerechnet."

Offenbar zeigt der Apostel mit allem, was er an dieser Stelle sagt, daß es zwei Arten von Rechtfertigung gibt; die eine nennt er die Rechtfertigung aufgrund von Werken, die andere aber die Rechtfertigung aufgrund von Glauben. Er sagt, die Rechtfertigung aufgrund von Werken habe Ruhm, jedoch in sich selbst und nicht vor Gott, die Rechtfertigung aufgrund von Glauben aber habe Ruhm vor Gott, vor dem Gott nämlich, der die Herzen der Menschen durchschaut und weiß, wer im Verborgenen glaubt beziehungsweise wer nicht glaubt. Nur vor Gott, der die Regungen seines Glaubens im Verborgenen sieht (vgl. Mt 6,6), hat ein solcher Mensch deshalb mit Recht Ruhm. Bei dem aber, der Rechtfertigung aufgrund von Werken erhofft, werden die Werke möglicherweise auch von den Menschen gebilligt. Was nämlich im Werk geschieht, ist offenkundig und kann mit den Augen wahrgenommen werden. Da also der Glaube im Verborgenen, die Werke aber offenbar sind, kann man dazu das Schriftwort zitieren: „Was verborgen ist, steht beim Herrn, deinem Gott, was aber offenbar ist, gilt für euch und eure Kinder" (Dtn 29,28)[2].

Aber es paßt auch das Schriftwort hierher: „Der Gerechte wird leben aus meinem Glauben" (Hab 2,4 LXX; Röm 1,17). Darum sagen wir mit vollem Recht, daß alle, die dem inneren Menschen nach beschnitten und so Juden im

---

Gegensatz zwischen Glaube und Werken kennt, vgl. SCHOEPS, *Paulus* 210–224; HEITHER, *Translatio Religionis* 234–241.

ciduntur et in occulto Iudaei sunt spiritu, non littera, horum laus et gloria non apud homines, sed apud Deum est. Qui vero ex operibus iustificantur, quoniam palam sunt et manifesta opera eorum, potest esse gloria eorum vel apud sanctos quosque et iustos, qui accipiunt a Deo potestatem de humanis operibus visibilibus iudicandi, vel etiam apud angelos ceterasque virtutum caelestium potestates, qui utique glorificare eum, cuius opera probaverunt, possunt.

Occulta vero cordis quoniam solius Dei est noscere, ipse pervidet, si in unoquoque fidei habitat aliquis affectus; et ideo, qui ex fide iustificatur, apud solum Deum habet gloriam, qui occultorum notitiam habet et fidei solus inspector est. Igitur et Abraham, si ex operibus, inquit, iustificatus est, habet quidem gloriam ex operibus venientem, sed non illam, quae apud solum Deum est; at certum est Abraham apud solum Deum habere gloriam; consequens ergo est, ut non ex operibus, sed ex fide iustificatus sit.

Non autem putes, quod, si quis habeat talem fidem, ex qua iustificatus habeat gloriam apud Deum, possit simul cum ea habere et iniustitiam. Nulla enim pars est fidei simul cum infidelitate, nulla iustitiae cum iniquitate communio, sicut nec luci cum tenebris potest esse societas. Si enim „qui credit, quod Iesus est Christus, ex Deo natus est“, et „qui ex Deo natus est, non peccat“, manifestum est, quia qui credit Iesu Christo non peccat; quod si peccat, certum est, quia non credit ei. Indicium igitur verae fidei est, ubi non

[3] Vgl. den Anfang des Kommentars zu Röm 4,1–8 bei SCHERER, *Commentaire* 178,7–180,14. Aufgrund seiner vergleichenden Untersuchung kommt SCHERER zu dem Ergebnis, daß RUFIN einen anderen Gedankengang verfolgt; dagegen CHADWICK, *Rufinus* 29–32.

[4] Der griechische Text ist in sich geschlossen ohne die Anspielung auf 2 Kor 6,14 f, vgl. SCHERER, *Commentaire* 180,14–20. Nach SCHERER hat RUFIN den Satz eingefügt. Er entspricht jedoch völlig dem Gedankengang.

Verborgenen sind — dem Geist, nicht dem Buchstaben nach —, ihr Lob und ihren Ruhm nicht vor den Menschen, sondern vor Gott haben (vgl. Röm 2,29). Anders ist es bei denen, die aufgrund von Werken gerechtfertigt werden. Weil ihre Werke offenbar und sichtbar sind, können sie ihren Ruhm entweder vor den Heiligen und Gerechten haben, die von Gott die Macht empfangen, über die sichtbaren Taten der Menschen zu richten, oder auch vor den Engeln und den übrigen Mächten der himmlischen Heere, die sicherlich den Ruhm eines Menschen, dessen Werke sie als recht befunden haben, verkünden können.

Weil es aber allein Gott zusteht, das im Herzen Verborgene zu erkennen, durchschaut er auch bei jedem Menschen, ob es in ihm eine Regung des Glaubens gibt. Wer also aufgrund des Glaubens Gerechtigkeit erlangt, hat nur vor Gott Ruhm, der das Verborgene kennt und als einziger den Glauben sieht. Darum sagt Paulus: Auch Abraham hat, wenn er aufgrund von Werken gerechtfertigt wurde, zwar den Ruhm, der den Werken entspricht, aber nicht den Ruhm, der nur vor Gott besteht. Doch mit Sicherheit hatte Abraham diesen Ruhm nur vor Gott. Also ergibt sich daraus, daß er nicht aufgrund von Werken, sondern aufgrund von Glauben gerechtfertigt wurde[3].

Wenn jemand einen solchen Glauben hat, aufgrund dessen er Gerechtigkeit erlangt und Ruhm vor Gott hat, darf man aber nicht annehmen, er könne zugleich mit ihm auch Ungerechtigkeit haben. Denn der Glaube hat nichts gemein mit dem Unglauben, die Gerechtigkeit hat keine Verbindung mit der Ungerechtigkeit, wie auch das Licht sich nicht mit der Finsternis vereinen kann (vgl. 2 Kor 6,14 f)[4]. „Wer glaubt, daß Jesus der Christus ist, ist aus Gott geboren" (1 Joh 5,1), und „wer aus Gott geboren ist, sündigt nicht" (1 Joh 3,9). Darum steht fest, daß der nicht sündigt, der Jesus Christus glaubt; wenn er aber sündigt, ist es sicher, daß er ihm nicht glaubt. Die Abwesenheit von Sünde weist hin auf wahren Glauben, wie andererseits die

delinquitur, sicut e contra, ubi delinquitur, infidelitatis indicium est. Propterea ergo et in alio scripturae loco dicitur de Abraham, quod ex operibus fidei iustificatus sit, quia certum est eum, qui vere credit, opus fidei et iustitiae et totius bonitatis operari et capacem fieri utriusque gloriae, tam eius, quae apud Deum in occulto est, quam etiam eius, quae palam est et non solum apud Deum est.

His ita pro viribus explanatis etiam illud praetereundum minime videtur, quod patrem nostrum secundum carnem nominavit Abraham. Gentium etenim pater Abraham secundum fidem, non secundum carnem videtur. Nam ipsius quidem apostoli potest et secundum carnem dici, ex genere enim Israelitico | [962] etiam secundum carnem patrem nominare potuit Abraham; ceterae vero gentes in spiritu eum patrem, non in carne nominabunt; nisi utpote in locis ita angustis ad allegoricae intelligentiae latitudinem convertamur, ubi pater secundum carnem accipi potest is, qui doctrinae carnalis, id est legis secundum litteram prima elementa tradiderit et magister in divina lege primae institutionis exstiterit. Quod autem magistri etiam patres appellentur, et apostolus Paulus dicit, quia „in Christo Iesu per evangelium ego vos genui." Sed et tu, qui legis, ex divinis voluminibus ipse tibi testimonia in hoc aspicientia congregato.

Additur in consequentibus: „Credidit Abraham Deo, et reputatum est illi ad iustitiam." Hic sermo ex libro Genesis sumitur eo ex loco, ubi non Abraham, sed Abram dicit ad Dominum: „Quoniam non dedisti mihi semen, hic vernaculus meus haereditabit me. Et dixit Dominus ad eum: Non

[5] Der Leser wird einbezogen in 1,4; 2,7; 4,2; 5,8.9; 7,5.12; 8,10; 10,42; vgl. COCCHINI, *Commento 1 (1985)* XXVI Anm. 77.

Sünde ein Anzeichen des Unglaubens ist. An anderer Stelle der Schrift wird deshalb auch von Abraham gesagt, er sei aufgrund der Werke des Glaubens gerechtfertigt worden (vgl. Jak 2,21f). Es ist nämlich sicher, daß der wahrhaft Glaubende das Werk des Glaubens, der Gerechtigkeit und umfassenden Güte wirkt. So wird er für beides aufnahmefähig, für den Ruhm vor Gott im Verborgenen, wie auch für den, der in der Öffentlichkeit, also nicht nur vor Gott, besteht.

Nachdem wir dies nach Vermögen erklärt haben, dürfen wir auch nicht übergehen, daß Paulus Abraham unseren leiblichen Stammvater nennt. Vater der Heidenvölker ist Abraham aber doch wohl dem Glauben, nicht dem Fleisch nach. Für den Apostel selbst kann er nämlich auch als leiblicher Stammvater bezeichnet werden, er (*sc.* Paulus) stammt ja aus dem Volk Israel und konnte deshalb Abraham seinen Vater dem Fleisch nach nennen. Die übrigen Völker aber sollen ihn als Vater im Geist, nicht im Fleisch bezeichnen. Wir könnten uns natürlich an solchen Stellen, die uns in die Enge treiben, auch dem allegorischen Verständnis zuwenden, das in die Weite führt. So kann als Vater dem Fleisch nach bezeichnet werden, wer die Anfangsgründe der fleischlichen Lehre, das heißt das Gesetz dem Buchstaben nach, vermittelt. Er gilt als Lehrer für eine erste Einführung in das Gesetz Gottes. Daß aber die Lehrer auch Väter genannt werden können, sagt ebenfalls der Apostel Paulus: „Denn in Jesus Christus habe ich euch durch das Evangelium gezeugt" (1 Kor 4,15). Doch ich fordere auch dich als Leser auf, für dich selbst aus der Heiligen Schrift Zeugnisse für dieses Verständnis zu sammeln[5].

Im Folgenden heißt es weiter: „Abraham glaubte Gott, und das wurde ihm als Gerechtigkeit angerechnet." Dieser Satz ist dem Buch Genesis entnommen. Nicht Abraham, sondern Abram spricht da zum Herrn: „Du hast mir ja keine Nachkommen gegeben, also wird mich mein Haussklave hier beerben. Und der Herr sprach zu ihm: Nicht er

erit haeres tuus iste; sed qui exierit de te, hic erit haeres tuus. Et eduxit", inquit, „eum foras et dixit ad eum: Respice ad caelum et numera stellas, si potueris dinumerare eas. Et ait ad eum: Sic erit semen tuum. Et credidit Deo, et reputatum est ei ad iustitiam."

Latius loca ipsa exempli gratia de libro Genesis repetivimus, ut, quae iustificationis huius causa fuerit, nosceremus. Unde et acrius intendendum est, si ob hoc solum, quod dandum sibi credidit filium et ex eo progeniem ad multitudinem siderum propagandam, dicitur, quia reputata est fides eius ad iustitiam, an pro hoc et pro omnibus, quae iam ante crediderat. Neque enim putandum, quod absque fide fuerit illud, ut exiret de terra sua et de cognatione patris sui et veniret in terram, quam ei demonstraverat Deus, vel illud, cum separato a se Lot dicit ad eum Dominus: „Aspice oculis tuis et vide ex hoc loco, in quo stas, et intuere ad septentrionem et meridianum et ad occidentem atque ad orientem, quia omnem terram hanc, quam vides, tibi dabo eam et semini tuo in aeternum." Sed et illud quis dicat absque fide factum, quod veniens Abraham habitavit apud quercum Mambre in Hebron et aedificavit ibi altare Domino? Quomodo autem et illud non erat fidei opus, cum Melchisedech benedixit Abraham et ait: „Benedictus Abraham Deo excelso, qui creavit caelum et terram; et benedictus Deus excelsus, qui tradidit inimicos eius in manibus eius"?

Ex | quibus omnibus colligitur, quod in his singulis fides | 963
quidem fuerit Abrahae, sed ex parte; in eo autem, ubi

wird dich beerben, sondern dein leiblicher Sohn wird dein Erbe sein. Er führte ihn", heißt es weiter, „hinaus und sprach zu ihm: Sieh zum Himmel hinauf, und zähl die Sterne, wenn du sie zählen kannst! Und er sprach zu ihm: So zahlreich werden deine Nachkommen sein. Er glaubte Gott, und das wurde ihm als Gerechtigkeit angerechnet" (Gen 15,3–6).

Die Stelle aus dem Buch Genesis haben wir als Beispiel so ausführlich zitiert, um den Grund für diese Rechtfertigung zu erkennen. Deshalb muß auch genau untersucht werden, weswegen festgestellt wird: Sein Glaube wurde ihm als Gerechtigkeit angerechnet. War das nur deswegen, weil er glaubte, es werde ihm ein Sohn geschenkt und aus ihm werde Nachkommenschaft hervorgehen, so zahlreich wie die Sterne? Oder war das zusammen mit all dem, was er vorher schon geglaubt hatte, der Grund dafür? Denn es ist ja nicht anzunehmen, daß der Auszug aus seiner Heimat und aus der Verwandtschaft seines Vaters ohne Glauben geschah, daß er ohne Glauben in das Land kam, das ihm der Herr gezeigt hatte. Müssen wir nicht Glauben bei Abraham voraussetzen, als sich Lot von ihm getrennt hatte und der Herr zu ihm sprach: „Blick auf und schau von der Stelle, an der du stehst, nach Norden und Süden, nach Westen und Osten. Das ganze Land nämlich, das du siehst, werde ich dir und deinen Nachkommen für immer geben" (Gen 13,14f)? Und wer wird behaupten, es sei ohne Glauben geschehen, daß Abraham, als er in das Land kam, bei der Eiche von Mamre in Hebron wohnte und dem Herrn dort einen Altar baute (vgl. Gen 13,18)? Geschah es nicht auch aufgrund des Glaubens, daß Melchisedek Abraham segnete und sprach: „Gesegnet sei Abraham vom höchsten Gott, dem Schöpfer des Himmels und der Erde, und gepriesen sei der höchste Gott, der seine Feinde an ihn ausgeliefert hat" (Gen 14,19f LXX)?

Aus alldem ergibt sich: Abraham hatte zwar Glauben bei diesen einzelnen Begebenheiten, aber er war noch Stück-

dicitur, quia „fides eius reputata est ad iustitiam", fides perfecta declaretur. Sicut enim scientiam et prophetiam ex parte dicit esse apostolus et rursum dicit esse perfectam in eo, cum scribit: „Ex parte scimus et ex parte prophetamus, cum autem venerit, quod perfectum est, destruentur ea, quae ex parte sunt", ita et fidem possumus intelligere esse aliquando ex parte et aliquando perfectam.

Ut autem, quod dicimus, aliis adhuc scripturae sanctae testimoniis muniatur, audi in evangelio ad Dominum dicentes apostolos: „Domine, auge nobis fidem!" Nonne per haec evidenter ostendunt habere se quidem fidem, sed talem, quae egeret augmento? Sed et ipse apostolus Paulus cum dicit: „Si habeam omnem fidem, ita ut montes transferam", omnem cum dicit, ex partibus totam docet esse compositam. Neque enim omne potest nominari, ubi aut qualitatis aut quantitatis diversitas non est. Videtur ergo etiam in praesenti loco, cum multae fides Abrahae praecesserint, per singula quaeque, quae ex parte superius memoravimus, in hoc nunc universa fides eius esse collecta et ita ei ad iustitiam reputata.

Iam sane considerabis, sicut de fide dictum est, quia reputata est ei ad iustitiam, ita et de aliis virtutibus dici possit, quia verbi gratia misericordia unicuique reputari potest ad iustitiam aut sapientia aut scientia aut mansuetudo et humilitas vel certe, si omni credenti fides ad iustitiam

---

[6] Im Zusammenhang mit 1 Kor 13 muß ORIGENES wohl ausführlich über den vollkommenen Glauben gesprochen haben. Im Papyrus ist der prägnante Satz überliefert: „Man muß genau wissen: Den ganzen Glauben haben, das kommt von der Liebe, von der geschrieben steht: Die Liebe glaubt alles" (SCHERER, *Commentaire* 182,15–17). Vgl. auch 1,15: Der ganze Glaube ist der Glaube an das AT und NT, nur er schenkt das volle Leben. SCHERER, *Commentaire* 106 f u. 182 f Anm. zu 9, beurteilt RUFIN hier sehr negativ, dagegen SGHERRI, *Chiesa e Sinagoga* 144 Anm. 63.

[7] *Virtutes* (δυνάμεις) sind bei ORIGENES Wesensbezeichnungen und

werk. Durch das Wort jedoch: „Sein Glaube wurde ihm als Gerechtigkeit angerechnet“ soll sein Glaube als vollkommen erklärt werden. So spricht auch der Apostel davon, daß Erkennen und prophetisches Reden Stückwerk sei, und erklärt es andererseits als vollkommen, wenn er schreibt: „Stückwerk ist unser Erkennen, Stückwerk unser prophetisches Reden; wenn aber das Vollendete kommt, vergeht alles Stückwerk“ (1 Kor 13,9 f). In dieser Weise können wir verstehen, daß der Glaube manchmal Stückwerk ist und manchmal vollkommen.

Was wir sagen, soll durch weitere Zeugnisse aus der Heiligen Schrift noch bekräftigt werden. Darum höre, was die Apostel im Evangelium zum Herrn sagen: „Herr, mehre unseren Glauben!“ (Lk 17,5). Zeigen sie damit nicht deutlich, daß sie zwar Glauben haben, aber so, daß er noch wachsen muß? Sogar der Apostel Paulus zeigt das mit den Worten: „Wenn ich allen Glauben hätte, so daß ich Berge versetzen könnte“ (1 Kor 13,2). Sein Ausdruck „allen Glauben“ lehrt, daß der Glaube aus Teilen zu einem Ganzen zusammengefügt wird. Denn er kann nicht von „allem Glauben“ sprechen, wo es keine Unterschiede in Qualität oder Quantität gibt. Offenbar ist also auch an der vorliegenden Stelle gemeint, daß schon viele Glaubensakte Abrahams vorausgegangen waren — wir haben einzelnes oben erwähnt —, hier jedoch nun sein gesamter Glaube zusammenkam und ihm so als Gerechtigkeit angerechnet wurde[6].

Nun wirst du gewiß Folgendes überlegen: Vom Glauben heißt es, daß er ihm als Gerechtigkeit angerechnet wurde. Dann könnte man wohl genauso auch von den anderen Tugenden sprechen, zum Beispiel, daß einem jeden seine Barmherzigkeit als Gerechtigkeit angerechnet werden kann oder seine Weisheit, Erkenntnis, Sanftmut, Demut[7].

-ausprägungen Christi (ἐπίνοιαι) im menschlichen Denken und Leben. Darum kann hier auch der Glaube als Tugend bezeichnet werden. Er ist aber andererseits auch χάρισμα — „Gnadengeschenk“, vgl. 9,3.

reputetur. Sed cum ad scripturas redeo, non omnibus credentibus invenio quod fides ad iustitiam reputetur. Denique scriptum est de filiis Israel, quia „crediderunt Domino et famulo eius Moysi“, nec tamen additur, quod de Abraham scriptum est, quia reputata est illis ad iustitiam. Ob hoc arbitror, quod non illis erat, sicut in Abraham docuimus, ex multis partibus fidei in unum coacervata perfectio, quae mereretur ad iustitiam reputari.

Quod autem dicit: „Ei vero, qui operatur, merces non imputatur secundum gratiam, sed secundum debitum; credenti autem in eum, qui iustificat impium, reputatur fides ad iustitiam“, videtur ostendere, quasi in fide quidem gratia sit iustificantis, in opere vero iustitia retribuentis.

Sed ego cum considero sermonis eminentiam, qua dicit operanti secundum debitum reddi, vix mihi suadeo, quod possit ullum opus esse, quod ex debito remunerationem Dei deposcat, cum etiam hoc ipsum, quod agere aliquid possumus vel cogitare vel proloqui, ipsius dono | et largi- | 964
tione faciamus. Quod ergo erit debitum illius, cuius erga nos fenus praecessit? Et ideo videndum magis est, ne forte, quod dixit: „Ei autem, qui operatur, merces secundum debitum reputabitur“ sinistri magis operis intelligendum sit debitum.

Debita etenim peccata dici in divinis voluminibus frequenter invenies, ut ipse Dominus in oratione nos docuit dicere: „Dimitte nobis debita nostra, sicut et nos dimittimus debitoribus nostris“; et iterum cum dicit ipse Domi-

Man müßte auch überlegen, ob wirklich jedem Glaubenden sein Glaube als Gerechtigkeit angerechnet wird. Ich entdecke aber, wenn ich wieder zur Schrift zurückkehre, daß nicht allen Glaubenden der Glaube als Gerechtigkeit angerechnet wird. Es heißt doch von den Söhnen Israels: „Sie glaubten an den Herrn und an Mose, seinen Knecht" (Ex 14,31). Und trotzdem wird nicht hinzugefügt, was von Abraham geschrieben steht, daß der Glaube ihnen als Gerechtigkeit angerechnet wurde. Darum nehme ich an, daß sie nicht, wie wir es für Abraham gezeigt haben, den aus vielen einzelnen Akten erwachsenen vollkommenen Glauben hatten, der es verdiente, als Gerechtigkeit angerechnet zu werden.

Der Apostel sagt jedoch: „Dem aber, der Werke tut, wird Lohn angerechnet, nicht der Gnade, sondern der Schuldigkeit entsprechend; wer aber an den glaubt, der den Gottlosen rechtfertigt, dem wird sein Glaube als Gerechtigkeit angerechnet." Damit macht er offenbar deutlich, daß es im Glauben um die Gnade der Rechtfertigung geht, bei den Werken aber um die Gerechtigkeit des Vergeltens.

Bedenke ich nun die große Bedeutung seiner Aussage, daß dem, der Werke tut, nach Schuldigkeit erstattet werde, dann kann ich kaum glauben, daß es irgendein Werk gibt, dem die Belohnung Gottes rechtmäßig zusteht. Denn auch, daß wir handeln, denken oder reden können, verdanken wir ja seinem freigebigen Schenken. Was wäre denn die Schuldigkeit dessen, der uns zuvor das Vermögen überlassen hat? Und darum muß man genau zusehen, ob nicht vielleicht die Schuldigkeit mehr dem verkehrten Tun gilt und das Wort: „Dem, der Werke tut, wird der Lohn nach Schuldigkeit angerechnet" in dieser Weise zu verstehen ist.

Daß die Sünden als Schulden bezeichnet werden, kann man nämlich häufig in der Heiligen Schrift finden, wie auch der Herr selbst uns gelehrt hat, im Gebet zu sprechen: „Vergib uns unsere Schulden, wie auch wir vergeben unseren Schuldigern" (Mt 6,12). Und andererseits sagt der

nus: „Cuidam patrifamilias erant duo debitores, unus debebat denarios quingentos et alius quinquaginta"; et hoc de peccatis dici ipse interpretatus est. Ne forte ergo et in hoc loco mercedem operis, quae secundum debitum redditur, ad hunc sensum, quem supra diximus, apostolus traxerit de his, qui ita operantur, sicut et Cain operatus est terram et sicut alibi dicit: „Discedite a me, operarii iniquitatis!" Quibus utique quasi debita poena pro mercede iniquitatis exsolvitur. Unde idem apostolus in alio loco: „Stipendia, inquit, peccati mors", et non addidit, ut similiter diceret: Stipendia autem iustitiae vita aeterna, sed ait: „Gratia autem Dei vita aeterna", ut stipendium, quod utique debito et mercedi simile est, retributionem poenae esse doceret et mortis, vitam vero aeternam soli gratiae consignaret. Secundum hunc sensum et illud, quod in evangelio scribitur: „Qua mensura mensi fueritis, eadem remetietur vobis", de sinistris operibus accipiendum puto. Neque enim gratiae suae mensuram statuit Deus, cum scriptum sit: „Non enim ad mensuram dat Deus spiritum."

Si ergo haec putantur recte discussa, consequenter utique ea, quae cohaerent, videbuntur intelligenda, ut operanti quidem opera iniquitatis merces secundum peccati debitum rependatur, credenti vero in eum, qui iustificat impium, fides ad iustitiam reputetur; siquidem bene meminimus superiora, in quibus ostendimus, non ei, qui ex parte,

---

[8] In der Übersetzung wird diese Stelle nicht ohne weiteres klar. *Opus* — „Werk", *operari* — „arbeiten" und *operarius* — „Arbeiter" (griech. ἔργον, ἐργάζεσθαι, ἐργάτης) haben denselben Wortstamm.

[9] Im *frg.* 34 (RAMSBOTHAM) wird derselbe Gedanke klarer und präziser ausgedrückt: „Gut ist es zu unterscheiden und den Sold der Sünde zuzuordnen, das Gnadengeschenk aber Gott. Denn Gott gibt keinen Sold, der etwas Geschuldetes ist, vielmehr schenkt er Gnade; die Sünde aber schenkt nicht Gnade, sondern den geschuldeten Sold."

[10] ORIGENES spricht im Kommentar nicht viel von der Gnade Gottes, und zwar aus pastoralen Gründen. Die Güte und verzeihende Gnade

Herr: „Ein Hausherr hatte zwei Schuldner, der eine war ihm fünfhundert Denare schuldig, der andere fünfzig" (Lk 7,41). Daß das von den Sünden gesagt wird, hat er selbst erklärt. Vielleicht hat also auch an dieser Stelle der Apostel vom Lohn des Werkes, der nach Schuldigkeit gegeben wird, in dem Sinne gesprochen, den wir oben dargelegt haben. Dann hat er es von solchen hergeleitet, die so arbeiten wie Kain, der den Ackerboden bearbeitet hat (vgl. Gen 4,12), und wie es anderswo heißt: „Weg von mir, ihr schlechten Arbeiter!" (Mt 7,23)[8]. Ihnen wird gleichsam die Strafe nach Schuldigkeit als Lohn für ihre Bosheit ausbezahlt. Darum sagt der Apostel auch an anderer Stelle: „Der Sold der Sünde ist der Tod", und er fährt dann nicht in der gleichen Weise fort: Der Sold der Gerechtigkeit aber ist das ewige Leben, sondern sagt: „Die Gnade Gottes aber ist das ewige Leben" (Röm 6,23). So lehrte er, daß der Sold, der auf jeden Fall der Schuldigkeit und dem Lohn entspricht, dem Menschen ausbezahlt wird, wenn ihm mit Strafe und Tod vergolten wird; das ewige Leben aber wollte er nur der Gnade zuweisen[9]. In diesem Sinne muß man meiner Meinung nach ebenfalls von den bösen Taten verstehen, was im Evangelium geschrieben steht: „Mit dem Maß, mit dem ihr meßt, wird auch euch zugemessen werden" (Mt 7,2). Denn Gott hat seiner Gnade kein Maß gesetzt, wie geschrieben steht: „Nicht abgemessen gibt Gott den Geist" (Joh 3,34)[10].

Nimmt man also an, dies sei richtig dargelegt, dann kann man auch das damit Zusammenhängende in demselben Sinn verstehen, nämlich: Dem, der böse Werke tut, wird der Lohn gemäß der Schuld seiner Sünde zugeteilt; wer aber an den glaubt, der den Gottlosen rechtfertigt, dem wird sein Glaube als Gerechtigkeit angerechnet. Dabei sollten wir uns gut an das oben schon Dargelegte erinnern, daß nämlich der Glaube nicht dem, der teilweise, sondern nur dem,

---

Gottes muß im Verborgenen bleiben; vgl. besonders 7,18 und COCCHINI, *Origene interprete* 112–123.

sed qui ex integro et qui perfecte credit, fidem posse ad iustitiam reputari; quae fides tanta est, ut iustificet etiam eum, qui impius fuerit, ut ultra iam non sit impius sicut ille latro, qui pendebat in cruce et blasphemabat, sed sit sicut ille, qui confitebatur et dicebat: „Domine Iesu, memento mei, cum veneris in regnum tuum."

Post haec velut ad confirmationem sermonis sui, quem dixerat: „Ei autem, qui non operatur, credit autem in eum, qui iustificat impium, reputatur fides ad iustitiam", assumit testimonium de psalmis et dicit: „Sicut et David dicit beatitudinem hominis, cui Deus accepto fert iusti|tiam sine | 965 operibus: Beati, quorum remissae sunt iniquitates et quorum tecta sunt peccata; beatus vir, cui non imputavit Dominus peccatum." Vides per hos sermones consequenter approbari posse, quod reputetur homini iustitia sine operibus. Unde mihi videtur hoc intellexisse apostolus, quia impossibile sit in homine, cui iam per aetatem discernendi de bono et malo adest intellectus, neque iniustitiam inesse neque iustitiam. Quod si ita est, sine altero e duobus inveniri anima non potest; et certum est, si desierit a malis, quod iam inveniatur in bonis. In malis autem non est illa anima, cuius „remissae sunt iniquitates et cuius tecta sunt peccata et cui non imputavit Dominus peccatum". Conveniens ergo est, ut sit in bonis.

Competenter igitur ad remissionem iniquitatum et obtectionem peccatorum, et ad id, quod non imputat Dominus peccatum, dicit apostolus, quod homini iustitiae reputetur, licet nondum opera iustitiae egerit, sed pro eo tantum, quod credidit in eum, qui iustificat impium. Initium namque iustificari a Deo fides est, quae credit in iustificantem. Et haec fides, cum iustificata fuerit, tamquam

der vollständig und vollkommen glaubt, als Gerechtigkeit angerechnet werden kann. Dieser Glaube aber ist so groß, daß er sogar den rechtfertigt, der gottlos war. Er soll dann nicht mehr gottlos sein wie der Räuber, der am Kreuz hing und lästerte, sondern er sei vielmehr wie der andere, der bekannte und sagte: „Herr Jesus, denke an mich, wenn du in dein Reich kommst" (Lk 23,42).

Paulus hatte gesagt: „Dem aber, der keine Werke tut, sondern an den glaubt, der den Gottlosen rechtfertigt, dem wird sein Glaube als Gerechtigkeit angerechnet." Gleichsam um das zu bekräftigen, nimmt er ein Zeugnis aus den Psalmen auf und sagt: „So preist auch David den Menschen selig, dem Gott Gerechtigkeit ohne Werke anrechnet: Selig sind die, deren Frevel vergeben und deren Sünden bedeckt sind. Selig ist der Mensch, dem der Herr die Sünde nicht anrechnet." Man sieht, durch diese Sätze kann schlüssig erwiesen werden, daß dem Menschen die Gerechtigkeit ohne Werke angerechnet wird. Nach meiner Meinung hat der Apostel erkannt, daß in einem Menschen, der alt genug ist, um Gut und Böse unterscheiden zu können, entweder Gerechtigkeit oder Ungerechtigkeit sein muß. Wenn es nun aber so ist, daß die Seele ohne eins von beiden nicht sein kann, dann ist auch sicher, daß sie, wenn sie vom Bösen abläßt, sich sogleich im Guten befindet. Im Bösen aber ist die Seele nicht, „deren Frevel vergeben und deren Sünden bedeckt sind und der der Herr die Sünde nicht anrechnet". Dementsprechend ist sie also im Guten.

Zur Vergebung der Frevel, dem Bedecken der Sünden und dazu, daß der Herr die Sünde nicht anrechnet, paßt das Wort des Apostels, nämlich: Als Gerechtigkeit wird dem Menschen ganz allein die Tatsache angerechnet, daß er an den glaubt, der den Gottlosen rechtfertigt, selbst wenn er noch keine Werke der Gerechtigkeit vollbracht hat. Gott fängt an, den Menschen zu rechtfertigen, wenn dieser an den glaubt, der ihn rechtfertigt. Und ein solcher Glaube gleicht, wenn er gerechtfertigt worden ist, einer Wurzel im

radix imbre suscepto haeret in animae solo, ut, cum per legem Dei excoli coeperit, surgant in ea rami, qui fructus operum ferant. Non ergo ex operibus radix iustitiae, sed ex radice iustitiae fructus operum crescit, illa scilicet radice iustitiae, qua Deus accepto fert iustitiam sine operibus.

Unde propterea puto et David tricesimo primo psalmo, quem superscripsit „intellectus David“ dedisse istud initium, admonens per ipsam superscriptionem altiorem debere requiri intellectum in his, quae dicturus erat, quia „beati, quorum remittuntur iniquitates“. De quibus, prout potuimus, diximus, cum de psalmis per ordinem dictaremus.

Sed promovet nos ordinis ipsius differentia, quod primo dixit: „Beati, quorum remissae sunt iniquitates“, secundo: „quorum tecta sunt peccata“, tertio: „cui non imputavit Dominus peccatum“. Et vide, si forte potest iste ordo in anima una eademque intelligi: ut, quia initium est conversionis animae mala derelinquere, pro hoc iniquitatum remissionem mereatur accipere; cum autem coeperit bona facere velut singula quaeque, quae praecesserant, mala bonis recentibus obtegens et abundantiorem numerum bonorum introducens, quam prius fuerat malorum, tegere peccata dicatur; ubi vero iam ad perfectum venerit, ita ut omnis de ea malitiae radix penitus amputetur, eo usque, ut nullum in ea vestigium possit inveniri | nequitiae, ibi iam summa [| 966] perfectae beatitudinis promittatur, cum nullum possit Dominus imputare peccatum. Iniquitas sane a peccato hanc habet differentiam, quod iniquitas in his dicitur, quae contra legem committuntur; unde et Graecus sermo ἀνομίαν appellat iniquitatem, hoc est quod sine lege committitur;

---

[11] Leider ist keine Erklärung zu Ps 32: LXX 31 erhalten, sondern nur wenige Fragmente in PG 12, 1301C–1304B.

Seelengrund, die Regen empfangen hat. Nachdem ihr durch das Gesetz Gottes Pflege zuteil geworden ist, können aus ihr Zweige wachsen, um die Frucht der Werke zu tragen. Die Wurzel der Gerechtigkeit wächst also nicht aus den Werken, sondern aus der Wurzel der Gerechtigkeit wächst die Frucht der Werke. Gemeint ist die Wurzel der Gerechtigkeit, die Gott als Gerechtigkeit annimmt ohne Werke.

Deshalb hat meines Erachtens David dem 31. Psalm die Überschrift: „Verständnis Davids“ gegeben. Er will damit dazu aufrufen, in dem, was er sagen wollte, ein tieferes Verständnis zu suchen. So beginnt er: „Selig, deren Frevel vergeben sind.“ Darüber haben wir schon, so gut wir konnten, gesprochen, als wir die Psalmen der Reihe nach behandelten[11].

Aber es beschäftigt uns der Unterschied der einzelnen Satzglieder, denn an erster Stelle steht: „Selig, deren Frevel vergeben sind“, dann: „deren Sünden bedeckt sind“, zuletzt: „dem der Herr die Sünde nicht anrechnet“. Wahrscheinlich kann man diese Reihenfolge auch in ein und derselben Seele erkennen, und zwar folgendermaßen: Die Seele fängt an, sich zu bekehren, wenn sie vom Bösen abläßt, so daß sie es verdient, die Vergebung der Frevel zu empfangen. Nachdem sie aber begonnen hat, Gutes zu tun, bedeckt sie gleichsam alles vorhergehende Böse mit dem neuen Guten. Sie läßt das Gute in weitaus höherem Maße, als früher Böses vorhanden war, in sich ein. Darum kann man vom Bedecken der Sünden sprechen. Sobald sie aber zur Vollkommenheit gelangt ist, so daß die Bosheit aus ihr mit der Wurzel ausgerottet ist, ja daß nicht einmal eine Spur von Schlechtigkeit mehr in ihr zu finden ist, dann wird die vollkommene Seligkeit verheißen, da der Herr keine Sünde mehr anrechnen kann. Allerdings unterscheidet sich Frevel von Sünde in der Weise, daß man als Frevel Vergehen gegen das Gesetz bezeichnet. Deswegen heißt auch im Griechischen Frevel ἀνομία, das bedeutet etwas, was außerhalb des

peccatum vero etiam illud dici potest, si contra quam natura docet et conscientia arguit, delinquatur.

2. *Beatitudo ergo haec in circumcisione an etiam in praeputio? Dicimus enim, quia reputata est Abrahae fides ad iustitiam. Quomodo ergo reputata est? Cum in circumcisione esset an cum in praeputio? Non in circumcisione, sed in praeputio. Et signum accepit circumcisionem, signaculum iustitiae fidei, quae est in praeputio, ut sit pater omnium credentium per praeputium, ut reputetur et illis ad iustitiam, et sit pater circumcisionis non his tantum, qui sunt in circumcisione, sed et illis, qui sectantur vestigia eius, quae est in praeputio fidei patris nostri Abrahae.*

Cum dixisset superius, quia „credidit Abraham Deo, et reputatum est ei ad iustitiam“ et, huiuscemodi fides quid haberet beatitudinis, ostendisset ex his, quae in tricesimo primo scripta sunt psalmo, quia ita credenti non reputaret Dominus peccatum, proponit nunc interrogationem, ex cuius responsione doceat et ex ipsa temporum ratione, quod beatitudo iustificationis Abrahae non in circumcisione, sed adhuc in praeputio posito data est. Quod si Abraham, cum esset adhuc in praeputio, ex fide iustificatus est, potest et omnis, qui credit Deo, iustificari per fidem, etiamsi sit in praeputio, et pertinere etiam ad ipsum haec beatitudo, de qua dicitur: „Beatus, cui non imputavit Dominus peccatum.“ Ostendit ergo, quia non cuilibet Dominus non imputet peccatum, sed ei, qui crediderit, propter fidem suam peccata non reputet. Sicut enim Abrahae repu-

Gesetzes begangen wurde. Sünde aber kann man die Verfehlung gegen die Weisung der Natur oder das mahnende Gewissen nennen.

2. *Gilt nun diese Seligpreisung nur den Beschnittenen oder auch den Unbeschnittenen? Wir haben nämlich gesagt: Abraham wurde der Glaube als Gerechtigkeit angerechnet. In welchem Zustand wurde er ihm angerechnet: als er beschnitten oder als er unbeschnitten war? Nicht als er beschnitten, sondern als er noch unbeschnitten war. Das Zeichen der Beschneidung empfing er als Siegel der Glaubensgerechtigkeit, die ihm als dem Unbeschnittenen zuteil wurde; also ist er der Vater aller, die als Unbeschnittene glauben und denen daher Gerechtigkeit angerechnet wird, und er ist der Vater jener Beschnittenen, die nicht nur beschnitten sind, sondern auch den Weg des Glaubens gehen, des Glaubens, den unser Vater Abraham schon vor seiner Beschneidung hatte* (Röm 4,9–12).

Vorher hatte Paulus gesagt: „Abraham glaubte Gott, und das wurde ihm als Gerechtigkeit angerechnet." Er hatte aus dem 31. Psalm gezeigt, welche Seligkeit solch ein Glaube in sich trägt, daß Gott nämlich dem so Glaubenden die Sünde nicht anrechnet. Nun legt er eine Frage vor; dadurch, daß er sie beantwortet und den Zeitpunkt berechnet, will er zeigen, daß die Seligkeit der Rechtfertigung Abraham nicht als Beschnittenem, sondern als noch Unbeschnittenem zuteil wurde. Wenn aber Abraham aufgrund seines Glaubens gerechtfertigt wurde, als er noch unbeschnitten war, dann kann auch jeder, der Gott glaubt, durch den Glauben gerechtfertigt werden, auch wenn er unbeschnitten ist. Auch auf ihn kann sich die Seligkeit beziehen, von der es heißt: „Selig, wem der Herr die Sünde nicht anrechnet" (Ps 32,2: LXX 31,2). Paulus zeigt also, daß der Herr keineswegs jedem beliebigen Menschen die Sünde nicht anrechnet, sondern nur dem, der sich als gläubig erwiesen hat, rechnet er wegen seines Glaubens die Sünde

tata est fides ad iustitiam, ita et omni credenti, cui fides ad iustitiam reputatur, peccata utique non imputantur. Neque enim de iustis dicit, quia reputatur eis fides ad iustitiam. Quod si ita putetur, quae videbitur gratia iusto reputari? Iustitia ad iustitiam? Sed utique illi dicit fidem reputatam esse ad iustitiam, qui, antequam haberet hanc fidem, iustitiam non habebat; et iste est utique beatus, cui Deus accepto fert iustitiam sine operibus et cui non imputatur peccatum; cui etiam remissae sunt iniquitates et obtecta, si qua antea fuerant, peccata.

Simul autem et edocet nos diligentius intendere | lectio- 967
ni, cum tam vigilanter enarrat ea, quae scripta sunt de Abraham, quia „reputata est ei fides ad iustitiam." Vult a nobis considerari etiam, quando reputata sit, quo et temporis ratio in his, quae scripta sunt, colligatur, utrumne in praeputio adhuc esset, cum ista dicta sunt, an transisset iam ad circumcisionem; et ait: „Quomodo ergo reputata est fides eius ad iustitiam? Cum esset in circumcisione an cum esset in praeputio?" Si enim fuisset id temporis in circumcisione, videretur utique a fidei huius gratia exclusum esse praeputium. Nunc vero ostendit, quod in praeputio adhuc posito reputata est fides ad iustitiam, et ideo pronuntiat, quia, cum Abraham in praeputio positus per fidem iustificatus sit, sine dubio princeps et pater merito dicitur omnium credentium per praeputium. Quod vero post fidem, quae fuit in praeputio, accepit circumcisionem, consequenter causam, qua circumcisio ei data fuerit, exponit, ut esset,

---

[12] Aus dem Beispiel Abrahams ergibt sich, daß der Unbeschnittene auch zum Glauben und damit zur Rechtfertigung kommen kann. Der Akt der Rechtfertigung aber ist immer Vergebung der Sünden.

nicht an. Wie nämlich Abraham der Glaube als Gerechtigkeit angerechnet wurde, so werden auch jedem Glaubenden, dem der Glaube als Gerechtigkeit angerechnet wird, die Sünden nicht angerechnet. Er sagt ja nicht von Gerechten, daß ihnen der Glaube als Gerechtigkeit angerechnet wird. Denn wenn man das annehmen würde, was ist denn das für eine Gnade, die dem Gerechten seine Gerechtigkeit als Gerechtigkeit anrechnet? Nein, offenkundig sagt er, daß dem der Glaube als Gerechtigkeit angerechnet wird, der, bevor er diesen Glauben hatte, auch keine Gerechtigkeit hatte[12]. Und sicherlich ist der selig, dessen Gerechtigkeit Gott annimmt ohne Werke und dem er die Sünde nicht anrechnet. Ihm sind auch die Frevel vergeben, und die Sünden, die er vorher hatte, sind bedeckt.

Zugleich lehrt Paulus uns, ganz sorgfältig die Schrift zu lesen. Denn er berichtet äußerst genau, was von Abraham geschrieben steht, daß nämlich „sein Glaube ihm als Gerechtigkeit angerechnet wurde". Er will, daß wir auch bedenken, wann er ihm angerechnet wurde, damit wir bei dem, was geschrieben steht, beachten, wie es zeitlich aufeinander folgt. War Abraham noch unbeschnitten, als das gesagt wurde, oder war er schon ein Beschnittener geworden? Paulus fragt: „In welchem Zustand wurde ihm sein Glaube als Gerechtigkeit angerechnet: als er beschnitten oder als er unbeschnitten war?" Wäre es nämlich zu der Zeit geschehen, als er schon beschnitten war, dann wären offenkundig die Unbeschnittenen von der Gnade dieses Glaubens ausgeschlossen. Nun zeigt er aber, daß Abraham noch unbeschnitten war, da ihm der Glaube als Gerechtigkeit angerechnet wurde. Darum verkündet er: Weil Abraham als Unbeschnittener durch den Glauben gerechtfertigt worden ist, kann man ihn ohne Zweifel mit Recht Anführer und Vater derer nennen, die als Unbeschnittene zum Glauben kommen. Da Abraham aber, nachdem er als Unbeschnittener geglaubt hatte, die Beschneidung empfing, folgert Paulus, warum sie ihm zuteil wurde. Sie sollte das

inquit, signaculum eius fidei, quam habuit in praeputio positus, ut per hoc „sit pater omnium credentium per praeputium, ut reputetur illis ad iustitiam, et sit pater circumcisionis, non his tantum, qui sunt ex circumcisione, sed et illis, qui sequuntur vestigia eius, quae est in praeputio fidei patris nostri Abrahae.“ Quod si Abraham, cum esset adhuc in praeputio, ex fide iustificatus est, potest fieri etiam pater eorum, qui in circumcisione nascuntur, si tamen ad illam fidem pertineant, quae in praeputio positum iustificavit. Et quoniam in praeputio positum iustificavit Abraham, efficitur ergo utriusque generis pater, his, qui sunt in praeputio, per fidem et his, qui sunt in circumcisione, per carnem.

Et post circumcisionem generat primo Isaac, atque ab ipso auspicatur ogdoadis initium, id est octavi diei in ipso consecrantur prima mysteria, et exinde incipit posteritas Abrahae duplici currere sacramento. Sicut enim fides natura sui aliud esse intelligitur et aliud iustitia, quae ei per fidem reputata est, ita et alia eius esse in praeputio, alia in circumcisione posteritas. Nam eos, qui incircumcisi sunt, ipsos esse lapides puto, de quibus posse dicitur Deus suscitare filios Abrahae, in quibus et illud completur, quod scriptum est: „Quia benedicentur in te omnes tribus terrae.“

Sed repetamus adhuc, quod dicit: „Et signum accepit circumcisionem, signaculum iustitiae fidei, quae est in praeputio“, ac profundam in his Pauli sapientiam contemplemur. Fortassis enim aliquibus eundem sermonem secun-

---

13 „Als sein Sohn Isaak acht Tage alt war, beschnitt ihn Abraham“ (Gen 21,4). Zur Bedeutung des achten Tages vgl. 2,13: „Der achte Tag birgt die Mysterien der kommenden Welt in sich.“ Zur Tradition bei den Kirchenvätern vgl. DANIÉLOU, *Liturgie und Bibel* 265–289.

14 Sakrament ist hier in ganz umfassendem Sinn zu verstehen als eine menschliche Wirklichkeit, durch die Gott sein Heil wirkt. Das Heil ist die Abrahamskindschaft, die man als Unbeschnittener durch den Glauben und als Beschnittener aufgrund der Zugehörigkeit zum Volk Israel empfängt.

Siegel seines Glaubens sein, den er als Unbeschnittener hatte. „Also ist er der Vater aller, die als Unbeschnittene glauben und denen daher Gerechtigkeit angerechnet wird, und er ist der Vater jener Beschnittenen, die nicht nur beschnitten sind, sondern auch den Weg des Glaubens gehen, des Glaubens, den unser Vater Abraham schon vor seiner Beschneidung hatte.“ Wenn Abraham aufgrund des Glaubens gerechtfertigt wurde, als er noch unbeschnitten war, dann kann er auch der Vater derer werden, die von Geburt an zum Volk der Beschneidung gehören, jedoch nur, wenn sie zu dem Glauben gelangen, der Abraham die Rechtfertigung brachte, als er noch unbeschnitten war. Weil der Glaube den unbeschnittenen Abraham rechtfertigte, wurde er der Vater beider Völker, der Unbeschnittenen durch den Glauben, der Beschnittenen durch das Fleisch.

Nach der Beschneidung zeugt er zuerst den Isaak, und mit diesem beginnt die geheiligte Zahl der acht Tage, das heißt, die Mysterien des achten Tages werden an ihm zuerst vollzogen[13]. Von da an breitet sich die Nachkommenschaft Abrahams durch ein doppeltes Sakrament aus[14]. Wie nämlich der Glaube seiner Natur nach als etwas anderes verstanden werden muß als die Gerechtigkeit, die ihm aufgrund des Glaubens angerechnet wird, so gibt es auch einen Unterschied zwischen den unbeschnittenen und den beschnittenen Nachkommen Abrahams. Denn meiner Meinung nach entsprechen die unbeschnittenen den Steinen, aus denen Gott, wie es heißt, Kinder Abrahams erwecken kann (vgl. Mt 3,9), in denen zugleich erfüllt wird, was geschrieben steht: „Durch dich sollen alle Geschlechter der Erde Segen erlangen“ (Gen 12,3).

Laßt uns jedoch sein Wort wiederholen: „Das Zeichen der Beschneidung empfing er als Siegel der Glaubensgerechtigkeit, die er als Unbeschnittener hatte.“ Darin wollen wir die tiefgründige Weisheit des Paulus betrachten. Manche könnten meinen, er gebrauche hier dasselbe Wort zwei-

do dicere | videatur, id est signum et signaculum. Sed mihi | 968
uterque sermo multam inter se videtur habere differentiam. Signum namque dicitur, cum per hoc, quod videtur, aliud aliquid indicatur, sicut cum verbi gratia dicit Dominus in evangelio: „Generatio haec signum quaerit, et signum non dabitur ei, nisi signum Ionae prophetae. Sicut enim fuit Ionas in ventre ceti tribus diebus et tribus noctibus, ita et filium hominis oportet esse in corde terrae tribus diebus et tribus noctibus." Hoc est ergo signum, ubi Ionas videbatur et Christus intelligebatur. Similiter et de ipso Domino in evangelio dicitur: „Ecce hic positus est in ruinam et in resurrectionem multorum et in signum, cui contradicetur." Contradicebatur enim signo, in quo Christus venerat, quia aliud in eo videbatur et aliud intelligebatur. Caro cernebatur et Deus credebatur.

Sic ergo accepit et Abraham signum et quod esset signum in consequentibus dicit, „circumcisionem", inquit, quae circumcisio esset „signaculum iustitiae fidei", quam habuit, antequam circumcideretur. Bene ergo circumcisionem signum appellavit in Abraham, quia et ipsa aliud videbatur et aliud intelligebatur, et ostendit, quia iam tunc carnalis illa circumcisio signum erat spiritalis circumcisionis, quae non in carne suscipitur, sed in corde.

Quod vero dixit signaculum, ita intelligendum puto: Signaculum dicitur, cum alicui rei servandae pro tempore custodia imponitur, quod nemo alius nisi ipse, qui impressit, debeat resignare. Per istud ergo signaculum, ut exponit apostolus, iustitia fidei, quam in praeputio positus Abraham accipere meruit, indicatur, et pater esse multarum

---

[15] Nur im Lateinischen verständlich: *signum* und *signaculum*.
[16] Vgl. den Exkurs über die Beschneidung in 2, 13.

mal hintereinander, nämlich Zeichen und Siegel[15]. Aber meines Erachtens unterscheiden sich die beiden Wörter beträchtlich voneinander. Man spricht von einem Zeichen, wenn durch etwas Offensichtliches etwas anderes angedeutet wird. So sagt zum Beispiel der Herr im Evangelium: „Diese Generation fordert ein Zeichen, aber es wird ihr kein anderes gegeben werden als das Zeichen des Propheten Jona. Denn wie Jona drei Tage und drei Nächte im Bauch des Walfisches war, so muß auch der Menschensohn drei Tage und drei Nächte im Innern der Erde sein“ (Mt 12,39f). Das ist also ein Zeichen: Man konnte Jona sehen und Christus erkennen. Ähnlich wird im Evangelium über den Herrn selbst gesagt: „Siehe, dieser ist dazu bestimmt, daß viele durch ihn zu Fall kommen und viele aufgerichtet werden, und er wird ein Zeichen sein, dem widersprochen wird“ (Lk 2,34). Das Zeichen, unter dem Christus kam, fand Widerspruch, weil man in ihm das eine sah und das andere erkannte. Das Fleisch wurde gesehen, Gott wurde im Glauben erkannt.

In der Art empfing also auch Abraham ein Zeichen. Im Folgenden sagt Paulus, das Zeichen sei die Beschneidung, die das Siegel der Glaubensgerechtigkeit sein sollte, die er schon vor seiner Beschneidung hatte. Treffend hat er also die Beschneidung an Abraham ein Zeichen genannt, denn in ihr wurde das eine gesehen und das andere erkannt. Und Paulus zeigt, daß schon damals die Beschneidung im Fleisch ein Zeichen für die Beschneidung im Geist war, die man nicht im Fleisch, sondern im Herzen empfängt[16].

Was aber Paulus Siegel nennt, ist meiner Ansicht nach Folgendes: Wenn an einer Sache, die bewahrt werden soll, für eine bestimmte Zeit ein Schutzzeichen angebracht wird, das niemand wegnehmen darf außer dem, der es aufgedrückt hat, so nennt man das ein Siegel. Wie der Apostel erklärt, wird also durch dieses Siegel sowohl auf die Glaubensgerechtigkeit, die Abraham schon als Unbeschnittener empfangen durfte, hingewiesen, als auch auf

gentium; quod tunc credimus resignandum, cum plenitudo gentium introierit et omnis Israel salvabitur. Tunc enim fiet, quod dicit apostolus, non solum gentium, sed etiam circumcisionis per fidem pater Abraham.

Et adhuc apertius de signo et signaculo disseramus. Cum signum sit, ut diximus, ubi indicatur aliquid per hoc, quod videtur, signaculum vero, ubi concluditur pro tempore aliquid et non patet, potest etiam ita intelligi, quod mysteria, quae in lege et patriarchis adumbrabantur, huiusmodi erant, quae et signis indicanda essent et signaculis observanda. Quod ergo signis indicanda erant in his, qui credebant ex gentibus, signum cepisse dicitur Abraham; quod vero his, qui in circumcisione non erant credituri, obseranda erant et obtegenda, | signaculum dicitur accepisse. Quod | 969
signaculum illo utique in tempore resignabitur, cum in novissimis diebus, postquam plenitudo, ut diximus, gentium introierit, omnis Israel salvus fiet. Idcirco denique ante Abraham iustificatur in fide, dum adhuc esset incircumcisus, et postea circumciditur, ut ostenderetur primo pater futurus multarum gentium et postea eorum, qui ex circumcisione credituri sunt. Neque enim hi, qui secundum carnem nascuntur ex Abraham, filii Abraham dicendi sunt, nisi fidem et opera habeant Abrahae. Inde denique et Dominus in evangelio dicit ad Iudaeos, qui se iactabant filios esse Abrahae: „Si filii Abrahae essetis, opera utique Abrahae faceretis."

[17] Als Zeichen ist die Beschneidung Hinweis auf das Heil in Christus, als Siegel verschließt sie für das Volk Israel den Zugang zu diesem Heil. Im Text des Papyrus, SCHERER, *Commentaire* 190,10–192,3, wird letzteres verständlicher durch das Zitat von Gal 5,2: „Wenn ihr euch beschneiden laßt, wird Christus euch nichts nützen."

seine Vaterschaft über viele Völker. Gemäß unserem Glauben soll es erst dann weggenommen werden, wenn die Heiden in voller Zahl eingetreten sind und ganz Israel gerettet wird (vgl. Röm 11,25 f). Denn dann wird geschehen, was der Apostel sagt: Abraham wird durch den Glauben nicht nur Vater der Heidenvölker, sondern auch des Volkes der Beschneidung.

Wir wollen aber noch genauer über Zeichen und Siegel sprechen. Mit einem Zeichen, so haben wir gesagt, wird durch etwas Sichtbares auf etwas anderes hingewiesen; mit einem Siegel jedoch wird etwas für eine gewisse Zeit verschlossen und ist nicht zugänglich. Das kann man auch in folgender Art und Weise verstehen: Die Mysterien, deren Schatten wir in Gesetz und Propheten sehen, waren derart, daß sie sowohl durch Zeichen angedeutet als auch durch Siegel bewahrt werden sollten. Weil der Hinweis durch Zeichen für diejenigen nötig war, die aus den Heidenvölkern zum Glauben kamen, heißt es, daß Abraham ein Zeichen empfing. Da die Mysterien aber für solche verschlossen und verdeckt werden sollten, die als Beschnittene nicht glauben würden, heißt es, er habe ein Siegel empfangen. Das Siegel wird dann entfernt werden, wenn in den letzten Tagen, wie gesagt, ganz Israel gerettet wird, nachdem die Heiden in voller Zahl hinzugekommen sind (vgl. Röm 11,25 f)[17]. Genau deshalb wurde Abraham im Glauben gerechtfertigt, noch bevor er beschnitten war, und erst später beschnitten, damit klar würde, daß er zuerst der Vater vieler Völker sein würde und später dann auch derer, die aus der Beschneidung zum Glauben kommen sollten. Auch diejenigen, die dem Fleisch nach aus Abraham geboren sind, dürfen nämlich nur dann Kinder Abrahams heißen, wenn sie den Glauben und die Werke Abrahams aufweisen. Daher spricht ja auch der Herr im Evangelium zu den Juden, die sich brüsteten, Kinder Abrahams zu sein: „Wenn ihr Kinder Abrahams wärt, würdet ihr so handeln wie Abraham“ (Joh 8,39).

Vis autem et ex veteri scriptura perdoceri, quod filius quis dicitur non tantum eius, de cuius carnali semine descendit, sed et eius, cuius actus imitatur et opera? Audi Daniel, quid dicat ad unum ex illis senioribus, quos arguit adulterii: „Semen“, inquit, „Chanaan et non Iuda, species seduxit te, et concupiscentia evertit cor tuum.“ Vides eum, qui carnaliter de genere Iuda descenderat, negari filium esse Iuda, sed Chanaan, eius scilicet, cuius actus et opera sequebatur. Ita ergo et hi, qui de Abrahae semine secundum carnem genus ducunt, non dicuntur filii Abrahae, si eius non habent fidem. Sic denique et propheta dicit ad eos: „Pater tuus Amorrhaeus et mater tua Cethaea“, quibus utique non eos necessitudo generis, sed morum similitudo iungebat.

„Ut esset ergo“, inquit, „pater omnium credentium per praeputium, ut reputetur illis ad iustitiam, et sit pater circumcisionis non his tantum, qui sunt ex circumcisione, sed et illis, qui sequuntur vestigia eius, quae est in praeputio fidei patris nostri Abrahae.“ In quo evidenter ex utroque populo, sicut superius diximus, pronuntiat non carnis originem, sed notabilitatem fidei requirendam. De circumcisionis autem sacramento latius iam in superioribus diximus, sed et in aliis pluribus locis, quae pro re et pro tempore occurrere visa sunt, exposuimus.

Sed diligentem lectorem, quem iota unum aut unus apex de lege non praeterit, ne illud quidem latere debet, quia hoc, quod apostolus dixit: „Reputata est Abrahae fides eius ad

---

18 Vgl. 2,13; ORIGENES, *hom. in Gen.* 3.

Willst du aber auch aus dem Alten Testament lernen, daß einer nicht nur Sohn dessen genannt wird, von dem er dem Fleische nach abstammt, sondern auch Sohn desjenigen, dessen Tun und Werke er nachahmt, dann höre, was Daniel zu einem der Ältesten sagte, die er des Ehebruchs beschuldigte: „Du Sohn Kanaans, nicht Judas, dich hat die Schönheit verführt, und die Leidenschaft hat dein Herz verdorben“ (Dan 13,56). Offensichtlich wird hier geleugnet, daß einer, der dem Fleisch nach aus dem Stamm Juda abstammte, ein Sohn Judas sei, man behauptet vielmehr, er sei ein Sohn Kanaans, der Sohn dessen, dem er im Tun und Wirken nachfolgte. So ist es auch mit denen, die dem Fleisch nach Nachkommen Abrahams sind. Sie werden nicht Söhne Abrahams genannt, wenn sie seinen Glauben nicht haben. Daher sagt auch der Prophet zu ihnen: „Dein Vater war ein Amoriter, deine Mutter eine Hetiterin“ (Ez 16,3). Mit diesen waren sie sicher nicht einfachhin durch Blutsverwandtschaft verbunden, sondern sie waren ihnen in ihrem Lebenswandel ähnlich.

Paulus sagt: „Also ist er der Vater aller, die als Unbeschnittene glauben und denen daher Gerechtigkeit angerechnet wird, und er ist der Vater der Beschneidung, nicht nur für die, die aus dem Volk der Beschneidung sind, sondern auch für die, die seinen Spuren folgen und den Weg des Glaubens gehen, des Glaubens, den unser Vater Abraham schon vor seiner Beschneidung hatte.“ Damit verkündet er deutlich und klar, daß man, wie wir oben festgestellt haben, bei beiden Völkern nicht nach der fleischlichen Abstammung, sondern nach dem feststellbaren Glauben fragen muß. Über das Sakrament der Beschneidung haben wir oben schon ausführlich genug gesprochen. Auch an vielen anderen Stellen haben wir dargelegt, was uns je nach der Sache oder der Zeit dazu in den Sinn kam[18].

Einem sorgfältigen Leser, dem auch nicht der kleinste Buchstabe im Gesetz (vgl. Mt 5,18) entgeht, darf jedoch nicht verborgen bleiben, daß bei dem Zitat des Apostels:

iustitiam", illo tempore, cum de eo scriptum est, quod crediderit Deo et reputatum sit ei ad iustitiam, nondum Abraham vocabatur, sed Abram erat nomen eius. Adhuc enim incircumcisus manebat, ut interpretatur apostolus. De quo aliquibus forte videbitur error in exemplaribus haberi, quod facile Abraham pro Abram scribi potuerit. Sed quia haec | existimatio potius incerta est quam firma | 970
approbatio, nos compendiosius respondeamus, quod observans apostolus sententiam Dei, qui dixit: „Iam non Abram, sed Abraham erit nomen tuum", appellavit nunc eum, non ut in loco Genesis scriptum est, sed ut de eo pronuntiaverit Deus. Quae enim divinitus sanciuntur, observari in posterum convenit.

Haec, prout potuimus, in locis tam arduis et tam difficilibus prolata, si quis forte animi nostri studium consideret, amplecti poterit. Si vero infirmitatem sensus nostri notare velit, veniam petimus et ei, qui melius de his disserere vel explanare potuerit, libenter cedimus. Nos vero ad ea, quae sequuntur, segni licet gressu convertimus pedem.

3. *Non enim per legem promissio Abrahae aut semini eius, ut haeres esset mundi, sed per iustitiam fidei.* Hoc in loco mihi videtur de lege Moysi apostolus disputare et asserere, quod promissio, quae facta est ad Abraham, ut haereditatem mundi, id est terrae totius, acciperet ipse vel semen

[19] Bis Gen 17 wird immer von Abram gesprochen. Paulus aber zitiert in Röm 4,3 Gen 15,6 und spricht von Abraham. Vgl. SCHERER, *Commentaire* 192,20–194,4 (Papyrustext) und *frg.* 21 (RAMSBOTHAM), wo

„Dem Abraham wurde sein Glaube als Gerechtigkeit angerechnet" noch etwas anderes zu bedenken ist. Zu der Zeit, da von ihm geschrieben steht, daß er Gott glaubte und ihm das als Gerechtigkeit angerechnet wurde, hieß er nämlich noch nicht Abraham, sondern sein Name war Abram. Noch war er ja unbeschnitten geblieben, wie der Apostel erklärt. Daher kommt es wahrscheinlich, daß es die irrtümliche Lesart in den Handschriften gibt. Man konnte ja leicht Abraham statt Abram schreiben. Doch weil das eher eine unsichere Annahme ist als ein überzeugender Beweis, wollen wir kurz antworten, daß der Apostel das Wort Gottes: „Nicht Abram, sondern Abraham soll dein Name sein" (Gen 17,5) ernst nimmt. Darum hat Paulus nicht von Abram gesprochen, wie es an der betreffenden Stelle geschrieben steht, sondern von Abraham, wie Gott seinen Namen verkündet hat. Was nämlich einmal von Gott angeordnet wird, daran sollte man sich in Zukunft halten[19].

So gut wir es vermochten, haben wir etwas zu diesen so schwer zugänglichen und schwierigen Stellen vorgetragen. Wer berücksichtigt, wie sehr unser Geist sich bemüht hat, wird es gerne so annehmen. Wer aber unser Verständnis als schwach bezeichnet, den bitten wir um Nachsicht und überlassen die Aufgabe gerne dem, der diese Dinge besser erörtern und erklären kann. Wir aber wollen — wenn auch gemessenen Schrittes — uns nun zum Folgenden begeben.

3. *Denn Abraham und seine Nachkommen erhielten nicht aufgrund des Gesetzes die Verheißung, Erben der Welt zu sein, sondern aufgrund der Glaubensgerechtigkeit* (Röm 4,13). Meiner Meinung nach spricht der Apostel an dieser Stelle vom Gesetz des Mose. Er stellt fest, daß die an Abraham ergangene Verheißung, er beziehungsweise seine Nachkommenschaft solle die Welt, das heißt die ganze

---

nur von einer Verderbnis des Textes die Rede ist.

eius, non ex Moysi lege constaret. Ante enim quam Moyses legislator exsisteret, „visus est“, inquit, „Dominus Abrahae et dixit ad eum: Exi de terra tua et de cognatione tua et de domo patris tui et veni in terram, quam ostendero tibi. Et faciam te in gentem magnam et benedicam te et magnificabo nomen tuum, et eris benedictus; et benedicam benedicentes te et maledicam maledicentes te, et benedicentur in te omnes tribus terrae.“ Quod ergo dicit: „Benedicentur in te omnes tribus terrae“, hoc est haeredem factum esse totius mundi. Quae utique promissio ad Abraham antea facta est, quam per Moysen de legis observantia mandaretur. Sic ergo non est ex lege promissio Abrahae neque semini eius, ut haeres sit mundi, sed per iustitiam fidei. Quae est ista iustitia fidei? De qua in superioribus scribitur, ut saepe iam diximus, quia „credidit Abraham Deo, et reputatum est illi ad iustitiam.“ Nec immerito, legis enim observantia poenam tantummodo effugit, fidei vero meritum spem repromissionis exspectat; et praeceptum servis ponitur, fides quaeritur ab amicis.

Sed etsi secundum ea, quae in superioribus disseruimus, de lege naturali Paulus haec dicere intelligatur, non erit contrarium rationibus superius redditis. Quamvis enim lex naturae de bono et malo testimonium reddat secundum iudicium conscientiae, tamen legi fidei non potest exaequari, qua Deo credidit Abraham et iustificari meruit atque amicus Dei appellari.

---

20 *Meritum* ist hier nicht mit „Verdienst“ im Sinn der späteren Gnadenlehre wiederzugeben, es hat mehr die Bedeutung von „Würde, Rang, Stellung“, vgl. den letzten Satz des Abschnitts. HALLONSTEN, *Meritum*, beweist, daß das Wort bei TERTULLIAN nicht im Kontext einer Verdienstlehre steht, vgl. bes. 170–173. Für die spätere Zeit vgl. *Sacramentarium Leonianum* 1157: *cui pontificale donasti meritum dones et praemium.*

21 Der Abschnitt 4,3 hat nur eine kurze Parallele zum griechischen Text. Wie CHADWICK, *Rufinus* 34 f, sagt, sollte man daraus keine weitreichenden Schlüsse in bezug auf die Zuverlässigkeit des RUFIN ziehen. Es wird allerdings deutlich, wie sehr er gekürzt hat.

Erde, als Erbteil empfangen, nicht aufgrund des mosaischen Gesetzes besteht. Denn bevor Mose, der Gesetzgeber, lebte, „erschien der Herr dem Abraham", so heißt es, „und sprach zu ihm: Zieh weg aus deinem Land, von deiner Verwandtschaft und aus deinem Vaterhaus in das Land, das ich dir zeigen werde. Ich werde dich zu einem großen Volk machen, dich segnen und deinen Namen groß machen. Gesegnet wirst du sein. Ich will segnen, die dich segnen, und verfluchen, die dich verfluchen; durch dich sollen alle Geschlechter der Erde Segen erlangen" (Gen 12,1–3). Wenn es heißt: „Durch dich sollen alle Geschlechter der Erde Segen erlangen", so bedeutet das, daß er Erbe der ganzen Welt geworden ist. Sicher erging diese Verheißung an Abraham, bevor durch Mose die Gesetzesbeobachtung angeordnet wurde. So kommt die Verheißung an Abraham und seine Nachkommen, Erben der Welt zu sein, nicht aus dem Gesetz, sondern durch die Glaubensgerechtigkeit. Worin besteht diese Glaubensgerechtigkeit? Von ihr heißt es im Vorhergehenden, und wir haben es schon oft wiederholt: „Abraham glaubte Gott, und das wurde ihm als Gerechtigkeit angerechnet" (Röm 4,3). Das ist mit vollem Recht so, denn die Beobachtung des Gesetzes bewirkt nur, daß man der Strafe entgeht, die Würde des Glaubens aber gibt Hoffnung auf die Verheißung[20]. Die Gesetzesvorschrift gilt für Sklaven, von Freunden erwartet man Glauben (vgl. Joh 15,15).

Aber auch wenn man annimmt, Paulus habe dies nach dem, was wir oben erklärt haben, vom natürlichen Gesetz gesagt, so wird das der gerade entwickelten Beweisführung nicht widersprechen. Denn wenn auch das natürliche Gesetz vom Guten und Bösen gemäß dem Urteil des Gewissens Zeugnis gibt, so kann es dennoch nicht dem Gesetz des Glaubens gleichgestellt werden, aufgrund dessen Abraham Gott glaubte und für wert befunden wurde, Gerechtigkeit zu erlangen und Freund Gottes genannt zu werden (vgl. Jak 2,23)[21].

4. *Si enim qui ex lege, hi haeredes sunt, exinanita est fides,* 971 *et evacuata est promissio. Lex enim iram operatur; ubi autem non est lex, nec praevaricatio.* Si, inquit, non ex lege promissio data est Abrahae, ut haeres esset mundi, sed per fidem, quae ei ad iustitiam reputata est, consequens sine dubio erit, ut et omnes, qui sperant sibi a Deo iustitiam reputandam, non per legem, sed per fidem sperent. Et ut hoc evidentius ostenderet, addidit: Si, inquit, hi, qui ex lege sunt, ipsi haeredes erunt repromissionis illius, quam per fidem meruit Abraham, evacuabitur illud, quod ex fide iustificatus est Abraham, cum utique, si ex lege futura esset haereditas, oportuerit et Abraham legem prius implere et ita haereditatem iustitiae promereri. Et ut ostendat nullo modo hoc ita fieri potuisse, dicit, quod „lex iram operatur". Ubi autem ira est, haereditas non est; et addidit: „Ubi autem non est lex, nec praevaricatio."

Sed repetamus paululum et videamus, de qua lege ista dicantur. In superioribus quidem, ubi dicit: „Si enim qui ex lege hi haeredes sunt, exinanita est fides, et evacuata est promissio", potest et ad Moysi legem et ad naturalem referri. Certum est enim, quod, si ex lege Moysi praestatur haereditas, evacuatur illud, quod scribitur Abraham fidei credulitate meruisse; et rursum, si ad naturalem legem convertatur intelligentia, haec dici possunt: Si sufficere potuisset lex naturalis ad fidem, superfluum videretur quod dictum est ad Abraham: „Exi de terra tua et de cognatione

4. *Wenn nämlich jene Erben sind, die das Gesetz haben, dann ist der Glaube entleert und die Verheißung außer Kraft gesetzt. Das Gesetz bewirkt nämlich Zorn; wo es aber das Gesetz nicht gibt, da gibt es auch keine Übertretung* (Röm 4,14f). Paulus hatte gesagt, daß Abraham die Verheißung, er werde Erbe der Welt sein, nicht aufgrund des Gesetzes zuteil wurde, sondern aufgrund des Glaubens, der ihm als Gerechtigkeit angerechnet wurde (vgl. Röm 4,3). Daraus folgt zweifellos, daß auch alle, die hoffen, Gott werde ihnen Gerechtigkeit anrechnen, dies nicht durch das Gesetz, sondern durch den Glauben erhoffen. Um das noch deutlicher zu zeigen, fügte Paulus hinzu: Wenn die, die das Gesetz haben, Erben der Verheißung werden, die Abraham durch den Glauben empfangen durfte, dann wird außer Kraft gesetzt, daß Abraham aufgrund des Glaubens gerechtfertigt wurde. Denn wenn ihm das Erbteil aufgrund des Gesetzes zufallen würde, dann hätte auch Abraham zuerst das Gesetz erfüllen und so erreichen müssen, das Erbe der Gerechtigkeit zu empfangen. Um zu zeigen, daß so etwas auf keinen Fall sein konnte, sagt er: „Das Gesetz bewirkt Zorn.“ Wo aber Zorn herrscht, da gibt es kein Erbe; und er fügt hinzu: „Wo es aber das Gesetz nicht gibt, da gibt es auch keine Übertretung.“

Doch laßt uns ein klein wenig zurückgreifen und sehen, von welchem Gesetz gesprochen wird. Paulus hat oben gesagt: „Wenn nämlich jene Erben sind, die das Gesetz haben, dann ist der Glaube entleert und die Verheißung außer Kraft gesetzt.“ Dies kann sich sowohl auf das Gesetz des Mose als auch auf das natürliche Gesetz beziehen. Es steht ja fest: Wenn das Erbe aufgrund des mosaischen Gesetzes gewährt wird, dann wird außer Kraft gesetzt, daß Abraham es gemäß der Schrift aufgrund seines bereitwilligen Glaubens erlangte. Wenn wir aber mehr das natürliche Gesetz darunter verstehen, dann kann man sagen: Wenn das natürliche Gesetz zum Glauben ausgereicht hätte, wäre es überflüssig, daß zu Abraham gesagt wurde: „Zieh weg

tua et de domo patris tui et veni in terram, quam ostendero tibi.“ Utquid enim exiret de terra sua et de domo sua, si ei lex sufficeret naturalis, quam utique et in terra sua positus habere et custodire potuisset? Sed nunc velut illa minus sufficiente iubetur legem fidei sequi, sine qua nec haeres esse mundi ipse vel semen suum nec amicus Dei poterat appellari. Sic ergo potest ab utraque lege subtractum ad solam fidei legem respicere quod dicit: „Si enim qui ex lege hi haeredes sunt, exinanita est fides, et evacuata est promissio.“

Iam vero in hoc loco, ubi dicit: „Lex enim iram operatur“, diligentius intuendum est, ad quam legem respicere videatur hic sermo; sed et ille, qui sequitur: „Ubi enim non est lex, nec praevaricatio.“ Sed priusquam a nobis plenior explanatio requiratur, ad illa breviter respondeamus, quae de hoc loco haeretici nobis solent obtendere. Aiunt enim: Ecce quomodo apostolus dicit, quia lex Moysi iram operatur; ubi vero lex illa non fuerit, ibi nec praevarica|tio erit. | 972
Requiramus ergo ab eis: Si, ubi lex est, et praevaricatio erit transgressae legis, ergo et, ubi fides est, transgressae fidei praevaricatio erit. Si enim praevaricator efficitur, qui declinat a lege, sine dubio et ille praevaricator est, qui declinat a fide; etsi praevaricationi illi, quae in lege est, lex ipsa in causa est, etiam praevaricationi huic, quae in fide est, fides in causa esse creditur. Si vero absurdum est dicere, quia

[22] Gemeint sind die Marcioniten, die das mosaische Gesetz als minderwertig ansehen.

aus deinem Land, von deiner Verwandtschaft und aus deinem Vaterhaus in das Land, das ich dir zeigen werde!" (Gen 12,1). Denn wozu sollte er aus seinem Land und aus seinem Haus ausziehen, wenn ihm das natürliche Gesetz genügte, das er doch auch haben und befolgen konnte, wenn er in seinem Land blieb? Nun aber, da dies offensichtlich zu wenig ist und nicht ausreicht, wird ihm geboten, dem Gesetz des Glaubens zu folgen, ohne das weder er noch seine Nachkommen Erbe der Welt sein oder Freund Gottes genannt werden konnten. Auf diese Weise kann die Verheißung nicht von den beiden genannten Gesetzesarten abgeleitet werden, sondern nur das Gesetz des Glaubens betreffen, weil der Apostel sagt: „Wenn nämlich jene Erben sind, die das Gesetz haben, dann ist der Glaube entleert und die Verheißung außer Kraft gesetzt."

Nun muß aber an der Stelle, wo er sagt: „Das Gesetz bewirkt nämlich Zorn", sorgfältig untersucht werden, auf welches Gesetz sich diese Aussage wohl bezieht. Das gleiche gilt vom Folgenden: „Wo aber kein Gesetz ist, gibt es auch keine Übertretung." Doch bevor man von uns eine ausführlichere Erklärung verlangt, wollen wir kurz auf das antworten, was die Häretiker uns an dieser Stelle gewöhnlich entgegenhalten[22]. Sie argumentieren nämlich: Seht, der Apostel sagt, daß das Gesetz des Mose Zorn bewirkt. Wo es aber dieses Gesetz nicht gibt, da gibt es auch keine Übertretung. Wir möchten ihnen daher folgendes Problem vorlegen: Wo es ein Gesetz gibt, da gibt es auch die Übertretung durch Handeln gegen das Gesetz. Also gilt genauso: Wo es den Glauben gibt, da gibt es auch die Übertretung durch Handeln gegen den Glauben. Wenn nämlich der zum Übertreter wird, der vom Gesetz abweicht, so wird ohne Zweifel auch der zum Übertreter, der vom Glauben abweicht. Und wenn das Gesetz daran schuld ist, daß jemand vom Gesetz abweicht, dann muß man auch annehmen, daß der Glaube daran schuld ist, daß jemand vom Glauben abweicht. Es ist aber widersinnig zu sagen, daß der Glaube

fides in causa est, ut quis praevaricetur a fide, etsi non accessisset ad fidem, praevaricator fidei non fuisset, ita absurdum erit praevaricationem legis ex eo accipere, quod susceperit quis observantiam legis.

Sed et illud addamus: Quid dicent nobis de his, qui ante legem Moysi in praevaricatione facti sunt? Si enim nullus ante Moysen praevaricator exstitit, nemo condemnatus est, nemo punitus. Quid dicent de Sodomitis, quid de his, qui in diluvio condemnati sunt? Quid de Cain, quid de ipso Adam, quid de Eva respondebunt, de qua apostolus dicit: „Mulier autem seducta in praevaricatione facta est“? Si sine lege Moysi non est praevaricatio, unde Adam, unde Eva praevaricatores ab apostolo nominantur?

Verum, ut etiam in superioribus saepe iam diximus, diversas in hac epistula leges apostolus introducit, et nunc de lege Moysi loquitur, nunc legem fidei nominat, sicut cum dicit: „Ubi est ergo gloriatio tua? Exclusa est. Per quam legem? Operum? Non, sed per legem fidei.“ Inducit praeterea et alias leges, de quibus dicit: „Condelector enim legi Dei secundum interiorem hominem, video autem aliam legem in membris meis repugnantem legi mentis meae et captivum me ducentem in lege peccati“; et ita de una ad alteram legem transit, ut, nisi sensus vigilans et intentus sit, deprehendere eum et sequi vix possit.

---

[23] Sünde auch vor dem Gesetz ist eines der Themen, die im Kommentar sehr häufig vorkommen, vgl. HARL, *Philocalie* 313, die folgende Stellen auflistet: 3, 2; 3, 6; 4, 4; 5, 1; 5, 6; 6, 8. ORIGENES hat bei diesem Thema die Absicht, das Gesetz aus dem Zusammenhang mit der Sünde zu lösen, vgl. auch WILES, *Divine Apostle* 54.

daran schuld ist, daß jemand vom Glauben abweicht, denn dann wäre er gar nicht schuldig geworden, wenn er überhaupt nicht zum Glauben gekommen wäre. Ganz genau so widersinnig ist es, das Übertreten des Gesetzes darauf zurückzuführen, daß jemand die Beobachtung des Gesetzes auf sich genommen hat.

Aber wir wollen auch Folgendes noch hinzufügen: Was werden sie uns von denen sagen, die zu Übertretern wurden, bevor es das Gesetz des Mose gab? Wenn es nämlich vor Mose keinen Übertreter gab, dann wurde auch niemand verurteilt, niemand bestraft. Was werden sie dann von den Sodomitern sagen? Oder von denen, die durch die Sintflut ihr Urteil empfingen? Was sagen sie von Kain oder von Adam selber? Was werden sie antworten, wenn der Apostel von Eva sagt: „Die Frau ließ sich verführen und übertrat das Gebot“ (1 Tim 2,14)? Wenn es ohne das Gesetz des Mose keine Übertretung gibt, wieso werden dann sowohl Adam als auch Eva vom Apostel als Übertreter bezeichnet?[23]

Wie wir im Vorhergehenden schon oft erwähnt haben, ist es also tatsächlich so, daß der Apostel in diesem Brief in verschiedenem Sinn von Gesetz spricht. Einmal redet er vom Gesetz des Mose, dann wieder vom Gesetz des Glaubens. So zum Beispiel, wenn er sagt: „Wo bleibt also dein Rühmen? Es ist ausgeschlossen. Durch welches Gesetz? Durch das der Werke? Nein, durch das Gesetz des Glaubens“ (Röm 3,27). Außerdem verwendet er das Wort „Gesetz“ noch in anderen Zusammenhängen, zum Beispiel, wenn er ausführt: „Denn in meinem Inneren freue ich mich am Gesetz Gottes, ich sehe aber ein anderes Gesetz in meinen Gliedern, das mit dem Gesetz meiner Vernunft im Streit liegt und mich gefangenhält im Gesetz der Sünde“ (Röm 7,22f). Auf diese Weise geht er vom einen zum anderen Gesetzesverständnis über, so daß selbst wachsames und angespanntes Denken ihn kaum zu verstehen vermag und ihm auch nur schwer folgen kann.

Videndum est ergo, ne forte illa lex, quae est in membris nostris et captivos nos ducit in lege peccati, ipsa sit lex, quam apostolus iram dicit operari. Operatur enim sine dubio iram ei, quem captivum duxerit in lege peccati. Ubi autem lex ista non fuerit, certum est, quod ibi nec praevaricatio erit. Qui vero sub ista lege fuerint, consequenter nec haeredes erunt.

Quod etsi de lege Moysi commemorari quis velit et dicere, quia iram operatur, pro eo fortassis solo hoc poterit affirmare, quod peccantem in se aut lapidari continuo aut cremari ignibus iubet vel si quod aliud peccantibus decernitur in lege supplicium, ut poena ipsa, quae peccanti infertur ex lege, ira nunc ab apostolo no|minata videatur. Simi- | 973
liter et de praevaricatione, ut non omnem praevaricationem generaliter in hoc loco adstruat appellatam, sed eius, qui in lege positus deliquerit, ut gravius delictum videatur eius, qui per legem prohibitus peccat, quam eius, qui nulla fuerit lege commonitus.

Sed et illud videndum est, quia non dixit apostolus, quod, ubi lex fuerit, ibi et praevaricatio; sed ait: „Ubi autem non est lex, nec praevaricatio.“ In quo ostendit, quod praevaricatio quidem esse omnino non possit, nisi lex fuerit; non tamen, si lex sit, omni genere etiam praevaricatio erit. Potest enim fieri, ut sit lex et praevaricatio non sit; non potest tamen fieri, ut praevaricatio sit, ubi lex non est. Nam etsi Moysi legem ponamus, non continuo omnes, qui sub Moysi lege vixerunt, in praevaricatione facti sunt; alioquin simul et prophetas et omnes iustos videmur involvere; nisi

Es ist also zu untersuchen, ob nicht jenes Gesetz, das in unseren Gliedern ist und uns gefangenhält im Gesetz der Sünde, das Gesetz ist, von dem der Apostel sagt, daß es Zorn bewirke. Es bewirkt ja ohne Zweifel Zorn für den, den es im Gesetz der Sünde gefangengehalten hat. Wo aber dieses Gesetz nicht war, da gibt es sicherlich auch keine Übertretung. Die also unter diesem Gesetz standen, werden folglich auch nicht Erben sein.

Aber auch wenn einer einwendet, Paulus habe hier das Gesetz des Mose gemeint, das den Zorn bewirke, dann kann er als Grund dafür nur die Tatsache anführen, daß es befiehlt, den Gesetzesbrecher entweder sogleich zu steinigen oder im Feuer zu verbrennen, oder was sonst als Strafe für die Sünder im Gesetz bestimmt ist. Somit wird die Strafe, die dem Sünder dem Gesetz gemäß zugefügt wird, vom Apostel offenbar als Zorn bezeichnet. Ähnliches muß man auch mit Bezug auf die Übertretung überlegen. Paulus meint an dieser Stelle nicht einfach jede Übertretung schlechthin, sondern die Übertretung eines Menschen, der unter dem Gesetz steht. So soll deutlich werden, daß derjenige ein schwereres Verbrechen begeht, der sündigt, obwohl das Gesetz es ihm verbietet, als derjenige, der durch kein Gesetz ermahnt wurde.

Doch ist auch zu beachten, daß der Apostel nicht gesagt hat: Wo ein Gesetz ist, da gibt es auch Übertretung, sondern: „Wo aber kein Gesetz ist, gibt es auch keine Übertretung." Damit zeigt er, daß es zwar keine Übertretung geben könnte, wenn kein Gesetz da wäre, es aber dennoch, wenn es ein Gesetz gibt, nicht unbedingt zur Übertretung kommen muß. Es kann nämlich sein, daß ein Gesetz da ist, aber keine Übertretung; es kann aber nicht sein, daß es Übertretung gibt, wenn kein Gesetz da ist. Denn auch wenn wir diese Aussage vom Gesetz des Mose verstehen, so sind nicht ohne weiteres alle, die unter dem Gesetz des Mose lebten, zu Übertretern geworden, sonst würden wir ja auch die Propheten und alle Gerechten mit einschließen. Aller-

forte dicat aliquis iustos omnes et prophetas non tam sub lege quam sub fide vixisse, peccatores vero et iniustos legis vinculis fuisse constrictos, sicut et apostolus dicit: „Quia iusto lex non est posita, sed iniustis et non subditis, impiis et peccatoribus, scelestis et profanis, patricidis et matricidis, homicidis, fornicatoribus, masculorum concubitoribus, plagiatoribus, mendacibus, periuris etsi quid aliud sanae doctrinae adversatur.“

Quod si talibus lex posita est, non tibi multo meliores illi videbuntur, de quibus dicitur: „Cum enim gentes, quae legem non habent, naturaliter quae legis sunt faciunt, huiusmodi legem non habentes ipsi sibi sunt lex; qui ostendunt opus legis scriptum in cordibus suis testimonium reddente eis conscientia“? Et statuamus ante oculos, si videtur, duos aliquos verbi gratia, qui cum masculis non concubuerunt concubitu muliebri, unum ex his praecepto legis prohibitum, cuius si metum non habuisset, fortasse fecisset, et alium, qui propriae mentis iudicio huiuscemodi contagionem ne cogitationes quidem suas adire permiserit; nonne multo illum praeferas, qui nulla legis interminatione deterritus immunem se a flagitii contaminatione servavit? Similiter etiam de ceteris peccatis si habeatur examen.

Et ideo sive Moysi lex intelligatur sive etiam ea, quae in nostris membris est et iram operatur, non possunt, qui ex ipsa sunt, haeredes esse, sed illi, qui sunt ex lege fidei, fidei autem illius, ex qua iustificatus est Abraham. Sed fortasse

---

[24] Die Dynamik der Offenbarung verläuft in zwei Richtungen. Die eine erstreckt sich gleichsam horizontal vom Anbeginn der Schöpfung bis zu ihrer Vollendung, die andere erstreckt sich gleichsam vertikal, vom Irdischen zum Himmlischen; vgl. Bd. 1, 19f Einführung. In den Gerechten des AT ist diese Dynamik schon weiter fortgeschritten, sie haben jetzt Zugang zur Wahrheit Christi, vgl. HARL, *Fonction* 161f.

dings könnte man vielleicht sagen, daß alle Gerechten und Propheten nicht so sehr unter dem Gesetz als vielmehr unter dem Glauben lebten[24], daß die Sünder und die Ungerechten aber durch die Fesseln des Gesetzes gebunden waren, wie der Apostel sagt: „Das Gesetz ist nicht für den Gerechten bestimmt, sondern für Ungerechte und Ungehorsame, für Gottlose und Sünder, für Menschen ohne Glauben und Ehrfurcht, für solche, die Vater oder Mutter töten, für Mörder, Unzüchtige, Knabenschänder, Menschenhändler, Lügner, Meineidige und für solche, die all das tun, was der gesunden Lehre widerspricht" (1 Tim 1,9f).

Wenn das Gesetz für solche bestimmt ist, erscheinen dir dann jene nicht als viel besser, von denen gesagt wird: „Wenn nämlich Heiden, die das Gesetz nicht haben, von Natur aus das tun, was im Gesetz gefordert ist, so sind sie, die das Gesetz nicht haben, sich selber Gesetz. Sie zeigen damit, daß ihnen die Forderung des Gesetzes ins Herz geschrieben ist; ihr Gewissen legt Zeugnis davon ab" (Röm 2,14f)? Wir wollen uns zum Beispiel zwei Männer vor Augen stellen, die nicht mit anderen Männern Geschlechtsverkehr haben. Einer von ihnen wurde durch die Gesetzesvorschrift daran gehindert; ohne Furcht davor hätte er es vielleicht getan. Der andere kommt durch das Urteil des eigenen Geistes dazu, daß er nicht einmal seine Gedanken von solchen Dingen anstecken läßt. Müßte man nicht bei weitem dem den Vorzug geben, den kein Gesetz bedrängt und erschreckt hat und der sich trotzdem freihielt von der Befleckung durch dieses Laster? Das gleiche könnte man auch von anderen Sünden sagen, wenn man es prüfen würde.

Ob man also unter dem Gesetz hier das Gesetz des Mose versteht oder das Gesetz in unseren Gliedern, das Zorn bewirkt, es können die nicht Erben sein, die zu einem solchen Gesetz gehören, sondern nur die, welche aus dem Gesetz des Glaubens leben, jenes Glaubens, aufgrund des-

requirat aliquis, quomodo non et qui sub lege Moysi est sub lege fidei esse videatur, cum scriptum sit in Exodo: „Credidit autem po|pulus Deo et Moysi famulo eius“ et 974
iterum Dominus in evangelio dicat: „Si crederetis Moysi, crederetis utique et mihi; de me enim ille scripsit.“

Videbitur enim, sicut de se dixit, quia „qui credit in me, credit et in eum, qui misit me“, ita et de Moyse dicere, quod „si crederetis Moysi, crederetis utique et mihi.“ Ad quod respondebimus, quia illud, quod dictum est in deserto: „Credidit populus Deo et Moysi famulo eius“, narratio est, qua ostenditur, quod per ministerium Moysi, quo signa et mirabilia ministravit, populus credidit Deo; in hoc verbo, ubi dicit: „Si crederetis Moysi, crederetis utique et mihi“, arguit infidelitatem eorum, qui, dum sibi non credunt, ostendunt se nec Moysi litteris credere, in quibus de adventu Christi prophetali sermone comprehensum est; ubi vero dicit: „Qui credit in me, credit in eum, qui misit me“, spem credentium elevat usque ad Deum patrem, ut sicut quis, cum videt filium, vidisse se sciat et patrem, ita, cum credit filio, credidisse se sciat et patri.

---

25 ORIGENES zeigt hier die Dynamik des echten Glaubens: vom Gesetz zu Christus, von Christus zum Vater. Der Einwand, den er zurückweist, unter dem Gesetz des Mose sei man auch schon notwendig unter dem

sen Abraham gerechtfertigt wurde. Aber vielleicht fragt jemand, inwiefern einer, der unter dem Gesetz des Mose lebt, nicht auch zugleich unter dem Gesetz des Glaubens steht, da es doch im Buch Exodus heißt: „Das Volk aber glaubte Gott und Mose, seinem Knecht" (Ex 14,31). Und der Herr sagt ebenfalls im Evangelium: „Wenn ihr Mose glauben würdet, müßtet ihr auch mir glauben, denn über mich hat er geschrieben" (Joh 5,46).

Genauso wie er von sich gesagt hat: „Wer an mich glaubt, glaubt auch an den, der mich gesandt hat" (Joh 12,44), scheint er auch von Mose zu sprechen: „Wenn ihr Mose glauben würdet, müßtet ihr auch mir glauben" (Joh 5,46). Darauf wollen wir antworten, daß das Wort: „Das Volk glaubte Gott und Mose, seinem Knecht" (Ex 14,31) ein Bericht über den Wüstenzug ist, durch den klar wird, daß das Volk Gott glaubte, weil Mose als Diener Gottes Zeichen und Wunder wirkte. Mit dem Wort aber: „Wenn ihr Mose glauben würdet, müßtet ihr auch mir glauben" (Joh 5,46) klagt er ihren Ungehorsam an. Weil sie ihm selbst nicht glauben, bekunden sie auch ihren Unglauben den Schriften des Mose gegenüber, in denen mit prophetischen Worten von der Ankunft Christi die Rede ist. Dagegen richtet er mit dem Wort: „Wer an mich glaubt, glaubt an den, der mich gesandt hat" (Joh 12,44) die Hoffnung der Glaubenden bis zu Gott, dem Vater, empor. Denn genauso wie einer, der den Sohn sieht, wissen soll, daß er damit auch den Vater gesehen hat, soll einer, der dem Sohn glaubt, wissen, daß er damit auch dem Vater geglaubt hat[25].

Gesetz des Glaubens, gibt ihm Gelegenheit zu erklären, daß jeder Schritt auf den vollen Glauben hin eine freie Entscheidung ist; vgl. SCHERER, *Commentaire* 197–199 Anm. zu 23.

5. *Ideo ex fide, ut secundum gratiam firma sit promissio omni semini, non ei, quod ex lege est tantum, sed et ei, quod ex fide est Abrahae, qui est pater omnium nostrum, sicut scriptum est: Quia patrem multarum gentium posui te, ante eum, cui credidit, Deum, qui vivificat mortuos et vocat ea, quae non sunt, tamquam ea, quae sunt.* In superioribus distinctionem dedit mercedis et gratiae dicens mercedem rem debiti esse, gratiam autem nullius esse debiti, sed benevolentiae beneficium. Et in praesenti ergo loco ostendere volens Deum haereditatem promissionum non ex debito, sed per gratiam dare dicit, quia haereditas a Deo his, qui credunt, non ex mercedis debito, sed fidei munere concedatur.

Sicut enim, ut exempli causa dixerim, hoc, quod subsistimus, non potest intelligi quasi ex operis nostri mercede subsistamus, sed evidenter Dei munus est, quod sumus, et gratia conditoris, qui esse nos voluit, ita et, si haereditatem promissionum Dei capiamus, divinae gratiae est, non alicuius debiti aut operis merces.

Quod si forte videatur hoc ipsum, quod dicitur „ex fide“, non esse gratis, quippe si offerenda sit fides prius ab homine et ita a Deo gratia promerenda, audi, quomodo in aliis etiam de hoc idem apostolus docet. Etenim ubi enumerat dona spiritus, quae dicit secundum mensuram fidei credentibus dari, ibi inter cetera etiam donum fidei asserit per spiritum sanctum tribui. Post multa namque ita etiam de | hoc dicit: „Alii fides in eodem spiritu“, ut ostendat, | 975

---

[26] ORIGENES trennt nicht wie die spätere Theologie zwischen Natur und Übernatur, zwischen Schöpfung und Erlösung. Er bezeichnet alles göttliche Wirken am Menschen als Gnade. Sie schenkt die Existenz, die Logosteilhabe, den Glauben und das ewige Leben. Vgl. zur Stelle SCHE-

5. *Deshalb gilt: aus Glauben, damit die Verheißung der Gnade gemäß für alle Nachkommen sicher sei, nicht für die aus dem Gesetz allein, sondern für die, welche auch aus dem Glauben Abrahams sind. Nach dem Schriftwort: „Ich habe dich zum Vater vieler Völker bestimmt" ist er unser aller Vater vor Gott, dem er geglaubt hat, der die Toten lebendig macht und das, was nicht ist, ruft wie das, was ist* (Röm 4,16f). Bereits oben hat Paulus unterschieden zwischen Lohn und Gnade. Wie er sagt, ist der Lohn etwas Geschuldetes, unter Gnade aber versteht man nicht die geschuldete, sondern die aus Güte erwiesene Wohltat. Um also auch an dieser Stelle zu zeigen, daß Gott das verheißene Erbe nicht nach Schuldigkeit gibt, sondern aus Gnade, sagt er, daß Gott den Glaubenden das Erbe nicht als geschuldeten Lohn gewährt, sondern als Geschenk des Glaubens.

Um ein Beispiel zu nennen: Daß wir existieren, können wir nicht als Lohn für unser Tun ansehen; unsere Existenz ist eindeutig Gottes Gabe und eine Gnade unseres Schöpfers, der wollte, daß wir sind. Genauso ist es auch göttliche Gnade und nicht irgendwie geschuldeter Lohn für unser Tun, wenn wir Gottes Verheißungen als Erbe empfangen[26].

Man könnte nun vielleicht meinen, weil es heißt „aus Glauben", sei es nicht umsonst, da ja der Mensch Gott zuerst den Glauben erweisen müsse, um so von Gott die Gnade zu erlangen. Höre, was der gleiche Apostel an anderen Stellen ebenfalls darüber lehrt. Er zählt nämlich die Gaben des Geistes auf, von denen er sagt, sie würden den Gläubigen dem Maß des Glaubens entsprechend gewährt. Dabei versichert er, daß unter anderem auch die Gabe des Glaubens vom Heiligen Geist geschenkt werde. Denn im Anschluß an vieles andere sagt er: „Einem andern im gleichen Geist Glaubenskraft" (1 Kor 12,9). Damit zeigt

---

RER, *Commentaire* 204,14–19, zu den Aussagen des ORIGENES über Gnade GRUBER, *ΖΩΗ* 229–240, und HEITHER, *Translatio Religionis* 241–246.

quia etiam fides per gratiam datur. Sed et alibi idem apostolus docet dicens: „Quia a Deo vobis datum est, non solum ut credatis in Christum, sed etiam ut patiamini pro illo.“ Invenis hoc et in evangeliis designari, ubi apostoli intelligentes, quod ea, quae ex homine est fides, non potest esse perfecta, nisi addita fuerit etiam ea, quae ex Deo est, dicunt ad salvatorem: „Auge nobis fidem!“

Ex quibus omnibus apertissime comprobatur, quod hic dicit apostolus: „Ideo ex fide, ut secundum gratiam firma sit promissio“, quia etiam fides ipsa, qua credere videmur Deo, dono in nobis gratiae confirmatur. Haec autem est gratia, quam invenire sicut thesaurum magnum meretur, si quis beatus est. Hanc invenit Noe; et ideo scriptum est de eo: „Noe autem invenit gratiam in conspectu Domini Dei.“ Hanc invenerat gratiam et Moyses; et ideo dicebat ad Deum: „Si inveni gratiam in conspectu tuo.“ Invenimus tamen aliquos sanctorum non solum in conspectu Domini Dei invenisse gratiam, sed etiam in conspectu hominum. Denique de beato Ioseph scriptum est: „Et invenit Ioseph gratiam in conspectu domini sui.“ Sed ista gratia, quae in conspectu hominum invenitur, Deo largiente conceditur. Sic enim scriptum est de eodem Ioseph: „Et erat Dominus cum Ioseph et infudit super eum misericordiam et dedit illi gratiam in conspectu principis carceris.“

Amplius adhuc aliquid de huiusmodi gratia in divinis litteris memoratur de beata Esther. Sic enim ait, quia „erat Esther inveniens gratiam apud omnes, qui videbant eam“. Paulo post dicit scriptura: „Invenit gratiam Esther super omnes ceteras virgines, et imposuit ei rex diadema mulie-

er, daß auch der Glaube als Gnadengabe gewährt wird. An anderer Stelle lehrt der Apostel ebenfalls: „Denn es wurde euch von Gott gegeben, nicht nur an Christus zu glauben, sondern auch für ihn zu leiden“ (Phil 1,29). Man kann diesen Sachverhalt auch im Evangelium beschrieben finden, an der Stelle nämlich, wo die Apostel verstehen, daß der menschliche Glaube nur vollkommen sein kann, wenn der von Gott geschenkte Glaube dazukommt, und in dieser Erkenntnis den Erlöser bitten: „Mehre unseren Glauben!“ (Lk 17,5).

Durch all das wird offenkundig bestätigt, was der Apostel hier sagt: „Deshalb gilt: aus Glauben, damit die Verheißung der Gnade gemäß sicher sei.“ Denn sogar der Glaube selbst, mit dem wir Gott glauben, wird gefestigt in uns durch das Geschenk der Gnade. Das aber ist die Gnade, die einer wie einen großen Schatz finden darf (vgl. Mt 13,44), wenn er Glück hat. Noach fand sie; deshalb steht von ihm geschrieben: „Noach aber fand Gnade in den Augen Gottes, des Herrn“ (Gen 6,8). Auch Mose hatte diese Gnade gefunden, und darum sprach er zu Gott: „Weil ich Gnade in deinen Augen gefunden habe“ (Ex 33,13). Wir entdecken jedoch, daß einige Heilige nicht nur in den Augen Gottes, des Herrn, Gnade gefunden haben, sondern auch in den Augen der Menschen. Es steht ja vom seligen Josef geschrieben: „Josef fand Gnade in den Augen seines Herrn“ (Gen 39,4). Aber auch die Gnade, die jemand in den Augen der Menschen findet, wird von Gott geschenkt und zugeteilt. Denn so heißt es weiter von Josef: „Der Herr war mit ihm, er überschüttete ihn mit Erbarmen und ließ ihn Gnade finden in den Augen des Kerkermeisters“ (Gen 39,21 LXX).

Noch mehr von solcher Gnade wird in der Heiligen Schrift im Zusammenhang mit der seligen Ester berichtet. Es heißt nämlich: „Ester fand Gnade bei allen, die sie sahen“ (Est 2,15), und dann: „Ester fand mehr Gnade als alle anderen Mädchen, und der König setzte ihr das

bre.“ Haec autem non importune, arbitror, de scripturis sanctis requisivimus ad confirmationem apostolici dicti, in quo de fide et gratia disputat. Ait ergo: „Ideo ex fide, ut secundum gratiam firma sit promissio.“

Sed et hoc notandum est, quod ait: „Ideo ex fide, ut secundum gratiam firma sit promissio“ quasi ostendere volens, quod, si ex lege esset et non ex gratia promissio, firma non esset; nunc autem idcirco firma sit, quia non ex lege, sed per gratiam. In quo ego puto quod tale aliquid intelligi velit, quia, quae ex lege sunt, extra nos sunt, quae autem per gratiam, intra nos habentur. Verbi causa quae in lege scripta sunt, calamo et atramento in membranis vel chartulis scripta sunt, quae autem ex gratia descendunt, per spiritum Dei in | corde nostro descripta sunt, sicut idem | 976 ipse apostolus, minister huius gratiae, in aliis designat et dicit: „Epistula nostra vos estis inscripta non atramento, sed spiritu Dei vivi, non in tabulis lapideis, sed in tabulis cordis carnalibus.“ Ideo, ut mihi videtur, firmiora dicit ea, quae per gratiam, quam ea, quae ex lege sunt, quia illa extra nos sunt et haec intra nos, et illa in fragili materia consistunt, ita ut facile possint exolescere, haec vero Dei spiritu inscripta et in animae penetralibus impressa firmitatem perpetuitatis obtineant. Talibus ergo litteris promissionis inscribitur anima, quae fidem suam Deo velut ceras obtulerit praeparatas, ut in his Dei gratia dignanter possit inscribi; et ideo huiusmodi fides reputatur ad iustitiam, quae capax gratiae caelestis exstiterit. Hoc autem contingit semini Abrahae, non ei tantum, quod ex lege est, sed et ei, quod ex fide est. Multo enim Abrahae nobilior ex fide est quam

Diadem der Königin auf" (Est 2, 17). Dies haben wir — wie ich meine, ganz passend — aus den heiligen Schriften zur Bekräftigung der Aussage des Apostels über Glaube und Gnade herausgesucht. Er sagt ja: „Deshalb gilt: aus Glaube, damit die Verheißung der Gnade gemäß sicher sei."

Es ist aber auch festzuhalten, daß Paulus sagt: „Deshalb gilt: aus Glaube, damit die Verheißung der Gnade gemäß sicher sei", als wollte er zeigen, daß die Verheißung nicht sicher wäre, wenn sie vom Gesetz und nicht von der Gnade käme. Nun sei sie aber gerade deshalb sicher, weil sie nicht vom Gesetz, sondern durch die Gnade komme. Wie ich glaube, will er folgende Erkenntnis vermitteln: Alles, was durch das Gesetz kommt, ist außerhalb von uns; aber alles, was durch die Gnade kommt, tragen wir in uns. Was im Gesetz geschrieben steht, ist beispielsweise mit Schreibfeder und Tinte auf Pergament oder Papier geschrieben. Was aber aus Gnade zu uns herabsteigt, wird vom Geist Gottes in unser Herz geschrieben. So erklärt es der Apostel, der dieser Gnade in den anderen dient und sagt: „Ihr seid unser Brief, geschrieben nicht mit Tinte, sondern mit dem Geist des lebendigen Gottes, nicht auf Tafeln von Stein, sondern auf Tafeln in Herzen von Fleisch" (2 Kor 3, 3). Mir scheint, er nennt das, was aus der Gnade kommt, deshalb sicherer als das, was aus dem Gesetz kommt, weil jenes außerhalb von uns ist, dieses aber in uns. Und jenes besteht aus zerbrechlichem Material, so daß es leicht vergehen kann, dieses aber ist vom Heiligen Geist geschrieben und ins Innere der Seele eingeprägt und besitzt deshalb beständige Dauer. Solche Verheißungsworte werden jener Seele eingeschrieben, die ihren Glauben Gott wie vorbereitetes Wachs darbietet, damit die Gnade Gottes sich dort in würdiger Weise einschreiben kann. Ein solcher Glaube, der aufnahmefähig für die Gnade des Himmels ist, wird darum als Gerechtigkeit angerechnet. Das widerfährt nicht den Nachkommen Abrahams aus dem Gesetz allein, sondern denen, die dazu aus dem Glauben sind. Denn die Kinder

ex carne successio, quia non ex carne, sed ex fide iustificatus esse memoratur. Si enim non ex fide, sed ex semine danda successio est, conveniens erit et Ismaelis posteritatem et eos, qui ex Cethura descendunt, ad promissionum sacramenta perduci. Quod utique non recipitur, sed sola legis ac fidei posteritas introducitur.

Verum non nos praetereat apostoli in hoc loco nutabunda quaedam et ambigue prolata locutio. Quod enim dixit: „Ut firma sit promissio omni semini, non ei, quod ex lege est tantum, sed et ei, quod ex fide est", si ita intelligatur, quasi aliud ex lege semen et aliud ex fide dixerit, ut tamquam ab utroque semine promissio haereditatis debeat exspectari, invenitur contraria dicere his, quae superius scripsit, cum ait: „Non enim hi, qui ex lege, haeredes sunt", item alibi: „Arbitramur enim iustificari hominem per fidem, sine operibus legis", et rursum: „Si enim hi, qui ex lege, haeredes sunt, evacuata est fides." Etenim si ex fide iustificatur homo sine operibus legis et haeredes non fiunt hi, qui ex lege sunt, quomodo non contrarium videbitur, quod in hoc loco dicit firmam esse promissionem per gratiam, non ei tantum semini, quod ex lege est, sed et ei, quod ex fide est? Et cum in superioribus eos, qui ex lege sunt, reppulisse videatur, hic eos quomodo exaequat his, quos ex fide sperare gratiam dicit? Sed mihi videtur, quod dicit: „Omni semini, non ei, quod ex lege est tantum, sed

[27] Man kann das „nicht nur, sondern auch" auf die Begriffe „Gesetz" und „Glaube", man kann es aber auch auf den ganzen Ausdruck „nicht nur die Nachkommenschaft aus dem Gesetz, sondern auch die aus dem Glauben" beziehen. ORIGENES folgt dem ersten Verständnis im Gegensatz zu den modernen Übersetzungen und Kommentatoren, vgl. HAMMOND-BAMMEL, *Römerbrieftext* 321f. Es entspricht der Gesamtintention der origeneischen Paulusdeutung, die Kontinuität von Gesetz und Glaube hervorzuheben.

und Erben Abrahams aus dem Glauben sind weit edler als die aus dem Fleisch, weil ja gesagt wird, er sei nicht aufgrund des Fleisches, sondern aufgrund des Glaubens gerechtfertigt worden. Wenn ihm nämlich nicht aus dem Glauben, sondern aus dem Samen Erben geschenkt würden, dann wäre es folgerichtig, daß auch die Nachkommen Ismaels und die, die von Ketura abstammen, zu den verheißenen Heilsgeheimnissen hingeführt würden. Das kann man sicherlich nicht gelten lassen, allein die Nachkommenschaft aus Gesetz und Glauben wird zugelassen.

Es soll uns aber nicht entgehen, daß der Apostel an dieser Stelle gewissermaßen unentschieden spricht und so, daß zwei Deutungen möglich sind. Er sagt ja: „Damit die Verheißung sicher sei für alle Nachkommen, nicht für die aus dem Gesetz allein, sondern für die, welche auch aus dem Glauben sind“ [27]. Wenn man das so versteht, als spreche er einerseits von der Nachkommenschaft aus dem Gesetz und andererseits von der aus dem Glauben, so daß sozusagen von beiderlei Nachkommenschaft die verheißenen Erben erwartet werden sollten, dann ergibt sich, daß dies im Widerspruch steht zu dem, was er oben schrieb: „Nicht die aus dem Gesetz sind Erben“ (Röm 4,14). Und an anderer Stelle: „Denn wir sind der Überzeugung, daß der Mensch gerecht wird durch Glauben ohne Werke des Gesetzes“ (Röm 3,28). Und: „Wenn nämlich jene Erben sind, die das Gesetz haben, dann ist der Glaube entleert“ (Röm 4,14). Wenn der Mensch nämlich aus Glauben ohne Werke des Gesetzes gerechtfertigt wird und die aus dem Gesetz nicht Erben werden, steht dann nicht seine Aussage an dieser Stelle dagegen, daß die Verheißung durch die Gnade nicht für die Nachkommenschaft aus dem Gesetz allein sicher sei, sondern auch für die aus dem Glauben? Oben hat er anscheinend die zurückgewiesen, die zum Gesetz gehören; wie kann er sie hier denen gleichstellen, die, wie er sagt, aus dem Glauben die Gnade erhoffen? Aber mir scheint sein Wort: „Für alle Nachkommen, nicht

et ei, quod ex fide est", legem hic, sicut saepe iam diximus, indicare naturalem et hoc asserere, quod non his, qui ex lege naturali solum veniunt, firma sit promissio, sed et his, qui ex fide legi addiderint naturali | [977] eam fidem, quam habuit Abraham pater noster, ut non duos populos — unum ex fide et alium ex lege — indicare videatur, sed unum atque eundem, qui non solum ex lege naturali, qua omnes homines utuntur, sed ex fide, cuius Abraham auctor exstitit, placeat Deo; quo scilicet ostendat, quod, si quis habeat integra omnia, quae lex edocet naturalis, et in nullo eum peccati conscientia reprehendat, non tamen habeat etiam fidei gratiam, non posse eum iustificari. Fides enim est, quae ad iustitiam reputatur.

Et hoc modo habita distinctio reddit intelligentiam planiorem; atque ea, quae contraria putantur, consona esse et sibi invicem concordantia deprehenduntur. De diversitate autem legum, quod in hac praecipue epistula saepe apostolus etiam latenter et subito ab alia ad aliam legem sermonis ordinem mutet, frequenter ostendimus, et eadem iterare superfluum est.

Bene autem de Abraham non dixit: pater omnium, sed ait: „pater omnium nostrum", id est non qui ex lege descendimus, sed qui ex fide a(c) lege succedimus. Et quia omnium, qui huiusmodi sunt, pater est, merito promissionis divinae sententiam in consequentibus posuit dicens: „Sicut scriptum est: Quia patrem multarum gentium posui te ante eum, cui credidit, Deum." Si ergo pater futurus esse

[28] Der Text Zeile 23 ist mit den Handschriften in *ac lege* (statt *a lege*) geändert. Das bestätigt auch der Text des Papyrus, vgl. SCHERER, *Commentaire* 208, 11–13.

für die aus dem Gesetz allein, sondern für die auch aus dem Glauben", wie wir schon oft gesagt haben, das natürliche Gesetz zu meinen. Er behauptet damit, daß nicht für die lediglich vom natürlichen Gesetz her Kommenden die Verheißung sicher sei, sondern für die auch aus dem Glauben. Sie haben nicht nur das natürliche Gesetz, sondern fügen noch den Glauben hinzu, den unser Vater Abraham hatte. Darum ist klar, daß er nicht von zwei Völkern — dem einen Volk aus dem Glauben und dem anderen aus dem Gesetz — spricht, sondern von ein und demselben, das nicht aufgrund des natürlichen Gesetzes allein, das allen Menschen zur Verfügung steht, sondern auch aufgrund des Glaubens, dessen Vorbild Abraham ist, Gott gefallen soll. Damit will Paulus deutlich machen: Wenn jemand alles, was das natürliche Gesetz lehrt, voll und ganz einhält und ihn sein Gewissen keiner Sünde wegen anklagen muß, er aber die Gnade des Glaubens nicht hat, dann kann er nicht gerechtfertigt werden. Denn es ist der Glaube, der zur Gerechtigkeit angerechnet wird.

Eine derartige Unterscheidung vermittelt ein klareres Verständnis. Und das, was gegensätzlich schien, zeigt sich als zusammenpassend und miteinander in Übereinstimmung. Wir haben schon mehrfach in bezug auf die verschiedenen Gesetze gezeigt, daß der Apostel besonders in diesem Brief oft auch unvermerkt und plötzlich im Gang der Rede von einem Verständnis des Gesetzes zum anderen wechselt. Es ist überflüssig, dasselbe zu wiederholen.

Treffend nennt er aber Abraham nicht den Vater aller, sondern den „Vater von uns allen", das heißt nicht von uns, die wir vom Gesetz her kommen, sondern die wir aufgrund des Glaubens und des Gesetzes seine Nachfolger sind[28]. Und weil er Vater aller dieser ist, hat er im Folgenden zu Recht den Wortlaut der göttlichen Verheißung angeführt und gesagt: „Nach dem Schriftwort: Ich habe dich zum Vater vieler Völker bestimmt, ist er Vater vor dem Gott, dem er geglaubt hat." Wenn also die Verheißung lautet, er

promittitur multarum gentium, non immerito pater et eorum, qui ex gentibus, et eorum, qui ex circumcisione veniunt, nominatur. Et recte addidit ex sua interpretatione apostolus: „ante eum, cui credidit, Deum", hoc est pater positus est multarum gentium ante ipsum Deum, cui credidit, cuius promissiones et a quo signaculum fidei in circumcisione suscepit. Quomodo ergo circumcisio patrem sibi proprie defendit Abraham, cum ille ipse Deus, qui ei circumcisionem dedit, multarum eum gentium posuerit patrem? Quod si aliquis hoc ad Ismaelis posteritatem voluerit vel Cethurae convertere, occurrit ei, quod scriptum est, quia „benedicentur in te omnes tribus terrae". Hoc etiam in evangelio Ioannes dicebat: „Quia potens est Deus de lapidibus istis suscitare filios Abrahae."

Addidit autem in subsequentibus: „Qui vivificat mortuos et vocat ea, quae non sunt, tamquam ea, quae sunt." Mortuos hic secundum animae peccatum intelligimus, quoniam „anima", inquit, „quae peccat, morietur". Sicut enim in morte corporali pereunt sensus, ut ne quis ultra per corpus neque auditum neque odorem aut gustum recipiat vel tactum, ita et qui spiritales sensus in anima perdiderit, ut non videat Deum neque audiat ver|bum Dei neque sua- | 978
vem odorem capiat Christi neque gustet bonum Dei verbum neque manus eius pertractent de verbo vitae, huiusmodi homines merito mortui appellantur. Tales invenit nos adventus Christi, sed vivificavit per gratiam suam, sicut et alibi dicit idem apostolus: „Et nos cum mortui essemus

[29] Zu den zwei Arten von Sinneswahrnehmungen vgl. ORIGENES, *princ.* 1,1; RAHNER, *Le début* und DANIÉLOU, *Origène* 299–301.

werde in Zukunft Vater vieler Heidenvölker sein, so wird er nicht zu Unrecht sowohl Vater derer genannt, die ursprünglich Heiden waren, als auch derer, die ursprünglich Beschnittene waren. Und richtig fügt der Apostel seiner Deutung entsprechend hinzu: „Vor Gott, dem er geglaubt hat“, das heißt, er ist zum Vater vieler Völker bestimmt worden vor eben dem Gott, dem er geglaubt hat, dessen Verheißungen er empfing und der ihm das Siegel des Glaubens in der Beschneidung aufprägte. Wie können also die Beschnittenen beanspruchen, Abraham sei nur ihr Vater im eigentlichen Sinn, wenn Gott selbst, der ihm die Beschneidung gab, ihn zum Vater vieler Völker bestimmt hat? Wenn jemand das auf die Nachkommenschaft Ismaels oder Keturas anwenden will, widerspricht ihm das Schriftwort: „In dir sollen alle Geschlechter der Erde gesegnet werden“ (Gen 12,3). Auch Johannes bezeugte eine solche Tatsache im Evangelium: „Gott kann aus diesen Steinen Söhne Abrahams erwecken“ (Mt 3,9).

Paulus fährt dann fort: „Gott, der die Toten lebendig macht und das, was nicht ist, ruft wie das, was ist“ (Röm 4,17). „Die Toten“ verstehen wir hier als die Toten mit Bezug auf die Sünde der Seele. Denn es heißt: „Die Seele, die sündigt, soll sterben“ (Ez 18,20). Wie nämlich im leiblichen Tod das Empfindungsvermögen aufhört und man nichts mehr mit dem Leibe, also weder mit dem Gehör, dem Geruchs- oder Geschmackssinn noch mit dem Tastvermögen aufnimmt, so ist es auch mit dem, der die geistigen Sinne der Seele verloren hat. Das hat zur Folge, daß er weder Gott sehen noch das Wort Gottes hören kann, daß er den Wohlgeruch Christi nicht aufzunehmen noch die Güte des Wortes Gottes zu kosten vermag (vgl. Hebr 6,5), daß er auch mit seinen Händen nichts vom Wort des Lebens (vgl. 1Joh 1,1) ertasten kann[29]. Solche Menschen werden zu Recht Tote genannt. Christus traf uns bei seiner Ankunft in diesem Zustand an, aber er machte uns lebendig durch seine Gnade, wie der Apostel auch an anderer Stelle

delictis et peccatis nostris, simul cum illo resuscitavit nos.“ Vis autem tibi et de scripturis propheticis approbari, quod omnes, qui idola colunt et confidunt in eis, mortui sunt? Audi David quomodo dicit: „Simulacra gentium argentum et aurum, opera manuum hominum. Os habent et non loquentur; oculos habent et non videbunt; aures habent et non audient.“ Et post aliquanta: „Similes“, inquit, „fiant eis, qui faciunt ea, et omnes, qui confidunt in eis.“ Vides mortuos esse et similes simulacris effectos eos, qui colunt ea et qui confidunt in eis.

Unde diligentius intueamur, si forte sicut hi, qui colunt idola et confidunt in eis, similes eis fieri dicuntur, ita et hi, qui verum Deum colunt et confidunt in eo, similes ei fiant. Et hoc est fortassis, quod in initiis homo, cum propositum fuisset, ut ad imaginem et similitudinem Dei fieret, ad imaginem quidem factus est, similitudo autem dilata est ob hoc, ut prius confideret in Deum et ita fieret similis ei et ipse audiret, quia similis ei fiet omnis, qui confidit in eum.

Haec per excessum quendam sociavimus his, quae de mortis genere disseruimus, ut manifestius fieret, quibus modis Deus vivificat mortuos. Sed et quod in consequentibus dicit: „Et vocat ea, quae non sunt, tamquam ea, quae sunt“, quomodo intelligi debeat, videamus. Frequenter et in aliis exposuimus, quod Deus solus est, qui dicit: „Ego sum, qui sum“; et una est illa Dei substantia, quae semper est, cui si quis se adiunxerit, unus fit cum eo spiritus, et per illum, qui semper est, etiam ipse esse dicitur. Qui vero

---

[30] ORIGENES legt Gen 1,26 verschieden aus. An manchen Stellen sieht er Bild und Ähnlichkeit als Einheit, an manchen anderen, wie z.B. hier, bezeichnen diese Termini den Anfangs- bzw. Endpunkt des geistlichen Reifungsprozesses, an wieder anderen Stellen bedeutet die Ähnlichkeit für ihn das Zurückgewinnen der ursprünglichen Gestalt; vgl. CROUZEL, *Théologie* 217–222.

sagt: „Er hat uns, da wir tot waren wegen unserer Vergehen und Sünden, mit ihm zusammen wieder lebendig gemacht" (Eph 2,5). Willst du aber auch aus den Schriften der Propheten bestätigt haben, daß alle, die Götzen verehren und auf sie vertrauen, Tote sind? Höre, wie David bezeugt: „Die Götzen der Heiden sind Silber und Gold, ein Machwerk von Menschenhand. Sie haben einen Mund und reden nicht, sie haben Augen und sehen nicht, sie haben Ohren und hören nicht" (Ps 115,4–6: LXX 113,12–14). Und kurz darauf heißt es: „Ihnen sollen gleichen, die sie fertigen, und alle, die auf sie vertrauen" (Ps 115,8: LXX 113,16). Du siehst, daß die Götzenverehrer und alle, die auf die Götzen vertrauen, tot und ihren Götzen gleich geworden sind.

Deswegen müssen wir gut achtgeben. Wie es heißt, daß diejenigen, die Götzen verehren und auf sie vertrauen, ihnen gleich werden, so werden vielleicht auch diejenigen, die den wahren Gott verehren und auf ihn vertrauen, diesem gleich. Das bedeutet es wahrscheinlich, wenn der Mensch im Anfang nach dem Plan Gottes zum Bild und Gleichnis Gottes werden sollte (vgl. Gen 1,26). Nach dem Bild Gottes wurde er zwar erschaffen, die Ähnlichkeit mit Gott wurde ihm jedoch nicht sogleich gewährt. Er sollte zuerst auf Gott vertrauen und so ihm ähnlich werden[30]. Der Mensch sollte hören, daß jeder Gott ähnlich wird, der auf ihn vertraut.

Wir haben dies noch angeschlossen an die Erörterung über die Arten des Todes, obwohl wir damit etwas abgeschweift sind. Wir wollten verdeutlichen, auf welche Weise Gott die Toten belebt. Auch den folgenden Satz: „Er ruft, was nicht ist, wie das, was ist", wollen wir zu verstehen suchen. Häufig haben wir an anderen Stellen schon dargelegt, daß Gott allein sagt: „Ich bin, der ich bin" (Ex 3,14). Einzig ist diese ewige Wesenheit Gottes; und wenn einer sich mit Gott verbunden hat, wird er ein Geist mit ihm (vgl. 1 Kor 6,17); dann kann man auch von ihm sagen, daß er durch den ist, der immer ist. Wer aber weit entfernt von

longe est ab eo nec participium eius sumit, ne esse quidem dicitur, sicut eramus nos gentes, priusquam ad agnitionem veritatis divinae veniremus; et ideo dicitur Deus vocare „ea, quae non sunt, tamquam ea, quae sunt.“ Inter eos enim, qui sunt, id est qui participationem habent eius, qui est, Abraham et Isaac et Iacob et ceteri sancti numerantur. Quod si gentes credendo in fidem veniunt Abrahae, consequenter pronuntiat apostolus, quod Deus vocaverit „ea, quae non sunt, tamquam ea, quae sunt“.

Potest tamen etiam illud adverti, ut in hoc loco erga laudes Dei apostolus latius videatur effusus et initium primae eius creaturae cum admiratione memorasse, | cum ex | 979
nihilo esse fecit universa et ea, quae non erant, virtute potentiae suae, tamquam quae essent et subsisterent, evocavit; et ita ei in creando nihil fuisse difficile, ut, cum nihil existeret, omnia subito vocata ita adfuissent, tamquam quae semper exstiterint.

Quod si quis nobis obiciat illum apostoli sermonem, quem ad Corinthios scribit, ubi dicit, quia „contemptibilia mundi elegit Deus et quae non sunt, ut ea, quae sunt, destrueret, ut non glorietur omnis caro coram Deo“; et dicat secundum hanc expositionem non convenire, ut destrui dicantur quae sunt, cum ea, quae non sunt, electa sint, dicemus ad haec, quia in illo loco alios dixit eos, qui sunt, et alios in hoc capite in epistula ad Romanos. Declaravit enim ad Corinthios, quia de his diceret, quos supra enumeraverat. Dixit enim superius: „Videte enim vocationem vestram, fratres, quia non multi sapientes inter vos secundum carnem, non multi potentes, non multi nobiles; sed quae stulta sunt mundi elegit Deus, ut confundat sapientes;

Gott ist und an ihm keinen Anteil hat, den kann man nicht als seiend bezeichnen. In dem Zustand waren wir Heiden, bevor wir zur Erkenntnis der göttlichen Wahrheit kamen. Und darum heißt es, daß Gott „das ruft, was nicht ist, wie das, was ist". Zu den Seienden, das heißt zu denen, die Anteil an ihm, dem Seienden haben, sind Abraham, Isaak und Jakob und die anderen Heiligen zu zählen. Weil aber die Heiden durch den Glauben zum Glauben Abrahams kommen, darum verkündet der Apostel mit Folgerichtigkeit, daß Gott „das, was nicht ist", gerufen hat „wie das, was ist".

Man kann jedoch auch bemerken, daß der Apostel an dieser Stelle offenbar weiter ausholt zum Lob Gottes, indem er dessen erster Schöpfung im Anfang voller Bewunderung gedenkt. Denn er schuf alles aus dem Nichts, und das, was nicht war, rief er durch seine gewaltige Macht, damit es sei und Bestand habe. Für sein Erschaffen gab es keinerlei Schwierigkeit. Obgleich nichts existierte, wurde alles in einem Augenblick gerufen und war da, gleichsam als hätte es immer bestanden.

Nun könnte uns einer jenes Wort des Apostels entgegenhalten, das er an die Korinther schrieb: „Das Verachtete in der Welt hat Gott erwählt, das, was nicht ist, um das, was ist, zu vernichten, damit sich kein Mensch vor Gott rühmen kann" (1 Kor 1,28 f). Und er könnte einwenden, daß es nicht zu der obigen Erklärung paßt, wenn es hier heißt, Gott zerstöre das, was ist, um das, was nicht ist, zu erwählen. Darauf antworten wir, daß Paulus an der Korintherbriefstelle unter denen, die sind, andere versteht als in diesem Römerbriefabschnitt. Im Korintherbrief erklärt er nämlich, daß er von denen spricht, die er vorher erwähnt hatte. Er hatte nämlich im Vorhergehenden gesagt: „Seht doch auf eure Berufung, Brüder! Da sind nicht viele Weise im irdischen Sinn unter euch, nicht viele Mächtige, nicht viele Vornehme; vielmehr das Törichte in der Welt hat Gott erwählt, um die Weisen zuschanden zu machen, und das

et infirma mundi elegit Deus, ut confundat fortia.“ Sicut ergo stulta mundi elegisse dicit Deum, hoc est gentes, ut confunderet sapientes, sine dubio Iudaeos, et infirma mundi, ut confundat fortia, eodem ordine in hoc loco dicit et de his, quae non sunt, ut ea, quae sunt, destruat; et non esse gentes, esse autem Iudaeos ostendit, id est qui in lege erant, sed legem non implebant, ut destruerentur et inducerentur illi, qui non erant in lege, et Abrahae fidei credulitatis merito iungerentur. Quod autem dixit: „ut confundat sapientes“, non quo vere sapientes essent — alioqui numquam confunderet Deus eos, qui secundum Dei sapientiam sapientes sunt —, sed illos dicit, qui se putant esse sapientes et non sunt, sicut et alibi dicit: „Ubi sapiens? Ubi scriba? Ubi conquisitor huius saeculi? Nonne stultam fecit Deus sapientiam huius mundi?“ Huius mundi ergo sapientes confundit eligens stultos, non quia similiter stulti essent et isti per penuriam sensus, sed secundum illud, quod dictum est: „Qui vult sapiens esse, stultus fiat in hoc mundo, ut sit sapiens apud Deum, quia sapientia huius mundi stultitia est apud Deum.“

[31] Dieser Abschnitt ist im Text des RUFIN, wahrscheinlich wegen starker Kürzungen, ziemlich unklar. Es fällt auf, daß von der Schöpfung erst an zweiter Stelle die Rede ist, obwohl diese Deutung die nächstliegende ist. Dann aber wird das unterschiedliche Verständnis von Röm und 1 Kor nicht klar ersichtlich. ORIGENES sagt, daß Paulus im Röm Juden und Heiden meint, und zwar im positiven Sinn, daß er im 1 Kor dagegen,

Schwache in der Welt hat Gott erwählt, um das Starke zuschanden zu machen“ (1 Kor 1,26 f). Er sagt also, daß Gott das Törichte der Welt erwählt hat, das heißt die Heiden, um die Weisen, das heißt ohne Zweifel die Juden, zuschanden zu machen, daß er das Schwache der Welt erwählt hat, um das Starke zuschanden zu machen. Nach der gleichen Gesetzmäßigkeit spricht er an dieser Stelle davon, daß Gott ruft, was nicht ist, um so das, was ist, zu vernichten. Er zeigt, daß die Heiden nicht sind, die Juden aber sind, im Gesetz nämlich. Aber sie erfüllten das Gesetz nicht, so daß sie ausgemerzt wurden, damit jene hineingelangten, die nicht im Gesetz waren, aber aufgrund ihres Gläubigseins dem Glauben Abrahams angeschlossen wurden. Wenn er aber sagt, daß Gott „die Weisen zuschanden macht“, meint er nicht die wirklich Weisen — niemals würde ja Gott die zuschanden machen, die weise sind gemäß seiner eigenen Weisheit —; er meint vielmehr solche, die sich für weise halten, es aber nicht sind. Demgemäß sagt er an anderer Stelle: „Wo ist ein Weiser, wo ein Schriftgelehrter, wo ein Wortführer dieser Welt? Hat nicht Gott die Weisheit dieser Welt zur Torheit gemacht?“ (1 Kor 1,20). Die Weisen dieser Welt macht er also zuschanden und erwählt die Törichten, nicht weil sie schlechthin töricht sind aus Mangel an Verstand, sondern gemäß dem Schriftwort: „Wer weise sein will, werde töricht in dieser Welt, um weise zu sein vor Gott, denn die Weisheit dieser Welt ist Torheit vor Gott“ (1 Kor 3,18 f)[31].

---

wenn er von der Vernichtung des Seienden spricht, zwar auch die Juden meint, aber im vordergründigen fleischlichen Sinn. Anders kann von einer Vernichtung des Seienden nicht die Rede sein. Vgl. auch *comm. in Io.* 2,94, wo ORIGENES das Nichtseiende in Röm 4,17 als das Böse deutet.

6. *Qui contra spem in spem credidit, ut fieret pater multarum gentium, secundum quod dictum est ei: Sic erit semen tuum sicut stellae caeli et* | 980 *arena maris. Et non infirmatus est fide nec consideravit corpus suum iam emortuum, cum fere centum esset annorum, et emortuam vulvam Sarae. In repromissione etiam Dei non haesitavit diffidentia, sed confortatus est fide dans gloriam Deo et plenissime sciens, quia, quaecumque promisit, potens est et facere. Ideo et reputatum est illi ad iustitiam.*

Videtur mihi, quod dixit apostolus „contra spem" aspexisse illud, quod in Genesi refertur Abraham dixisse ad Dominum: „Dominator Domine, quid mihi dabis? Ego autem dimittor sine filiis, hic autem filius Masech vernaculae meae, Damascus Eliezer. Et dixit Abraham: Quoniam mihi non dedisti semen, hic vernaculus meus haeres meus erit." Ex quibus utique verbis Abraham de filiis suscipiendis intelligitur desperasse; quod vero dixit „in spem credidit" datam rursus ei spem, opinor, inde colligit, ubi scriptum est: „Et vox Domini facta est ad eum dicens: Non est hic haeres tuus, sed qui exierit de te, ipse erit haeres tuus. Eduxit autem eum foras et dixit illi: Respice ad caelum et numera stellas, si potueris dinumerare eas. Et ait ad eum: Sic erit semen tuum. Et credidit Deo, et reputatum est ei ad iustitiam." Ex his ergo verbis et desperatio prius et postmodum data ei spes Dei promissionibus declaratur. Cui

6. *Gegen alle Hoffnung hat er voll Hoffnung geglaubt, daß er der Vater vieler Völker werde, wie ihm gesagt wurde: So zahlreich wird deine Nachkommenschaft sein wie die Sterne des Himmels und der Sand am Meer. Ohne im Glauben schwach zu werden, war er, der fast Hundertjährige, sich bewußt, daß sein Leib und auch Saras Mutterschoß erstorben waren. Er zweifelte nicht im Unglauben an der Verheißung Gottes, sondern wurde stark im Glauben, indem er Gott die Ehre gab und vollkommen überzeugt war, daß Gott alles, was er verheißen hat, auch erfüllen kann. Deswegen wurde das ihm auch als Gerechtigkeit angerechnet* (Röm 4,18–22).

Wenn der Apostel sagt: „Gegen alle Hoffnung", dann hat er meines Erachtens vor Augen, was Abraham nach dem Bericht der Genesis zum Herrn gesprochen hat: „Herr und Gebieter, was willst du mir schon geben? Ich gehe ja kinderlos dahin. Hier ist aber der Sohn des Masech und meiner Haussklavin, Elieser aus Damaskus. Und Abraham sprach: Weil du mir keine Nachkommen gegeben hast, wird mein Haussklave hier mich beerben" (Gen 15,2f). Aus diesen Worten muß doch wohl geschlossen werden, daß Abraham die Hoffnung aufgegeben hatte, noch Söhne zu bekommen. Der Apostel sagt aber auch: „Er hat voll Hoffnung geglaubt." Daß ihm wieder neue Hoffnung geschenkt wurde, hat er nach meiner Meinung daraus erschlossen, daß geschrieben steht: „Das Wort des Herrn erging an ihn: Nicht er wird dich beerben, sondern dein leiblicher Sohn wird dein Erbe sein. Er führte ihn hinaus und sprach zu ihm: Sieh doch zum Himmel hinauf, und zähl die Sterne, wenn du sie zählen kannst. Und er sprach zu ihm: So zahlreich werden deine Nachkommen sein. Er (*sc.* Abraham) glaubte Gott, und das wurde ihm als Gerechtigkeit angerechnet" (Gen 15,4–6). Diese Worte lassen sowohl seine anfängliche Verzweiflung als auch die Hoffnung nachher, die ihm die Verheißungen Gottes gaben, erkennen. Weil Abraham Gott Glauben schenkte, steht von

quia credidit, scribitur de eo hoc, quod nunc proponit apostolus, quia „reputatum est ei ad iustitiam".

Merito autem et more sibi solito, ubi de fide tractat, apostolus coniungit et spem sciens fidei spem inseparabiliter cohaerere; sicut et in epistula ad Hebraeos idem docet dicens: „Est autem fides sperandarum rerum substantia, indicium non apparentium." Et iterum in hac eadem ad Romanos epistula in posterioribus dicit: „Spe autem salvi facti sumus. Spes autem, quae videtur, non est spes. Quod enim videt quis, quid sperat? Si vero quod non videmus speramus, per patientiam exspectamus." Quod ait: „Spe salvi facti sumus", hoc idem est, quod alibi dicit, quia „per fidem salvati sumus", et: „Fides tua te salvam fecit", et: „Secundum fidem tuam contingat tibi." Quae utique illis dicuntur, qui credentes in Iesum spem gesserunt ab eo se posse curari. Sicut autem Abraham „contra spem in spem credidit", ita omnes, qui per fidem filii sunt Abraham, contra spem in spem credunt de | singulis quibusque, quae | 981 credunt, sive de resurrectione mortuorum sive de haereditate regni caelorum. Haec enim, quantum ad naturam humanam spectat, contra spem videntur; quantum autem ad potentiam Dei in spem creduntur, exemplo Abraham credentis, quia quaecumque promisit Deus, potens est et facere, si tamen his, qui credunt, maneat fides, spes et caritas. Et puto, quod prima salutis initia et ipsa fundamenta fides est, profectus vero et augmenta aedificii spes est, perfectio

---

[32] ORIGENES sieht Paulus sonst nicht als Verfasser des Hebräerbriefes an, vgl. EUSEBIUS, *h.e.* 6,25. Demgemäß leitet der Papyrustext (vgl. SCHERER, *Commentaire* 212,1f) das Zitat anders ein: ὁ λόγος ἐν τῇ πρὸς Ἑβραίους φησίν. RUFIN kann hier bewußt geändert haben, vgl. SCHERER, *Commentaire* 212f Anm. zu 1; er hat es aber dann im Kommentar konsequent getan, vgl. die Zitate aus dem Hebräerbrief und COCCHINI *Commento 1 (1985)* 202 Anm. 25.

ihm geschrieben, was der Apostel jetzt anführt: „Das wurde ihm angerechnet als Gerechtigkeit" (Röm 4,3).

Jedoch zu Recht und nach der ihm eigenen Gewohnheit verbindet der Apostel, wenn er vom Glauben spricht, damit auch die Hoffnung. Er weiß ja, daß Glaube und Hoffnung untrennbar zusammengehören, so wie er auch im Hebräerbrief lehrt[32]: „Der Glaube hat es seinem Wesen nach mit dem zu tun, was man erhoffen muß, er ist ein Anzeichen für das, was nicht in Erscheinung tritt" (Hebr 11,1). Im Römerbrief sagt er ebenfalls an einer späteren Stelle: „Durch die Hoffnung sind wir gerettet. Hoffnung aber, die man schon erfüllt sieht, ist keine Hoffnung. Wie kann man auf etwas hoffen, das man sieht? Hoffen wir aber auf das, was wir nicht sehen, dann harren wir aus in Geduld" (Röm 8,24f). „In der Hoffnung sind wir gerettet" entspricht dem, was er an anderer Stelle sagt: „Durch den Glauben sind wir gerettet" (Eph 2,8). Ebenso: „Dein Glaube hat dich gerettet" (Mt 9,22) und: „Es geschehe dir, wie du geglaubt hast!" (Mt 9,29). Das wird bestimmt zu denen gesagt, die an Jesus glaubten und deshalb die Hoffnung hegten, er könne sie heilen. Wie aber Abraham „gegen alle Hoffnung voll Hoffnung glaubte", so glauben alle, die aufgrund des Glaubens Söhne Abrahams sind, gegen alle Hoffnung voll Hoffnung. Das gilt für alles im einzelnen, was sie glauben, ob es um die Auferstehung der Toten geht oder um das Erbe des Himmelreiches. Mit Rücksicht auf die Natur des Menschen scheint dies nämlich gegen alle Hoffnung zu sein, aber mit Rücksicht auf die Macht Gottes wird es in Hoffnung geglaubt, nach dem Beispiel Abrahams, der glaubte, daß Gott alle seine Verheißungen auch erfüllen kann. Für die Glaubenden gilt das unter der Bedingung, daß ihnen Glaube, Hoffnung und Liebe bleiben (vgl. 1Kor 13,13). Ich meine, der erste Anfang des Heils und sein Fundament ist der Glaube, die Hoffnung läßt den Bau fortschreiten und wachsen, die Liebe aber ist die Vollendung und die Spitze des ganzen

autem et culmen totius operis caritas; et ideo maior omnium dicitur caritas.

Igitur Abraham „contra spem in spem credidit, ut pater fieret multarum gentium“, quae futurae essent sicut stellae caeli non solum multitudine, sed et claritate, quique promittenti fideliter credens „non“, inquit, „infirmatus est fide“. Quod dicit: „Non infirmatus est fide“, ostendere mihi videtur esse quamdam infirmitatem in fide. Quod si est infirmitas, est sine dubio et sanitas, sicut et in aliis ostendit, cum dicit: „Increpa illos acriter, ut sani sint in fide.“ Beatus ergo est, qui non infirmatur in fide. Si vero quis infirmetur, curam eius describit apostolus, cum dicit: „Infirmantem autem in fide assumite non in disceptationibus cogitationum. Nam alius credit manducare omnia, qui autem infirmus est, olera manducet.“ Per quod utique designat, verbi olera praebenda esse ei, qui infirmatur in fide, ne plena fidei doctrina cunctantibus in ea et quodammodo aegrotantibus ingeratur. Sana autem fides dicitur, quae perfecta est et cui nihil deest; et ipsa est, quae credit manducare omnia, id est quae capere potest omnia; quam qui habet, spiritalis appellatur et diiudicat omnia et in nullo sermone scandalizari potest. Unde evidenter apparet esse augmenta quaedam et profectus in fide et aliquos habere partem fidei exiguam, alios magnam, alios vero habere omnem fidem. Unde et apostolus dicebat: „Si habeam omnem fidem, ita ut montes transferam.“ Sed et in evangeliis

---

[33] RUFIN versucht oft, durch zwei Ausdrücke den Sinn besser wiederzugeben: στοιχείωσις: *initia et fundamenta*; προκοπή: *profectus et augmenta*; τελειότης: *perfectio et culmen*, vgl. SCHERER, *Commentaire* 79; 96–98.

Werkes. Darum wird die Liebe größer als alles genannt (vgl. 1 Kor 13,13)[33].

Abraham also „glaubte gegen alle Hoffnung voll Hoffnung, daß er der Vater vieler Völker werde“, die sein würden wie die Sterne des Himmels, ihnen vergleichbar nicht nur an Zahl, sondern auch an Glanz. Er glaubte voll Vertrauen dem, der die Verheißung gab, und so „wurde er nicht schwach im Glauben“. Wenn Paulus sagt: „Er wurde nicht schwach im Glauben“, so scheint mir das deutlich zu machen, daß es einen schwachen und kranken Glauben gibt. Wenn es aber Schwäche und Krankheit gibt, dann ohne Zweifel auch Kraft und Gesundheit, wie er anderswo ausdrückt: „Weise sie streng zurecht, damit sie im Glauben gesund werden“ (Tit 1,13). Selig ist also, wer im Glauben nicht schwach wird. Wenn aber einer schwach und krank wird, soll man sich, wie der Apostel sagt, um ihn bemühen: „Nehmt den an, der im Glauben schwach ist, ohne mit ihm über verschiedene Auffassungen zu streiten. Der eine glaubt, alles essen zu dürfen, der Schwache soll nur Gemüse essen“ (Röm 14,1 f). Damit will er bestimmt kundtun, daß dem Glaubensschwachen das Wort als Gemüse gereicht werden muß, damit den Zweifelnden und gewissermaßen Kranken nicht die Glaubenslehre in ihrem vollen Umfang eingeflößt wird. Als gesund aber kann der vollkommene Glaube bezeichnet werden, dem nichts fehlt. Wer so glaubt, kann alles essen, das heißt alles aufnehmen. Er wird, weil er diesen Glauben hat, als Geisterfüllter bezeichnet, der alles beurteilt (vgl. 1 Kor 2,15). Kein Wort kann ihm zum Anstoß werden. Von daher ist klar ersichtlich, daß es ein Wachstum und einen Fortschritt im Glauben gibt. Einige haben einen geringen Anteil am Glauben, andere einen großen, wieder andere haben allen Glauben. Deshalb sagte der Apostel: „Wenn ich allen Glauben hätte, so daß ich Berge versetzen könnte“ (1 Kor 13,2). Auch im Evangelium gibt es die Bitte der Jünger an den Herrn,

discipuli dicunt ad Dominum, quasi quibus nondum plena inesset fides: „Auge nobis fidem!“

Considera sane, si secundum ea, quae de fide dicimus, etiam de caritatis augmentis similiter possimus intelligere, ita ut dicamus et de caritate, sicut ille dixit: „Si habeam omnem fidem“, si habeam omnem caritatem, et illum habere omnem caritatem, qui omnia illa habuerit, quae propria caritatis sunt, sicut dicit apostolus: „Caritas patiens est, benigna est, non inflatur, non aemulatur, non ambitiosa est, non perperam agit, non | irritatur; omnia tolerat, omnia [| 982] credit, omnia sperat, omnia sustinet“ et cetera his similia. Quae si quis habeat, recte mihi videtur dici, quod habeat omnem caritatem; quae caritas sine dubio ex his singulis ab apostolo supra memoratis partibus constat. Similiter autem et de misericordia et pietate ceterisque virtutibus arbitror dici posse. Et forte per haec singula, sicut de fide dictum est, quia „fides reputata est ad iustitiam“, ita et de caritate dici potest, quia reputata est caritas ei ad iustitiam aut pietas aut misericordia.

Sed videamus iam ea, quae consequuntur. „Et non“, inquit, „infirmatus est in fide nec consideravit suum corpus iam emortuum, cum fere centum annorum esset, et emortuam vulvam Sarae; in repromissione etiam Dei non haesitavit diffidentia, sed confortatus est fide.“ Quantum quidem ad simplicem pertinet intellectum, evidentem protulit rationem, quod Abraham, cum audiret sibi a Deo sobolem repromitti, non respexit ad emortuas centenarii corporis vires, de quo utique nequaquam sperari poterat ulla successio, sed potentiam promittentis intuitus nihil difficile esse

---

[34] Tugenden sind als Lebensäußerungen Christi im Menschen zu verstehen. Die griechische Terminologie: ἐπίνοιαι, δυνάμεις oder ἀρεταί, vgl. Harl, *Fonction* 290–292; Crouzel, *Théologie* 230–232.

gerade als besäßen sie noch nicht den vollen Glauben: „Mehre unseren Glauben“ (Lk 17,5).

Es ist genau zu überlegen, ob wir — entsprechend dem, was wir über den Glauben sagen — auch etwas vom Wachstum der Liebe erkennen können, so daß wir auch von der Liebe sagen können: Wenn ich alle Liebe hätte, genauso wie es heißt: „Wenn ich allen Glauben hätte“ (1 Kor 13,2). Demnach hat der alle Liebe, der alles besitzt, was der Liebe eigen ist, wie der Apostel aufzählt: „Die Liebe ist geduldig und gütig, sie bläht sich nicht auf, ereifert sich nicht, sie ist nicht ehrgeizig, sie handelt nicht ungehörig, läßt sich nicht erbittern. Sie erträgt alles, glaubt alles, hofft alles, hält allem stand“ und noch anderes Ähnliches (1 Kor 13,4 f.7). Wenn einer all dies verwirklicht, dann kann man mit Recht sagen, er habe alle Liebe. Denn die Liebe besteht zweifellos aus all den einzelnen Haltungen, die der Apostel oben aufgezählt hat. Die gleichen Aussagen lassen sich meines Erachtens auch von der Barmherzigkeit, der Frömmigkeit und den anderen Tugenden machen. Wie vom Glauben gesagt wurde: „Sein Glaube wurde ihm als Gerechtigkeit angerechnet“ (Röm 4,9), so kann man auch jeweils von der Liebe oder der Frömmigkeit oder der Barmherzigkeit sagen, daß sie einem Menschen als Gerechtigkeit angerechnet wird[34].

Doch laßt uns jetzt sehen, wie es weitergeht: „Ohne im Glauben schwach zu werden, war er, der fast Hundertjährige, sich bewußt, daß sein Leib und auch Saras Mutterschoß erstorben waren. Er zweifelte nicht im Unglauben an der Verheißung Gottes, sondern wurde stark im Glauben.“ Für das einfache Verständnis hat Paulus das Verhalten Abrahams einsichtig gemacht. Als dieser nämlich hörte, daß ihm von Gott Nachkommenschaft verheißen werde, achtete er nicht darauf, daß die Kraft seines hundert Jahre alten Körpers erstorben war, von dem natürlich keineswegs mehr Nachkommenschaft zu erwarten war, vielmehr schaute er auf die Macht dessen, der die Verheißung gab,

credidit in his, quae promittebat Omnipotens, „sed dedit", inquit, „gloriam Deo" intelligens solius Dei esse munus, ubi humanae fecunditatis iura cessaverant. Merito igitur dedit gloriam Deo, qui naturae fuerat desertus auxiliis. Haec, ut dixi, quantum ad simplicem intelligentiam pertinet, sufficienter dicta videbuntur.

Si vero quis obiciat nobis: Quomodo poterit Abraham in centenario annorum numero positus emortui corporis dici, qui, posteaquam suscepisset Isaac et defuncta esset Sara, quae eum nonagenaria conceperat et vixerat annis centum viginti septem, postea etiam quam annorum quadraginta factus Isaac accepit Rebeccam, post ista omnia scribitur: „Et apponens Abraham accepit uxorem, cui nomen Cethura; et peperit ei Zamram et Iecsan et Madan et Madian et Iesboch et Sue"; quomodo ergo videbitur emortui corporis, qui multo senior effectus quam tunc erat et uxorem accipere et sex liberos potuit procreare? Quas obiectiones ut decenter possimus excludere, expositionem emortui corporis illo transferimus, ut dicamus Abraham non infirmitate aetatis emortuum, sed secundum illam virtutem, quam sancti in semet ipsis primo implentes etiam ceteros habere monent et dicunt: „Mortificate membra vestra, quae sunt super terram!" Nam et absurdum puto, si hoc bonum, quod in se Paulus habuit, — neque enim aliis imperaret, quod ipse non | fecerat, — si, inquam, hoc | 983
bonum, quod Paulus habuit, Abraham tantum patriarcham, quem etiam suum patrem dicit apostolus, non credamus habuisse. Fuit ergo etiam in illo mortificatio ista membrorum; non incitabatur luxuria, non urebatur libidine sicut illi, de quibus apostolus dicit: „Melius est nubere

[35] SCHERER, *Commentaire* 100–102, kommt zu dem Ergebnis, daß RUFIN in diesem Abschnitt ORIGENES verfälscht hat, vgl. dagegen CHADWICK, *Rufinus* 26–29.

und glaubte, daß es für den Allmächtigen nicht schwierig ist, das Verheißene zu erfüllen. „Er gab vielmehr Gott die Ehre“ in der Erkenntnis, daß allein Gott Nachkommenschaft schenkt, wenn die Gesetzmäßigkeit, an welche menschliche Fruchtbarkeit gebunden ist, nicht mehr zutrifft. Mit Recht also gab er Gott die Ehre, da er von aller natürlichen Hilfe verlassen war. Diese Erklärung soll, wie gesagt, für das einfache Verständnis genügen.

Nun könnte jemand einwenden: Wieso kann man sagen, daß Abraham mit hundert Jahren einen erstorbenen Leib hatte? Denn, nachdem ihm Isaak geboren worden war und Sara gestorben war, die den Sohn mit neunzig Jahren empfangen und ein Alter von hundertsiebenundzwanzig Jahren erreicht hatte (vgl. Gen 23,1), nachdem auch Isaak mit vierzig Jahren Rebekka zur Frau genommen hatte, nach all dem heißt es doch: „Abraham nahm noch eine Frau namens Ketura, sie gebar ihm Simran, Jokschan, Medan, Midian, Jischbak und Schuach“ (Gen 25,1). Wieso sollte er also einen erstorbenen Leib haben, wenn er in weit höherem Alter noch eine Frau nehmen und sogar sechs Kinder zeugen konnte?[35] Um diesen Einwand auf schickliche Weise zu entkräften, wollen wir auf ganz anderer Ebene erklären, warum der Leib Abrahams erstorben war, so nämlich, daß wir sagen, Abrahams Leib sei nicht aus Altersschwäche erstorben gewesen; er war vielmehr tot entsprechend der Tugend, die die Heiligen zunächst in sich selbst vollenden, zu der sie aber auch andere ermahnen mit den Worten: „Tötet, was irdisch an euch ist“ (Kol 3,5). Ich halte es nämlich für widersinnig anzunehmen, dieses Gut, das Paulus besaß — er konnte ja von anderen nicht fordern, was er selbst nicht tat —, dieses Gut also, das Paulus besaß, habe Abraham, ein so großer Patriarch, nicht verwirklicht, den doch Paulus sogar seinen Vater nennt. Somit waren die irdischen Glieder auch in ihm abgetötet: Er wurde nicht vom Genuß gereizt, nicht von der Leidenschaft verzehrt wie jene, von denen der Apostel sagt: „Es ist besser zu

quam uri." Hoc idem erat et in Sara, quia defecerant Sarae fieri muliebria. Non enim erat in illa lascivia muliebris aut incontinentiae dissolutio, neque in usum libidinis praecipitabantur inviti; sed ubi audiunt tantam posteritatis spem et sobolis suae gloriam caelo et sideribus exaequandam, ubi haec audiunt, non aspiciunt ad propria bona, ad continentiae gratiam, ad membrorum mortificationem, sed haec omnia, quae sibi lucra ducebant, arbitrantur detrimenta, ut Christum lucrifaciant.

Sed fortassis errasse me credis, quod, cum de posteritate Abraham et semine eius dicere debuerim, de Christo dixerim. Non erramus, sed cum apostolo loquimur. Ipse enim haec de Christo dicta esse interpretatur, cum dicit: „Scriptum est: Tibi dabo terram hanc et semini tuo. Non dixit: et seminibus, tamquam in multis, sed: semini tuo, tamquam in uno, qui est Christus." Vides ergo, quomodo nos apostolus docet sic Dominum locutum esse ad Abraham, ut in semine suo Christum intelligeret debere sentiri; et ob hoc puto, quod adiecerit apostolus et dixerit: „dans gloriam Deo". Non enim tantum gloriae Abraham potuisset offerre de nativitate Isaac, quantam dare potuit gloriam Deo, si intellexit Christum de suo emortuo iam et vitiis defaecato corpore nasciturum.

---

[36] Die allegorische Deutung der Frau ist einerseits davon bestimmt, daß sie schwächer ist als der Mann. Sie symbolisiert deshalb sowohl im Volk Gottes wie auch im einzelnen Menschen das Schwächere auch im geistig-geistlichen Sinn, also das Fleischliche in ihm. Mehr noch gilt das für das Kind, vgl. ORIGENES, *hom. in Ios.* 3,1; *hom. in Gen.* 5,2 u.a. In *hom. in Ios.* 9,9 betont ORIGENES, daß die Schrift zwischen den Geschlechtern im natürlichen und buchstäblichen Sinn nicht wertet, daß es sich also nur um eine allegorische Deutung handelt. Diese richtet sich andererseits auf die Beziehung zwischen Mann und Frau. Dann kann die Frau entweder die Tugend symbolisieren oder das Laster. Sara, mit der der glaubende Abraham sich verbindet, ist die Tugend schlechthin, vgl. ORIGENES, *hom. in Gen.* 6,1; 9,2 u.a. Die Frau kann auch für die Kirche bzw. die Einzelseele stehen, deren Mann entweder das Wort Gottes oder der Teufel ist (vgl. DASSMANN, *Ecclesia*). In diesen Fällen nimmt die Allegorese mehr Bezug auf die Einheit von Mann und Frau,

heiraten als von Begierde verzehrt zu werden" (1 Kor 7,9). Dasselbe galt auch für Sara, ihr erging es ja nicht mehr nach Frauenart (vgl. Gen 18,11). Sie war ja nicht weiblich[36], im Sinne von Zügellosigkeit oder ausschweifender Unenthaltsamkeit. Beide stürzten sich nicht willenlos in leidenschaftliche Begierde. Sobald sie vielmehr von der großen Hoffnung auf Nachkommenschaft hören — ihre Kinder sollen ja in ihrer Herrlichkeit dem Himmel und den Sternen gleichkommen —, sobald sie das hören, schauen sie nicht darauf, was sie an Gutem ihr eigen nennen, auf die Gnadengabe der Enthaltsamkeit oder auf die Abtötung, die sie an ihren Gliedern vollzogen haben, vielmehr erachten sie alles, was ihnen als Gewinn erschien, jetzt als Verlust, um Christus zu gewinnen (vgl. Phil 3,7f).

Aber vielleicht meint man, ich habe mich geirrt, wenn ich von Christus gesprochen habe, wo ich doch von Abrahams Kindern und seinem Nachkommen hätte reden sollen. Doch das ist kein Irrtum, sondern wir reden in Übereinstimmung mit dem Apostel. Er selbst erklärt nämlich, das Schriftwort spreche von Christus, wenn er sagt: „Es steht geschrieben: Dir und deinem Nachkommen gebe ich dieses Land. Es heißt nicht: und deinen Nachkommen, als wären viele gemeint, sondern es wird nur von einem gesprochen: und deinem Nachkommen; das aber ist Christus" (Gal 3,16). Man sieht also, der Apostel lehrt uns, der Herr habe so zu Abraham gesprochen, damit er begreifen sollte, er müsse in seinem Nachkommen Christus erkennen. Und ich denke, daß der Apostel deshalb hinzugefügt hat: „Er gab Gott die Ehre." Denn wegen der Geburt Isaaks hätte Abraham Gott nicht so große Ehre erweisen können wie mit der Erkenntnis, daß aus seinem erstorbenen und von Sünden gereinigten Leib Christus hervorgehen werde.

---

die sich im Erkennen vollzieht, und deutet im ganzen den geistigen Entwicklungsprozeß des glaubenden Menschen. So vor allem *Cant.*, vgl. auch 6,7.

Sed et tu si mortifices membra tua, quae sunt super terram, si abiecto omni fervore libidinis emortuum serves et nullis obnoxium vitiis corpus, potes etiam tu fructus ex eo optimos generare, potes generare Isaac, quod est gaudium; et hic est primus spiritus fructus; potest semen tuum, id est opera tua, ascendere ad caelum et effici opera lucis et stellarum fulgori splendorique conferri, ut, cum dies resurrectionis adfuerit, tamquam stella a stella differas in claritate. Amplius adhuc dico: Potes, si tam purus mente, tam sanctus corpore, tam immaculatus actibus fueris, etiam ipsum generare Christum, secundum illum, qui dicebat: „Filioli mei, quos iterum parturio, donec formetur Christus in vobis." Et sic ipse de se Dominus dicit: „Qui fecerit voluntatem patris mei, qui in caelis est, ipse meus frater et soror et mater est." Quae ergo erit mater Iesu, nisi cuius vulva emortua est, ut | ita demum parturiat filios castitatis, | 984 sicut et mulier, de qua dicit apostolus: „Salva autem erit per filiorum generationem, si permanserit in fide et castitate." Unde etiam pro his convenienter additum puto: „Et reputatum est ei ad iustitiam." Quomodo enim non ad iustitiam reputaretur ei, qui non solum in fide, sed et in omnibus virtutibus perfectionem tenebat?

7. *Non est autem scriptum propter ipsum tantum, quia reputatum est ei ad iustitiam, sed et propter nos, quibus reputabitur credentibus in eum, qui suscitavit Iesum Christum Dominum nostrum a mortuis, qui traditus est propter*

Jedoch auch du, wenn du, was irdisch in dir ist, abtötest (vgl. Kol 3,5), wenn du alle Glut der Begierde ablegst und deinen Leib so bewahrst, daß er abgetötet und keinen Lastern unterworfen ist, dann kannst auch du mit deinem Leib sehr gute Früchte hervorbringen. Du kannst Isaak zeugen, das bedeutet Freude; sie ist die erste Frucht des Geistes. Deine Nachkommen, das heißt deine Werke, können zum Himmel aufsteigen und Werke des Lichtes werden, die mit dem strahlenden Glanz der Sterne zu vergleichen sind. Wenn dann der Tag der Auferstehung kommt, unterscheidest du dich wie ein Stern vom andern an Glanz (vgl. 1 Kor 15,41). Mehr noch sage ich: Wenn dein Geist entsprechend rein, dein Leib heilig, deine Taten untadelig geworden sind, kannst du sogar Christus hervorbringen gemäß dem Wort des Apostels: „Meine Kinder, um die ich abermals Wehen leide, bis Christus in euch Gestalt gewinnt" (Gal 4,19). Denselben Gedanken drückt auch der Herr über sich selbst aus: „Wer den Willen meines Vaters im Himmel tut, der ist mir Bruder, Schwester und Mutter" (Mt 12,50). Zur Mutter Jesu wird nur eine Frau, deren Mutterschoß in dieser Weise tot ist. Denn erst dann gebiert sie keusche Söhne wie die Frau, von der der Apostel spricht: „Sie wird dadurch gerettet werden, daß sie Kinder zur Welt bringt, wenn sie an Glaube und Keuschheit festhält" (1 Tim 2,15). Darum meine ich, daß ganz passend hinzugefügt ist: „Das wurde ihm als Gerechtigkeit angerechnet." Wie sollte es denn dem nicht als Gerechtigkeit angerechnet werden, der nicht nur im Glauben, sondern auch in allen anderen Tugenden die Vollkommenheit erreicht hatte?

7. *Doch nicht allein um seinetwillen steht in der Schrift, daß es ihm als Gerechtigkeit angerechnet wurde, sondern auch um unseretwillen; es soll auch uns angerechnet werden, die wir an den glauben, der unsern Herrn Jesus Christus von den Toten auferweckt hat. Wegen unserer Verfehlungen*

delicta nostra et resurrexit propter iustificationem nostram. Hoc in loco quod dicit: „non propter ipsum tantum" intelligendum est de ipso, et iterum quod dicit: „sed et propter nos" hoc est et de nobis. Manifestum namque est, quia hoc, quod dicitur: „Credidit Abraham Deo, et reputatum est illi ad iustitiam", non propterea Moyses scripsit, ut Abraham legeret, qui utique olim fuerat defunctus, sed ut nos profectum fidei ex huiusmodi lectione caperemus intelligentes, quia etsi nos ita credamus Deo, ut ille credidit, etiam nobis reputabitur fides ad iustitiam „credentibus in eum, qui suscitavit Iesum Christum Dominum nostrum a mortuis".

Velim sane requirere, quid est, quod in hoc loco apostolus Deum nominans, cui credimus et cui Abraham credidit, non dixit: credentibus in Deum excelsum vel: credentibus in eum, qui fecit caelum et terram vel: in eum, qui fecit angelos ceterasque caelestis gloriae virtutes, sed ait: „qui suscitavit Dominum Iesum a mortuis". Qua ergo de causa ad comparationem fidei Abrahae titulus iste resurrectionis Domini assumitur, requiramus.

Numquid Abraham in eum crediderat, qui suscitavit Dominum Iesum a mortuis, cum Iesus tunc nondum fuisset resuscitatus a mortuis? Velim ergo considerare, quid visum sit Paulo promittenti nobis, quia, sicut Abrahae reputata est credenti fides ad iustitiam, ita et nobis reputabitur credentibus in eum, qui suscitavit Iesum Dominum nostrum a mortuis. In quo ego pro parvitate sensus mei illud adverto, quod multo sit magnificentius in laudibus Dei resuscitasse Iesum Dominum nostrum a mortuis quam

wurde er hingegeben, und wegen unserer Rechtfertigung ist er auferstanden (Röm 4,23–25). „Nicht allein um seinetwillen" bedeutet hier: es betrifft ihn. Genauso heißt „auch um unseretwillen": es betrifft auch uns. Den Satz: „Abraham glaubte Gott, und das wurde ihm als Gerechtigkeit angerechnet" (Gen 15,6) schrieb Mose offensichtlich nicht, damit Abraham ihn lesen sollte, der damals mit Sicherheit längst tot war, sondern damit wir bei der Lesung dieser Stelle im Glauben Fortschritte machen sollten. Wir sollten die Erkenntnis gewinnen, wenn unser Glaube dem Glauben Abrahams gliche, werde auch uns der Glaube als Gerechtigkeit angerechnet, „uns, die wir an den glauben, der unsern Herrn Jesus Christus von den Toten auferweckt hat".

Allerdings möchte ich untersuchen, was die Gottesbezeichnung des Apostels an dieser Stelle bedeutet. Wenn er von Gott spricht, an den wir glauben, wie Abraham an ihn geglaubt hat, spricht er nicht vom Glauben an den höchsten Gott oder vom Glauben an den, der Himmel und Erde erschaffen hat, auch nicht vom Glauben an den, der die Engel und die anderen Mächte des himmlischen Hofstaates geschaffen hat. Vielmehr sagt er: „der den Herrn Jesus von den Toten auferweckt hat". Also wollen wir ergründen, warum beim Vergleich mit dem Glauben Abrahams Gott als der bezeichnet wird, der den Herrn auferweckt hat.

Hat Abraham etwa an den geglaubt, der den Herrn Jesus von den Toten auferweckt hat? Jesus war damals ja noch gar nicht von den Toten auferstanden. Ich möchte also überlegen, welche Vorstellung Paulus leitete, als er uns diese Verheißung gab: Wie dem glaubenden Abraham sein Glaube als Gerechtigkeit angerechnet wurde, so wird er auch uns angerechnet werden, die wir an den glauben, der unsern Herrn Jesus von den Toten auferweckt hat. Obwohl meine Einsicht nur sehr klein ist, bemerke ich dazu Folgendes: Es ist bei weitem großartiger, Gott zu lobpreisen dafür, daß er unsern Herrn Jesus von den Toten auferweckt hat,

fecisse caelum et terram, creasse angelos et caelestes condidisse virtutes. Illud enim fuit facere, quae non erant, hoc autem reparare, quae perierant. Illud fuit nondum deleta instituere, hoc iam deleta restituere. Illud denique iussione, hoc passione perfectum est. Sed huius tanti tamque magnifici | mysterii in fide Abrahae forma et imago praecesserat. | 985 Ille enim crediderat, cum offerre unicum iuberetur, quia et a mortuis eum suscitare potens esset Deus; crediderat etiam, quod non illi tantum Isaac res tunc gereretur, sed et semini eius, qui est Christus, plena sacramenti veritas servaretur. Inde denique gaudens unicum offerebat, quia in eo non interitum posteritatis, sed reparationem mundi et innovationem totius creaturae, quae per resurrectionem Domini restituta est, cogitabat; et ideo dicit Dominus de eo, quia „Abraham pater vester exsultavit, ut videret diem meum, et vidit et gavisus est." Hoc ergo modo competenter videbitur habita comparatio fidei Abraham et eorum, qui credunt in eum, qui suscitavit Dominum Iesum, quia, quod ille futurum credidit, a nobis creditur factum.

Simul autem et illud ostenditur, quod haereticis non placet, quia Deus, cui credidit Abraham et fidem eius ad iustitiam reputavit, ipse est, qui et Dominum Iesum resuscitavit a mortuis, nec relinquitur locus, ut alius Deus legis, alius Domini nostri Iesu Christi pater intelligatur.

Sed adhuc requiramus, cum sint quamplurima, quae Christus esse dicitur — nam et sapientia et virtus et iustitia

als dafür, daß er Himmel und Erde gemacht, die Engel und die Mächte des Himmels geschaffen hat. Das eine hieß erschaffen, was nicht da war, das andere wiederherstellen, was zugrunde gegangen war. Das eine hieß, etwas noch Unversehrtes zu ordnen und einzurichten, das andere, das bereits Zerstörte neu zu gestalten. Schließlich wurde das eine durch ein gebieterisches Wort, das andere durch Leiden vollendet. Gestalt und Abbild hatte dieses so große und erhabene Mysterium bereits zuvor im Glauben Abrahams gefunden. Als ihm aufgetragen wurde, seinen einzigen Sohn zu opfern (vgl. Gen 22,2), glaubte er, daß Gott auch die Macht habe, ihn von den Toten aufzuerwecken. Er hatte den Glauben, daß es nicht allein um Isaak ging, daß vielmehr die volle Wirklichkeit des Mysteriums erst für seinen Nachkommen, das heißt Christus, aufgehoben werde. Deshalb also opferte er mit Freude seinen einzigen Sohn. Denn er dachte dabei nicht an die Vernichtung seiner Nachkommenschaft, sondern an die Wiederherstellung der Welt und die Erneuerung der ganzen Schöpfung, die durch die Auferstehung des Herrn neu erschaffen wurde. Darum sagt der Herr von ihm: „Euer Vater Abraham jubelte, daß er meinen Tag sehen sollte; er sah ihn und freute sich“ (Joh 8,56). Auf diese Weise erscheint also ein Vergleich zwischen dem Glauben Abrahams und dem Glauben derer, die an den glauben, der den Herrn Jesus auferweckt hat, angemessen. Denn was sein Glaube als die zukünftige Wirklichkeit erfaßte, darauf bezieht sich unser Glaube als auf ein Ereignis der Vergangenheit.

Zum Mißfallen der Häretiker wird auch deutlich, daß derselbe Gott, dem Abraham glaubte und der ihm den Glauben als Gerechtigkeit anrechnete, auch den Herrn Jesus von den Toten auferweckte. Es ist einfach nicht möglich, unter dem Gott des Gesetzes einen anderen zu verstehen als den Vater unseres Herrn Jesus Christus.

Aber jetzt wollen wir untersuchen, warum der Apostel bei unserem Glauben vor allem die Auferstehung Christi

et verbum et veritas et vita ipse appellatur —, cur potissimum de resurrectione eius in fide nostra apostolus faciat mentionem. Dicit in aliis idem apostolus, quia „cum Christo coexcitavit nos Deus et simul cum ipso sedere fecit in caelestibus". Hoc est ergo, quod admonet: Si creditis Christum surrexisse a mortuis, credite etiam vosmet ipsos cum ipso pariter surrexisse; etsi creditis, quia sedet ad dexteram patris in caelis, etiam vosmet ipsos credite iam non in terrenis, sed in caelestibus collocatos; etsi creditis vos Christo commortuos, credite quia et convivetis ei; etsi creditis, quia Christus mortuus est peccato et vivit Deo, etiam vos mortui estote peccato et vivite Deo. Et hoc est, quod auctoritate apostolica protestatur et dicit: „Si consurrexistis cum Christo, quae sursum sunt quaerite, ubi Christus est in dextera Dei sedens; quae sursum sunt sapite, non quae super terram", quia, qui haec agit, hic se ostendit credere in eum, qui suscitavit Iesum Dominum nostrum a mortuis, et huic vere fides reputatur ad iustitiam.

Neque enim possibile est, ut habenti in se aliquid iniustitiae possit iustitia reputari, etiamsi credat in eum, qui suscitavit Dominum Iesum a mortuis. Iniustitia namque cum iustitia nihil potest habere commune |986 sicut nec lux cum tenebris nec vita cum morte. Ita ergo et credentibus quidem Christo nec tamen deponentibus veterem hominem cum actibus suis iniustis fides reputari non potest ad iustitiam. Simili autem modo possumus dicere, quia, sicut iniusto non potest iustitia reputari, ita nec impudico pudi-

[37] Vgl. zum letzten Abschnitt *frg.* 27 (Ramsbotham).

erwähnt. Man kann doch so vieles von Christus sagen: Er wird Weisheit, Kraft (vgl. 1 Kor 1,24), Gerechtigkeit (vgl. 1 Kor 1,30), Wort (vgl. Joh 1,1), Wahrheit und Leben (vgl. Joh 14,6) genannt. An anderer Stelle heißt es beim Apostel, daß „Gott uns zusammen mit Christus auferweckt und mit ihm einen Platz im Himmel gegeben hat" (Eph 2,6). Und dazu ermahnt er: Wenn ihr glaubt, daß Christus von den Toten auferstanden ist, glaubt auch, daß ihr selbst zusammen mit ihm ebenfalls auferstanden seid. Und wenn ihr glaubt, er sitze zur Rechten des Vaters im Himmel, glaubt auch von euch selbst, daß ihr nicht mehr auf der Erde, sondern im Himmel weilt. Wenn ihr glaubt, daß ihr mit Christus gestorben seid, glaubt auch, daß ihr mit ihm leben werdet. Und wenn ihr glaubt, daß Christus für die Sünde tot ist und für Gott lebt, dann sollt auch ihr tot sein für die Sünde und für Gott leben (vgl. Röm 6,8–11). Mit apostolischer Vollmacht verkündet und bezeugt er: „Ihr seid mit Christus auferweckt, darum strebt nach dem, was im Himmel ist, wo Christus zur Rechten Gottes sitzt. Richtet euren Sinn auf das Himmlische und nicht auf das Irdische!" (Kol 3,1 f)[37]. Wer nämlich so handelt, der zeigt, daß er an den glaubt, der unsern Herrn Jesus von den Toten auferweckt hat, und dem wird in der Tat sein Glaube als Gerechtigkeit angerechnet.

Es ist ja unmöglich, daß einem Menschen, der teilweise Ungerechtigkeit in sich hat, Gerechtigkeit angerechnet werden kann, selbst wenn er an den glaubt, der den Herrn Jesus von den Toten auferweckt hat. Denn Ungerechtigkeit und Gerechtigkeit können nichts gemeinsam haben, genausowenig wie Licht und Finsternis oder Leben und Tod (vgl. 2 Kor 6,14). Ebenso kann auch denen, die zwar an Christus glauben, aber den alten Menschen mit seinen ungerechten Taten nicht ablegen (vgl. Kol 3,9), der Glaube nicht als Gerechtigkeit angerechnet werden. In ähnlicher Weise können wir sagen: Wie dem Ungerechten nicht Gerechtigkeit angerechnet werden kann, so kann dem Unkeu-

citia nec iniquo aequitas nec avaro liberalitas nec impio pietas reputari potest, donec vetusta vitiorum indumenta non abicit et „novum se induit hominem, qui secundum Deum creatus est, et renovatur in agnitione Dei ad imaginem eius, qui creavit eum".

Propterea enim et in sequentibus adiungit et dicit de Domino Iesu: „Qui traditus est", inquit, „propter peccata nostra et resurrexit propter iustificationem nostram", ut ostendat, quia ea, pro quibus Christus traditus est, etiam nos abhorrere debeamus et abicere. Si enim propter peccata nostra traditum eum credimus, quomodo non alienum nobis et inimicum ducitur omne peccatum, pro quo redemptor noster traditus memoratur in mortem? Nam si nobis aliqua rursum societas cum peccato aut amicitia fiat, ostendimus, quod nihil ducamus mortem Christi Iesu amplectentes et sequentes ea, quae ille expugnavit et vicit. Idque totum simul connectens apostolus tamquam corpus ipsum peccati indumentum veteris hominis appellavit, quod deponendum suadet his, qui credunt ei, qui suscitavit Dominum Iesum a mortuis, ut abiecto indumento iniustitiae induant se Dominum Iesum, qui est verum iustitiae indumentum, ut merito credentibus fides ad iustitiam reputetur.

„Traditus est ergo propter peccata nostra, et resurrexit propter iustificationem nostram." Etenim si consurreximus cum Christo, qui est iustitia, et in novitate vitae ambulamus et secundum iustitiam vivimus, surrexit nobis Christus ad iustificationem nostram. Si vero nondum de-

schen nicht Keuschheit angerechnet werden, dem Boshaften nicht Redlichkeit, dem Habsüchtigen nicht Freigebigkeit und dem Gottlosen nicht Frömmigkeit, solange er die alten Kleider der Laster nicht ablegt und sich nicht mit „dem neuen Menschen bekleidet, der nach Gott geschaffen ist und erneuert wird in der Erkenntnis Gottes nach dem Bild dessen, der ihn geschaffen hat" (Kol 3,10).

Darum fügt er auch die folgenden Worte hinzu und sagt vom Herrn Jesus: „Wegen unserer Verfehlungen wurde er überliefert, und wegen unserer Rechtfertigung ist er auferstanden." Damit will er zeigen, daß auch wir das verabscheuen und ablegen müssen, um dessentwillen Christus hingegeben wurde. Wir glauben doch, daß er wegen unserer Verfehlungen hingegeben wurde, wieso gilt uns dann nicht jede Sünde als abstoßend und widerwärtig? Wir verkünden doch, daß unser Erlöser für sie in den Tod dahingegeben wurde. Haben wir weiterhin irgendwie Gemeinschaft mit der Sünde oder freunden wir uns mit ihr an, so zeigen wir, daß wir den Tod Jesu Christi für nichts erachten. Denn dann geben wir uns dem hin und folgen dem, was er bekämpft und besiegt hat. Der Apostel faßt dies alles zusammen, wenn er das Gewand des alten Menschen als Leib der Sünde bezeichnet. Ihn abzulegen rät er denen, die an Gott glauben, der den Herrn Jesus von den Toten auferweckt hat, damit sie, wenn sie das Kleid der Ungerechtigkeit abgelegt haben, sich mit dem Herrn Jesus bekleiden (vgl. Kol 3,9f), der in Wahrheit das Gewand der Gerechtigkeit ist, damit den Glaubenden mit Recht der Glaube als Gerechtigkeit angerechnet werden kann.

„Wegen unserer Verfehlungen wurde er also überliefert, und wegen unserer Rechtfertigung ist er auferstanden." Ja, wenn wir mit Christus auferstanden sind, der die Gerechtigkeit ist (vgl. Eph 2,6), und in einem erneuerten Leben wandeln (vgl. Röm 6,4), wenn wir gemäß der Gerechtigkeit leben, dann ist Christus für uns wegen unserer Rechtfertigung auferstanden. Wenn wir aber den alten Menschen mit

posuimus veterem hominem cum actibus suis, sed in iniustitia vivimus, audeo dicere, quod nondum nobis resurrexit Christus ad iustificationem nec traditus est propter peccata nostra. Si enim hoc credo, quomodo illud amo, pro quo ille pertulit mortem? Si hoc credo, quod ille ad iustificationem meam surrexit, quomodo mihi iniustitia placet? Iustificat ergo eos Christus tantummodo, qui novam vitam exemplo resurrectionis ipsius susceperunt et vetusta iniustitiae atque iniquitatis indumenta velut causam mortis abiciunt.

Sed illud velim requirere, si pro hoc solo dicit apostolus, quia | non propter Abraham solum scriptum est, sed et | 987
propter nos, quod dixit: „Credidit Abraham Deo, et reputatum est illi ad iustitiam.“ Putasne solus hic sermo ex omnibus, quae dicuntur de Abraham, non solum propter illum, sed et propter nos scriptus est? An et alia aliqua videbuntur non solum propter illum, sed et propter nos scripta? An certe omnia, quae de ipso dicuntur, non de ipso solo, sed et pro nobis dicuntur? Et non solum de Abraham, sed vide, ne forte haec eadem etiam de Isaac similiter accipienda sint, ut quae de ipso scripta sunt, non ipsum solum, sed et nos aspiciant. Similiter et de Iacob et ceteris patriarchis. Nam quae ratio videbitur, ut de Abraham quidem quae scripta sunt, etiam ad nos pertinere dicantur, non autem simili forma etiam de Isaac et de Iacob et de Iuda vel de Ioseph et ceteris? Quod si nihil rationis videbitur, cur de uno patriarcha hoc ita accipi debeat et non etiam de ceteris, consequens erit, ut de omnibus, quae scripta sunt, non solum propter illos, qui tunc erant, sed et propter nos scripta videantur.

[38] Vgl. 8,2.

seinen Taten noch nicht abgelegt haben, vielmehr in Ungerechtigkeit leben, dann — so wage ich zu sagen — ist Christus für uns noch nicht zur Rechtfertigung auferstanden, er wurde auch nicht wegen unserer Verfehlungen hingegeben. Wenn ich dies nämlich glaube, wie kann ich dann lieben, wofür er den Tod erlitt? Wenn ich glaube, daß er wegen meiner Rechtfertigung auferstand, wieso finde ich dann an der Ungerechtigkeit Gefallen? Christus rechtfertigt also nur die, die das neue Leben nach dem Vorbild seiner Auferstehung empfangen haben und die alten Kleider der Ungerechtigkeit und Bosheit ablegen, weil diese den Tod verursachen[38].

Aber ich möchte untersuchen, ob nur für den Satz: „Abraham glaubte Gott, und das wurde ihm als Gerechtigkeit angerechnet“ (Gen 15,6) gilt, daß dies nach dem Wort des Apostels nicht allein Abrahams wegen, sondern auch unseretwegen geschrieben ist. Meinst du, nur dieser Satz sei bei all dem, was die Schrift von Abraham sagt, nicht nur seinet-, sondern auch unseretwegen geschrieben? Oder gibt es auch noch anderes, was nicht allein seinet-, sondern auch unseretwegen geschrieben steht? Oder ist es am Ende so, daß alles, was von ihm gesagt wird, nicht allein seinet-, sondern auch unseretwegen gesagt wird? Das gilt aber nicht nur für Abraham; sieh zu, ob es nicht auch in gleicher Weise von Isaak anzunehmen ist, daß nämlich alles, was von ihm geschrieben steht, nicht allein ihn, sondern auch uns angeht. Ebenso trifft das auch für Jakob und die anderen Patriarchen zu. Was für einen Sinn sollte es haben, daß es heißt, was von Abraham geschrieben steht, beziehe sich auch auf uns, wenn das nicht in ähnlicher Weise auch von Isaak, Jakob, Juda, Josef und den anderen gilt? Da es aber offensichtlich keinen sinnvollen Grund gibt, warum man dies von dem einen Patriarchen annehmen sollte, nicht jedoch auch von den anderen, muß man schließen, daß alles, was geschrieben steht, nicht nur wegen der damals Lebenden geschrieben wurde, sondern auch unseretwegen.

In quo me praecipue suadet ita sentire ille evangelii sermo, in quo Dominus et salvator noster ad eos, qui sibi dixerant, quia „pater noster Abraham est“, respondit: „Si semen Abrahae essetis, opera utique Abrahae faceretis. Nunc autem quaeritis me occidere, hominem, qui veritatem locutus sum vobis, quam audivi a patre meo; hoc Abraham non fecit.“ Per quod utique ostendit, quia qui faciunt opera Abrahae, isti sunt filii Abrahae, et propter illos scripta sunt, quae de Abraham scripta sunt. Hic iam sapientis viri et a Deo illuminati est intueri et perspicere, quomodo unumquodque opus, quod de Abraham scribitur, in semet ipso videatur expleri; verbi gratia quod dictum est ad illum: „Exi de terra tua et de cognatione tua et de domo patris tui et veni in terram, quam tibi ostendam“, quomodo et is, qui de semine Abrahae esse ex operibus vult videri, his debeat obsequi, quae utique sunt non propter illum tantum scripta, sed et propter eos, „qui credunt in eum, qui suscitavit Iesum Dominum nostrum a mortuis“; et cum haec impleverit, quomodo sperare etiam illud, quod subiungitur, debeat, id est: „Et faciam te in gentem magnam et benedicam te et magnificabo nomen tuum, et eris benedictus. Et benedicam benedicentes te et maledicam maledicentes te, et benedicentur in te omnes tribus terrae“; et iterum cum dicit scriptura: „Abiit autem Abraham secundum ea, quae locutus | est ei Dominus“, quomodo etiam | 988
hoc non solum propter Abraham, sed et propter nos scriptum videatur, ut ambulemus secundum omnia, quae locutus est Dominus. Sed et de Isaac vel de ceteris, quae similiter scribuntur, quomodo etiam ad nos pertinere videantur.

Zu einem solchen Verständnis bringt mich besonders eine Stelle im Evangelium. Da steht geschrieben, daß unser Herr und Erlöser denen, die sich darauf beriefen: „Unser Vater ist Abraham“, antwortet: „Wenn ihr Kinder Abrahams wäret, würdet ihr so handeln wie Abraham. Jetzt aber wollt ihr mich töten, einen Menschen, der euch die Wahrheit verkündet hat, die Wahrheit, die ich von meinem Vater gehört habe. So hat Abraham nicht gehandelt“ (Joh 8,39f). Damit zeigt er doch, daß diejenigen Kinder Abrahams sind, die die Werke Abrahams tun, und daß ihretwegen geschrieben steht, was von Abraham geschrieben steht. Hier ist es die Aufgabe eines weisen, von Gott erleuchteten Menschen, zu begreifen und zu ergründen, wie er jede Tat, die von Abraham aufgezeichnet ist, in seinem eigenen Leben erfüllen soll. Zum Beispiel sprach Gott zu Abraham: „Zieh weg aus deinem Land, von deiner Verwandtschaft und aus deinem Vaterhaus, und komm in das Land, das ich dir zeigen werde“ (Gen 12,1). Wer sich aufgrund seiner Werke als Nachkomme Abrahams erweisen will, muß schauen, wie er dem nachkommen soll, da es ja sicher nicht nur um Abrahams willen geschrieben steht, sondern auch um derentwillen, „die an den glauben, der unsern Herrn Jesus von den Toten auferweckt hat“. Hat er dies erfüllt, soll er erkennen, wie er genauso auch erhoffen muß, was folgt: „Ich werde dich zu einem großen Volk machen, dich segnen und deinen Namen groß machen. Ein Gesegneter sollst du sein. Ich will segnen, die dich segnen; wer dich verflucht, den will ich verfluchen. Durch dich sollen alle Geschlechter der Erde Segen erlangen“ (Gen 12,2f). Weiter sagt die Schrift: „Da zog Abraham weg, wie der Herr ihm gesagt hatte“ (Gen 12,4). Wir müssen ergründen, inwiefern auch dies nicht nur Abrahams wegen, sondern auch unseretwegen geschrieben steht, auf daß wir unseren Weg nach allem ausrichten, was der Herr gesagt hat. Doch genauso muß klarwerden, wie alles, was in ähnlicher Weise von Isaak oder anderen geschrieben steht, sich auf uns

Non est autem praesentis temporis omnia nos adducere in medium et singula quaeque discutere, quo ordine etiam in nobis, qui credimus in eum, cui credidit Abraham, quae de Abraham vel de ceteris sanctis in scripturis divinis dicta vel facta sunt, compleantur, sed in quantum praesentis operis necessitas patitur, aperuimus viam, qua latius, qui in scripturis exerceri desiderat, possit incedere. Hactenus de ratione fidei eius, quae ad iustitiam reputata est, et diversarum legum observantia ac praeputii circumcisionisque diversitate, disputationis sermo cucurrerit. Nunc iam qualiter hi, qui ex fide et non ex operibus iustificati sunt, informentur ab apostolo, videamus.

8. *Iustificati igitur ex fide pacem habeamus ad Deum per Dominum nostrum Iesum Christum, per quem et accessum habemus per fidem in gratiam istam, in qua stamus, et gloriamur in spe gloriae Dei.* Apertissime per hoc eum, qui intellexit, quid sit ex fide et non ex operibus iustificari, „ad pacem Dei, quae superat omnem mentem", in qua et summa perfectionis consistit, invitat. Sed ut diligentius sensum perspiciamus apostoli, quid sibi velit pacis nomen et eius pacis, quae per Dominum nostrum Christum est, perquiramus. Pax dicitur, ubi nemo dissidet, nemo discordat, ubi nihil hostile, nihil barbarum geritur. Nos ergo, qui aliquan-

---

[39] Zum Abschnitt 4,7 vgl. *frg.* 27 (RAMSBOTHAM) und COCCHINI, *Commento (1979)* 49–60. SCHERER, *Commentaire* 222f Anm. zu 1, beurteilt RUFINS Zuverlässigkeit in diesem Text sehr negativ, COCCHINI dagegen spricht sich für die Authentizität der Gedankenführung aus. Sie behandelt drei Aspekte: 1. Die Auferstehung Christi als Werk des Vaters,

bezieht. Es ist aber jetzt nicht der rechte Zeitpunkt, alles darzulegen und im einzelnen durchzusprechen, auf welche Weise in uns, die wir an den glauben, an den auch Abraham geglaubt hat, erfüllt wird, was in den heiligen Schriften von Abraham oder anderen Heiligen gesagt oder getan wurde. Doch soweit es sich mit den Erfordernissen des gegenwärtigen Werkes vereinbaren läßt, haben wir einen Weg eröffnet. Wer das Verlangen hat, sich immer mehr mit der Schrift zu befassen, kann auf diesem Weg ausschreiten und in die Weite gelangen. Bis hierher ging es bei unserer Erklärung um das Verständnis jenes Glaubens, der als Gerechtigkeit angerechnet wurde, um die Beobachtung der verschiedenen Gesetze und um den Unterschied zwischen Unbeschnitten- und Beschnittensein. Nun aber wollen wir sehen, wie der Apostel diejenigen unterweist, die aufgrund des Glaubens, nicht aufgrund der Werke gerechtfertigt sind[39].

8. *Gerechtfertigt aus Glauben, wollen wir Frieden haben mit Gott durch Jesus Christus, unseren Herrn. Durch ihn haben wir auch im Glauben Zugang zu der Gnade erhalten, in der wir stehen, und rühmen uns unserer Hoffnung auf die Herrlichkeit Gottes* (Röm 5,1 f). Offensichtlich ist das für den, der begriffen hat, was es heißt, aus Glauben und nicht aus Werken gerechtfertigt zu sein, eine Einladung „zum Frieden Gottes, der alles Verstehen übersteigt" (Phil 4,7) und in dem alle Vollkommenheit besteht. Aber um genauer zu erfassen, was der Apostel meint, wollen wir untersuchen, was das Wort „Friede" besagt, jener Friede nämlich, der durch unsern Herrn Christus kommt. Von Frieden spricht man, wo niemand in Feindschaft lebt, niemand uneins ist, wo niemand dem andern mit Haß oder

---

2. die Auferstehung Christi und die Erlösung der Menschen, 3. die Einheit der Testamente in der geistigen Auslegung; vgl. auch HARL, *Fonction* 292–294.

do fuimus inimici Dei sequentes hostem et tyrannum diabolum, nunc, si illius arma proicimus et signum Christi et crucis eius vexilla suscipimus, pacem utique habemus ad Deum, sed per Dominum nostrum Iesum Christum, qui nos per hostiam sanguinis sui reconciliavit Deo, sicut scriptum est: „Cum essemus inimici Dei, reconciliati sumus per sanguinem crucis filii eius.“ Et alibi idem Paulus addidit his dicens: „Rogamus pro Christo: Reconciliamini Deo!“ Si quis ergo habet pacem ad Deum et reconciliatus est per sanguinem Christi, ultra non contingat ea, quae inimica sunt Deo. Vis autem audire, quae sunt ista, quae inimica sunt Deo? Paulus ipse te docet, qui ait: „Sapientia carnis inimica est Deo, legi enim Dei non est subiecta.“ Si ergo carnaliter sapias | vel vitam tuam cupiditatibus carnis expo- | 989
nas et affluentia deliciarum resolvaris aut si de legis intellectu carnaliter et non spiritaliter sentias et haec assertionibus humana arte quaesitis magis quam spiritali gratia et intellectu subtiliore defendas, per sapientiam carnis inimicus efficeris Deo.

Nec solus haec Paulus in suis litteris scribit, audi et Iacobum fratrem Domini similia protestantem, cum dicit: „Qui voluerit amicus esse saeculi huius, inimicus Dei constituetur.“ Sed et Ioannes paria testatur: „Filioli,“ inquit, „nolite amare mundum neque ea, quae in mundo sunt, quoniam omne, quod in mundo est, concupiscentia carnis est et concupiscentia oculorum et superbia vitae, quae non est ex Deo.“ Igitur in quo haec sunt, non potest habere pacem ad Deum, sed rursum inimicitias suscitat illas, pro

Brutalität begegnet. Wir waren einst Feinde Gottes und dem Teufel, dem Feind und Tyrannen, hörig. Wenn wir jetzt also seine Waffen fortwerfen und statt dessen das Feldzeichen Christi und die Standarte seines Kreuzes aufnehmen, dann haben wir sicherlich Frieden mit Gott, jedoch durch unseren Herrn Jesus Christus, der uns durch das Opfer seines Blutes mit Gott versöhnt hat, wie geschrieben steht: „Als wir noch Feinde Gottes waren, wurden wir durch das Blut seines Sohnes, das er am Kreuz vergoß, versöhnt" (Röm 5,10). Und anderswo hat Paulus diesen Worten hinzugefügt: „Wir bitten an Christi Statt: Laßt euch mit Gott versöhnen!" (2 Kor 5,20). Wenn also jemand Frieden mit Gott hat und durch das Blut Christi versöhnt ist, darf er keinen Umgang mehr mit dem haben, was Gott feindlich gegenübersteht. Willst du wissen, was Gott feindlich gegenübersteht? Paulus belehrt dich, wenn er sagt: „Das Trachten des Fleisches ist Feindschaft gegen Gott; es unterwirft sich nämlich nicht dem Gesetz Gottes" (Röm 8,7). Wenn du also fleischlich denkst oder dein Leben den fleischlichen Begierden preisgibst und dich gehen läßt im Überfluß der Genüsse, oder wenn du über den Sinn des Gesetzes fleischlich und nicht geistig denkst und diesen Sinn mehr mit Behauptungen, die du aus menschlicher Gelehrsamkeit beziehst, als durch die Gnade des Geistes und ein tieferes Verstehen stützt, dann wirst du durch die Weisheit des Fleisches zum Feind Gottes.

Dies schreibt nicht nur Paulus in seinen Briefen; höre, wie Jakobus, der Bruder des Herrn, Ähnliches bezeugt, wenn er sagt: „Wer ein Freund der Welt sein will, der wird zum Feind Gottes" (Jak 4,4). Auch Johannes beteuert das gleiche: „Brüder, liebt nicht die Welt und was in der Welt ist! Denn alles, was in der Welt ist, ist Begierde des Fleisches, Begierde der Augen und Prahlen mit dem Besitz, all das ist nicht von Gott" (1 Joh 2,15 f). In wem sich also so etwas findet, der kann keinen Frieden mit Gott haben; er richtet vielmehr von neuem die Feindschaft auf, obwohl

quibus solvendis Christus advenit, sicut et idem apostolus dicit de Christo: „Ipse est enim pax nostra, qui fecit utraque unum et medium parietem sepis solvens inimicitias in carne sua legem mandatorum in decretis evacuans, ut duos conderet in semet ipso in uno novo homine faciens pacem." Quod si Christus advenit, ut inimicitias solveret, pacem faceret ac dissidentes nos propter sepem malitiae, quam peccando texuimus, reconciliaret Deo peccati sepe resoluta, qui iterum ad peccata convertitur, sine dubio rursus inimicitias reparat et sepem dissensionis intexit, et per haec opus Christi solvit et crucem passionis eius evacuat.

Sed nos „iustificati ex fide pacem habeamus ad Deum per Dominum nostrum Iesum Christum". Habeamus pacem, ut ultra non adversetur caro spiritui nec legi Dei obsistatur a lege membrorum. Non sit in nobis „est et non", sed unum dicamus omnes, eadem sapiamus, nec intra nosmet ipsos nec extrinsecus ad invicem habeatur ulla dissensio, et tunc pacem habebimus ad Deum per Dominum nostrum Iesum Christum. Illud autem certissime sciendum est, quia omnis, in quo est malitiae vitium, numquam potest habere pacem. Dum enim semper cogitat, quomodo laedat proximum suum, dum semper nocendi artes requirit, numquam mens eius in pace consistit.

Quod si requiras a me, quomodo iustus potest habere pacem, qui impugnatur a diabolo, qui tentationum bella sustentat, ego ipsum magis supra omnes ceteros habere dixerim pacem. Vide enim et apostolus quam observanter scribat. Non dixit: „Iustificati igitur ex fide pacem habea-

doch Christus kam, um sie aufzuheben. So sagt auch der Apostel von Christus: „Denn er ist unser Friede. Er vereinigte die beiden Teile und riß durch sein Fleisch die trennende Wand der Feindschaft nieder. Er hob das Gesetz samt seinen Geboten und Forderungen auf, um die zwei in seiner Person zu dem einen neuen Menschen zu machen. Er stiftete Frieden“ (Eph 2,14f). Christus kam, um die Feindschaft aufzuheben, Frieden zu stiften und uns, die wir durch Bosheit von Gott getrennt waren, weil wir unsere Sünde als Trennwand aufgerichtet hatten, mit Gott zu versöhnen. Nachdem nun die Trennwand der Sünde niedergerissen ist, gilt: Wer sich wieder der Sünde zuwendet, baut ohne Zweifel die Feindschaft wieder auf und errichtet von neuem die trennende Wand. Damit hebt er das Werk Christi auf und entleert das Kreuz und sein Todesleiden.

Aber wir, die wir „gerechtfertigt sind aus Glauben, wollen Frieden haben mit Gott durch unseren Herrn Jesus Christus“. Wir wollen Frieden haben, damit das Fleisch dem Geist nicht mehr widerstreitet, noch das Gesetz der Glieder dem Gesetz Gottes Widerstand leistet. In uns soll es kein „Ja und Nein zugleich“ (2 Kor 1,18) geben, sondern ein und dasselbe wollen wir alle reden, das gleiche denken und weder unter uns noch mit Außenstehenden irgendwelchen Streit haben. Dann werden wir Frieden mit Gott haben durch unseren Herrn Jesus Christus. Das aber muß man völlig klar wissen, daß niemand, in dem sich lasterhafte Bosheit findet, Frieden haben kann. Solange er ständig darauf sinnt, seinen Nächsten zu verletzen, solange er nur nach Möglichkeiten sucht zu schaden, so lange kann sein Geist nicht im Frieden sein.

Wenn du mich fragst, wie der Gerechte, obwohl er doch vom Teufel angegriffen wird und im Kampf mit den Versuchungen steht, Frieden haben kann, so meine ich, daß er weit mehr als alle anderen Frieden hat. Denn beachte, wie sorgfältig der Apostel sich ausdrückt. Er sagt nicht nur: „Gerechtfertigt aus Glauben, wollen wir Frieden haben“

mus“ et siluit, sed adiungit: „Pacem | habeamus ad Deum“ 990
sciens, quia bellum contra diabolum pacem praestat ad Deum, et tunc magis in pacem Dei venimus, quando adversum diabolum persistimus impacati et quando adversum carnis vitia dimicamus. Denique et Iacobus apostolus ita dicit: „Resistite diabolo, et fugiet a vobis; appropinquate Deo, et appropinquabit vobis.“ Vides et ipsum ita sensisse, quod tunc appropietur Deo, quando resistitur diabolo.

„Pacem ergo habeamus ad Deum per Dominum nostrum Iesum Christum.“ Et addidit: „Per quem et accessum habemus in gratiam istam, in qua stamus.“ Quomodo accessum habemus ad gratiam per Dominum nostrum Iesum Christum, ipse salvator dicit: „Ego sum ostium“ et: „Nemo venit ad patrem nisi per me“. Per ipsum ergo, qui ostium est, accessum habemus ad gratiam. Sed videamus, quale est ostium, ut sciamus, quales esse debeant, qui intrent per ipsum et accessum habeant ad gratiam. Istud ostium veritas est, et per ostium veritatis non possunt introire mendaces. Et rursum istud ostium iustitia est, et per ostium iustitiae non ingrediuntur iniusti. Istud ostium dicit: „Discite a me, quia mitis sum et humilis corde.“ Per ostium ergo humilitatis et mansuetudinis nec iracundus ingreditur nec superbus. Si quis itaque est, qui secundum apostoli verbum per Dominum nostrum Iesum Christum accessum vult habere in gratiam Domini, in qua Paulus, etsi qui sunt similes eius, stare se dicit, oportet eum ab his omnibus, quae supra memoravimus, esse purgatum. Alioquin non patietur hoc ostium introire eos per se, qui ea, quae a se aliena sunt,

und läßt es dabei bewenden, sondern er fügt hinzu: „Wir wollen Frieden haben mit Gott." Er weiß ja, daß der Kampf gegen den Teufel Frieden mit Gott gewährt. Und wir werden um so mehr in den Frieden Gottes gelangen, je weniger wir mit dem Teufel Frieden schließen, sondern ihm Widerstand leisten und je mehr wir gegen die Leidenschaften des Fleisches kämpfen. Schließlich sagt auch der Apostel Jakobus: „Leistet dem Teufel Widerstand, dann wird er vor euch fliehen. Sucht die Nähe Gottes, dann wird er sich euch nähern" (Jak 4,7f). Du siehst, er hat ebenfalls erkannt, daß man sich dann Gott nähert, wenn man dem Teufel widersteht.

„Wir wollen also Frieden mit Gott haben durch unsern Herrn Jesus Christus", und Paulus fügt hinzu: „Durch ihn haben wir auch den Zugang zu der Gnade erhalten, in der wir stehen." Inwiefern wir den Zugang zur Gnade durch unsern Herrn Jesus Christus haben, sagt der Erlöser selbst: „Ich bin die Tür" (Joh 10,9), und: „Niemand kommt zum Vater außer durch mich" (Joh 14,6). Durch ihn also, der die Tür ist, haben wir den Zugang zur Gnade. Doch wir wollen sehen, wie die Tür beschaffen ist, um zu erkennen, wie die sein müssen, die durch sie eintreten und den Zugang zur Gnade haben wollen. Diese Tür ist die Wahrheit; und durch die Tür der Wahrheit können Lügner nicht eintreten. Diese Tür ist auch die Gerechtigkeit; und durch die Tür der Gerechtigkeit treten Ungerechte nicht ein. Diese Tür spricht: „Lernt von mir, denn ich bin gütig und von Herzen demütig" (Mt 11,29). Durch die Tür der Demut und Sanftmut aber tritt kein Jähzorniger oder Hochmütiger ein. Wenn also jemand dem Apostelwort entsprechend durch unsern Herrn Jesus Christus Zugang zur Gnade des Herrn haben will, von der Paulus behauptet, daß er und die, die ihm ähnlich sind, in ihr stehen, dann muß er von all dem, was wir oben erwähnt haben, gereinigt sein. Andernfalls wird es diese Tür nicht dulden, daß durch sie solche eintreten, die tun, was ihr nicht gemäß ist. Vielmehr wird sie sich

gerunt, sed continuo clauditur et transire per se non sinit dissimiles sibi.

Hoc nimirum est, quod et illis quinque insipientibus virginibus accidit, quae, quoniam oleum bonorum operum in vasculis suis non collegerant, venientes post moras clausum ostium invenerunt. Nec enim poterant insipientes animae per ostium introire sapientiae et accessum habere in gratiam. Bene autem apostolus Paulus in gratia stare se dicit, qui et alibi dixit: „Abundantius autem quam omnes illi laboravi, non autem ego, sed gratia Dei mecum.“ Unde si quis est alius, qui laboret abundantius et qui glorietur in infirmitatibus suis, qui in periculis saepe versetur „periculis maris, periculis fluminum, periculis latronum, periculis in falsis fratribus“ et in his omnibus stet semper in fide, iste similiter stare dicitur in gratia.

Sed et quod sequitur: „Et gloriamur in spe gloriae | Dei“, | 991
quale sit, videamus. Movet me, cur non dixerit gloriari se in gloria Dei, sed „in spe gloriae Dei“, in quo deesse quidem aliquid elocutionis videtur, ita ut subaudiri debeat: in spe videndae gloriae Dei. Edocet autem nos per haec, sicut et alibi ipse dicit, quia „quae sperantur, aeterna sunt; quae autem videntur, temporalia“. Nam vidisse dicitur et Moyses gloriam Dei; vidisse dicitur et populus in consecratione domus Domini gloriam Dei Israel.

Sed et de huiusmodi gloria, quae videri potuit, ausus est Paulus, qui erat mysteriorum Dei gnarus, pronuntiare, quod illa gloria destruetur, quae etiam in vultu Moysi videbatur. Haec autem gloria, quae speratur, de qua dicit:

---

[40] Dazu vgl. SCHERER, *Commentaire* 224,21–24 und 112f. RUFIN tradiert nur die moralische Seite. ORIGENES spricht davon, daß der Erstgeborene vor aller Schöpfung zu Gott, dem Vater, führt.

sofort verschließen und nicht zulassen, daß durch sie jemand eintritt, der nicht zu ihr paßt[40].

Genau das geschah auch den fünf törichten Jungfrauen. Sie hatten kein Öl guter Taten in ihren Gefäßen gesammelt. Darum fanden sie die Tür verschlossen, als sie zu spät kamen (vgl. Mt 25,10f). Denn die törichten Seelen konnten nicht durch die Tür der Weisheit eintreten und Zugang zur Gnade haben. Richtig sagt aber der Apostel Paulus, daß er in der Gnade stehe. Er hat es anderswo so ausgedrückt: „Mehr als sie alle habe ich mich abgemüht — jedoch nicht ich, sondern die Gnade Gottes zusammen mit mir“ (1 Kor 15,10). Wenn sonst noch jemand sich so sehr abgemüht hat, sich seiner Schwachheit rühmt, sich oft in Gefahren befindet, „gefährdet auf dem Meer, gefährdet durch Flüsse, gefährdet durch Räuber, gefährdet durch falsche Brüder“ (2 Kor 11,26), und dabei immer fest im Glauben steht, dann kann auch von ihm gesagt werden, er stehe in gleicher Weise in der Gnade.

Doch wir wollen sehen, wie zu verstehen ist, was dann kommt: „Wir rühmen uns der Hoffnung auf die Herrlichkeit Gottes.“ Ich frage mich, warum er nicht gesagt hat, er rühme sich der Herrlichkeit Gottes, sondern „der Hoffnung auf die Herrlichkeit Gottes“. In dieser Aussage scheint freilich etwas zu fehlen, man muß deshalb mithören: der Hoffnung, die Herrlichkeit Gottes zu sehen. Er lehrt uns damit dasselbe, was er anderswo so ausdrückt: „Das Erhoffte ist ewig, das Sichtbare aber vergänglich“ (2 Kor 4,18). Denn es heißt, auch Mose habe die Herrlichkeit Gottes gesehen, ebenso sei dem Volk bei der Weihe des Hauses des Herrn die Herrlichkeit des Gottes Israels erschienen (vgl. Lev 9,23; Num 17,7; 1 Kön 8,10f).

Über diese Herrlichkeit, die man sehen konnte, hat auch Paulus, der in den Mysterien Gottes erfahren war, in seiner Verkündigung voll Kühnheit gesprochen; er sagt, daß jene Herrlichkeit, die auf dem Angesicht des Mose sichtbar wurde, vergeht (vgl. 2 Kor 3,7). Die Herrlichkeit aber, die

„in spe gloriae Dei“, numquam destruetur. Est enim talis, de qua idem apostolus dicit loquens de Christo: „Qui est“, inquit, „splendor gloriae et figura expressa substantiae eius.“ Huius ergo gloriae videndae spem gerunt hi, de quibus dictum est: „Beati mundo corde, quoniam ipsi Deum videbunt“, tunc, cum iam aufugerit dolor et tristitia et gemitus et cum ea, quae in speculo nunc videntur et in aenigmate, destruentur et manebunt illa, quae sunt facie ad faciem.

Quod si cui forte videbitur huic expositioni nostrae illud e contrario obici posse, quod ipse apostolus dicit: „Nos autem revelata facie gloriam Domini speculantes eadem imagine transformamur a gloria in gloriam tamquam a Domini spiritu“, et dicit: Quomodo adhuc spem gloriae gerit, qui revelata iam facie speculari se dicit gloriam Domini et a gloria in gloriam transformari? Vide, si possimus hoc modo solvere, quod obiectum est. Differentias mihi apostolus videtur ostendere gloriarum et aliam fuisse gloriam, quae Moysi ministerio revelata est, de qua iam in superioribus diximus, aliam fuisse, quae in adventu carnali Salvatoris ministrata est, de qua dicit et Ioannes in evangelio: „Et vidimus gloriam eius, gloriam tamquam unigeniti a patre, plenum gratiae et veritatis.“ De qua gloria non possumus dicere, quod ipsa sit, quae speranda est, hanc enim vidisse dicunt apostoli, et vera est illa sententia, quae dicit: „Quod enim videt quis, quid sperat?“ Illa vero gloria, quae speranda est, de qua etiam in praesenti loco dicit apostolus gloriari se „in spe gloriae Dei“, potest ipsa intel-

[41] Das griech. Verbum κατοπτρίζεσθαι kann sowohl als „schauen“ als auch als „spiegeln“ interpretiert werden. ORIGENES entscheidet sich für die erste Lösung, vgl. CROUZEL, *Théologie* 60f. 232f.

erhofft wird, von der er sagt: „In Hoffnung auf die Herrlichkeit Gottes", wird niemals vergehen. Von welcher Art sie ist, sagt der Apostel, wenn er von Christus spricht: „Er ist der Abglanz seiner Herrlichkeit und das Abbild seines Wesens" (Hebr 1,3). Diese Herrlichkeit zu sehen, erhoffen also diejenigen, von denen es heißt: „Selig, die ein reines Herz haben, denn sie werden Gott schauen" (Mt 5,8). Dann werden Schmerz, Traurigkeit und Seufzen entschwunden sein (vgl. Offb 21,4); was jetzt im Spiegel rätselhaft geschaut wird, vergeht, und es bleibt die Schau von Angesicht zu Angesicht (vgl. 1 Kor 13,12).

Vielleicht hat jemand den Eindruck, man könne gegen diese unsere Erklärung das Apostelwort einwenden: „Wir aber schauen mit enthülltem Angesicht die Herrlichkeit des Herrn und werden durch dieses Bild verwandelt, von Herrlichkeit zu Herrlichkeit, wie durch den Geist des Herrn" (2 Kor 3,18)[41]. Wer diesen Einwand macht, sagt: Wie kann der überhaupt Hoffnung auf Herrlichkeit haben, der von sich behauptet, er schaue bereits die Herrlichkeit des Herrn mit enthülltem Angesicht und werde von Herrlichkeit zu Herrlichkeit verwandelt? Sieh zu, ob wir die Schwierigkeit auf folgende Weise lösen können: Der Apostel scheint mir von Herrlichkeit in verschiedener Art und Weise zu sprechen. Herrlichkeit wurde einerseits durch den Dienst des Mose offenbart; von ihr haben wir bereits oben gesprochen. Andererseits wurde uns Herrlichkeit durch die Ankunft unseres Erlösers im Fleisch gewährt. Von ihr spricht auch Johannes im Evangelium: „Wir haben seine Herrlichkeit gesehen, die Herrlichkeit des einzigen Sohnes vom Vater, voll Gnade und Wahrheit" (Joh 1,14). Von dieser Herrlichkeit können wir nicht sagen, sie müsse noch erhofft werden. Denn die Apostel sagen, sie hätten sie geschaut. Und der Satz ist wahr: „Wie kann man auf etwas hoffen, das man sieht?" (Röm 8,24). Von der Herrlichkeit jedoch, die zu erhoffen ist, sagt der Apostel an dieser Stelle, daß er sich „der Hoffnung auf die Herrlichkeit Gottes

ligi, de qua salvator dicit in evangelio: „Cum venerit filius hominis in gloria patris et sanctorum angelorum.“ Quod autem dixit: „patris et sanctorum angelorum“, non quod Dei patris et angelorum unam esse glo|riam dicat; sed hoc I 992 mihi videtur ostendere, quod istae gloriae, quae vel per Moysen prioribus vel nobis per adventum carnis Christi delatae sunt, non fuerunt angelorum, sed hominum, — hominibus enim ministratae sunt, et fuerunt eius mensurae, quas capere homines possent —, illa vero, in qua filius hominis ad iudicium mundi venturus est, gloria patris tanta erit, quae a solis angelis capi possit. Si vero etiam sanctorum aliqui capaces illius gloriae exstiterint, illi nimirum erunt, de quibus dicitur, quia „erunt sicut angeli Dei“. Et hoc modo recte de futura gloria, quae speranda est, dictum videtur, quod „filius hominis veniat in gloria patris et sanctorum angelorum“, id est, quam non iam homines terreni, sed sancti angeli capere mereantur. Pro capacitate etenim mentium dispensat Deus etiam magnitudines gloriarum.

Sed sicut istam gloriam, quam vidisse se apostoli in evangeliis dicunt, gloriam „tamquam unigeniti a patre, plenum gratiae et veritatis“, nec credere quis nec capere potuit, nisi et illa gloria, quae per Moysen in lege ministrata est, viam tenuisset intelligentiae, sicut contestatur ille, qui dicebat ad Nathanael: „Quem scripsit Moyses et prophetae, invenimus Iesum a Nazareth“; in quo utique ostendit, quia ex lege et prophetis illuminati huius gloriae, quae erat

rühmt". Man kann sie als die Herrlichkeit begreifen, von der der Erlöser im Evangelium spricht: „Wenn der Menschensohn in der Herrlichkeit des Vaters und der heiligen Engel kommt" (Lk 9,26); nicht als wollte er damit sagen, daß die Herrlichkeit Gottes, des Vaters, und die der Engel ein und dieselbe sei. Er deutet vielmehr an, daß sowohl die Herrlichkeit, die den Früheren durch Mose, als auch die Herrlichkeit, die uns durch die Ankunft Christi im Fleisch zuteil wurde, nicht die Herrlichkeit für Engel, sondern für Menschen war; in beiden Fällen wurde die Herrlichkeit den Menschen gewährt, und zwar in dem Maß, wie es Menschen und damit es Menschen fassen können. Die Herrlichkeit aber, in der der Menschensohn zum Weltgericht kommen wird (vgl. Mt 25,31), die Herrlichkeit des Vaters, ist so groß, daß nur die Engel sie fassen können. Wenn nun auch einige Heilige für diese Herrlichkeit aufnahmefähig sind, dann sind es sicherlich die, von denen es heißt, daß sie „sein werden wie die Engel Gottes" (Mt 22,30). Somit scheint zu Recht von der zukünftigen Herrlichkeit, die zu erhoffen ist, gesagt zu werden, daß „der Menschensohn in der Herrlichkeit des Vaters und der heiligen Engel kommt", das heißt in der Herrlichkeit, die die irdischen Menschen noch nicht aufzunehmen gewürdigt werden, sondern nur die heiligen Engel. Je nach der Aufnahmefähigkeit des Geistes teilt nämlich Gott die Größe der Herrlichkeit zu.

Niemand, der nicht durch die Herrlichkeit, die Mose im Gesetz vermittelt hatte, einen Verständniszugang gewonnen hatte, vermochte an die Herrlichkeit zu glauben oder sie zu erfassen, von der die Apostel im Evangelium sagen, sie hätten „die Herrlichkeit des einzigen Sohnes vom Vater, voll Gnade und Wahrheit" (Joh 1,14), gesehen. So bezeugt es der, der zu Natanael sprach: „Wir haben den gefunden, über den Mose im Gesetz und auch die Propheten geschrieben haben: Jesus von Nazaret" (Joh 1,45). Damit hat er deutlich gezeigt, daß die Apostel das Licht dieser Herrlich-

tamquam unigeniti a patre, lumen aspexerint, ita et quod apostolus dixit: „Nos autem revelata facie gloriam Domini speculantes eadem imagine transformamur a gloria in gloriam tamquam a Domini spiritu", intelligi debet, quod et qui istam gloriam unigeniti revelata facie, hoc est plena fidei intelligentia, contemplatur, eadem imagine, qua de lege venit ad evangelia et ad carnalem salvatoris adventum, illuminato per fidem cordis intuitu in secundum nihilominus gloriae adventum aciem mentis intendat et a gloria praesenti ad futuram, quae speratur, gloriam transformetur. Unde arbitror nec posse quempiam nec mereri futurae illius gloriae fieri capacem, nisi iam hinc usum et meditationem quamdam eius accipiat, secundum quod apostolus dicit in speculo eam et in aenigmate contuendo, ut ex hac imagine meditationis assiduae, quam in carne positus de divina gloria gerit, paratior ad capacitatem verae illius gloriae per virtutem sancti spiritus transferatur.

---

[42] Das AT ist notwendig, um zum Glauben an Christus zu führen. Diese Wahrheit wird seltener gesehen als die umgekehrte, daß nämlich das AT durch das NT interpretiert werden muß. ORIGENES betont beides. Zum ersten Gedanken vgl. ORIGENES, *hom. in Gen.* 10,2; *hom. in Num.* 12,1.

keit, der Herrlichkeit des einzigen Sohnes vom Vater, erblickten, weil sie vom Gesetz und den Propheten erleuchtet waren[42]. In dieselbe Richtung führt auch das Apostelwort: „Wir aber schauen mit enthülltem Angesicht die Herrlichkeit des Herrn und werden durch dieses Bild verwandelt von Herrlichkeit zu Herrlichkeit, wie durch den Geist des Herrn" (2 Kor 3,18). Es muß folgendermaßen verstanden werden: Wer die Herrlichkeit des einzigen Sohnes mit enthülltem Angesicht, das heißt mit vollkommener Glaubenseinsicht, betrachtet, der soll durch diese Schau noch weiter verwandelt werden. Wie er vom Gesetz zum Evangelium und zur Ankunft des Erlösers im Fleisch kam, so soll er mit dem vom Glauben erleuchteten Auge seines Herzens Ausschau halten nach der zweiten Ankunft in Herrlichkeit und sich auf sie hin ausrichten. Ebenso soll er von der gegenwärtigen Herrlichkeit zur zukünftigen Herrlichkeit, die noch erhofft wird, verwandelt werden. Darum glaube ich, daß niemand in der Lage ist beziehungsweise daß niemand gewürdigt wird, für jene zukünftige Herrlichkeit aufnahmefähig zu werden, wenn er nicht schon hier Umgang mit ihr hat und sich gewissermaßen für sie einübt. Demgemäß spricht der Apostel davon, daß sie im Spiegel und in rätselhaften Umrissen geschaut werden soll (vgl. 1 Kor 13,12). Wenn der Mensch sich während seines Lebens im Fleisch beständig in die Schau dieser göttlichen Herrlichkeit einübt, wird er damit eher bereit werden, jene wahre Herrlichkeit aufzunehmen. Die Kraft des Heiligen Geistes will ihn dementsprechend verwandeln[43].

[43] Diesen zwei Schritten auf die unverhüllte Herrlichkeit Gottes hin entsprechen die zwei Tempelvorhänge, die entfernt werden, vgl. ORIGENES, *hom. in Lev.* 1,3. Die drei Offenbarungsstufen werden bei ORIGENES mit verschiedenen Begriffen bezeichnet: AT — NT — ewiges Evangelium; Schatten — Bild —Wahrheit; Israel — Kirche — Gemeinschaft im Reich Gottes. Vgl. LUBAC, *Geist aus der Geschichte* 257–269.

9. *Non solum autem, sed et gloriamur in tribulationibus scientes, quia tribulatio patientiam operatur, patientia vero probationem, probatio vero spem; spes autem non confundit, quia caritas | Dei diffusa est in cordibus nostris per* | 993
spiritum sanctum, qui datus est nobis. Primus statim sermo capituli huius ambiguitatis aliquid continet, non enim habet in consequentibus, ad quid referri debeat quod dixit: „non solum autem“. Unde vide, si possimus hoc modo ambiguitatem elocutionis absolvere. Quoniam in superioribus multa nobis per Dominum nostrum Iesum Christum praestita esse perdocuit, ut cum dicit iustificatos nos esse ex fide per Dominum nostrum Iesum Christum et per ipsum accessum habere in gratiam istam, per ipsum etiam gloriari in spe gloriae Dei, ad haec omnia, quae dicta sunt, referri puto debere: „non solum autem“, hoc est: non solum autem, quae supra dixi, sed et hoc, quod gloriamur in tribulationibus nostris, per Dominum nostrum Iesum Christum habemus. Ceteris enim in tribulatione tristantibus nos gratiae ipsius virtute roborati in tribulationibus gloriamur. Didicimus namque novam ex eruditione ipsius disciplinam, ut per tribulationes bonum patientiae capiamus, habentes vero patientiae bonum probabiles iudicemur, et per patientiam multarum tribulationum probati spem futurae a Deo remunerationis habeamus; quae spes, quia certa et vera est, non confundit sperantes. Fidem namque et spem consequitur caritas Dei, quae omnium maior est, et non solum replet mentem nostram, sed et abundat ac diffunditur in cordibus nostris, pro eo quod non humana a nobis arte acquiritur, sed per gratiam sancti

9. *Nicht allein dies, sondern wir rühmen uns ebenso in unserer Bedrängnis; denn wir wissen: Bedrängnis bewirkt Geduld, Geduld aber Bewährung, Bewährung Hoffnung. Die Hoffnung aber läßt nicht zugrunde gehen; denn die Liebe Gottes ist ausgegossen in unsere Herzen durch den Heiligen Geist, der uns gegeben ist* (Röm 5,3–5). Gleich das erste Wort dieses Abschnitts enthält eine gewisse Unklarheit, denn es folgt nichts, was das „nicht allein dies" erklären würde. Daher könnte man vielleicht auf folgende Weise eine Lösung finden. Im Vorhergehenden hatte Paulus gelehrt, wie vieles uns durch unseren Herrn Jesus Christus zuteil geworden ist, so zum Beispiel, wenn er sagt, wir seien aufgrund des Glaubens gerechtfertigt worden durch unseren Herrn Jesus Christus, durch ihn hätten wir Zugang zu dieser Gnade und durch ihn könnten wir uns auch rühmen in der Hoffnung auf die Herrlichkeit Gottes (vgl. Röm 5,1 f). Darum meine ich, auf dies alles müsse sich sein Wort beziehen: „Nicht allein dies", das heißt nicht allein dies, wovon ich oben gesprochen habe, sondern auch, daß wir uns in unserer Bedrängnis rühmen, wird uns durch unseren Herrn Jesus Christus zuteil. Während die anderen nämlich in der Bedrängnis traurig werden, stärkt uns die Kraft seiner Gnade, und wir rühmen uns in der Bedrängnis. Wir haben in seiner Schule eine neue Verhaltensweise gelernt, nämlich durch Bedrängnis das Gut der Geduld zu erlangen. Ist uns aber das Gut der Geduld zu eigen, so können wir als bewährt angesehen werden; und durch Geduld in vielerlei Bedrängnis bewährt, dürfen wir hoffen, in der Zukunft von Gott belohnt zu werden. Diese Hoffnung läßt, weil sie zuverlässig und wahr ist, die Hoffenden nicht zuschanden werden. Denn den Glauben und die Hoffnung begleitet die Liebe Gottes, die größer ist als alles (vgl. 1 Kor 13,13). Sie erfüllt nicht nur unseren Geist, sondern ist in überreichem Maß in unsere Herzen ausgegossen. Das kommt daher, daß wir sie nicht durch menschliches Können erwerben, sondern daß sie durch die Gnade des Heili-

spiritus infunditur. Haec secundum sermonis ipsius vel litterae consequentiam pro adapertione apostolici eloquii explanata sint.

Nunc iam, quid interior sensus contineat, requiramus. Et primo de gloriatione videamus, quod dixit: „Gloriamur in tribulationibus nostris." Sermo enim gloriationis interdum laudabiliter in scripturis, interdum culpabiliter ponitur. Etenim cum dicit Ieremias: „Haec dicit Dominus: Non glorietur sapiens in sapientia sua nec fortis in fortitudine sua neque glorietur dives in divitiis suis, sed in hoc glorietur qui gloriatur: intelligere et agnoscere me, quia ego sum Dominus, qui statuo misericordiam et iudicium et iustitiam super terram", in uno eodemque capitulo gloriationem et laudabiliter et culpabiliter posuit. Nam si quis, inquit, gloriatur vel in sapientia sua vel in fortitudine vel in | 994 divitiis, culpabiliter gloriatur; si quis vero in agnoscendo Dominum gloriatur et in intellectu iudiciorum eius et misericordiae et iustitiae, laudabiliter gloriatur. Cum ergo sermo iste ad utrumque respiciat, requirendum nobis est, in quibus recta gloriatio sit et in quibus minus recta gloriatio. Quod ita demum poterimus agnoscere, si naturas rerum competenti distinctione teneamus.

Quod autem dicimus, tale est: Omnia, quae sunt vel aguntur, aut bona sunt aut mala aut indifferentia. De quibus quamvis latior haberi debeat disputatio, tamen, quantum ad praesentem locum sufficit, proferemus. Bona illa certum est proprie dici, quae ad virtutes animi pertinent, et mala ea sola definiri, quae ad malitiam spectant et contra legem Dei aguntur; cetera vero indifferentia esse, id est neque bona

gen Geistes eingegossen wird. Soviel zur Gedankenfolge der Aussage beziehungsweise zur Verdeutlichung und Erklärung der Ausführungen des Apostels.

Nun wollen wir aber nach dem tieferen Sinn fragen. Zunächst laßt uns sehen, was Paulus über das Rühmen gesagt hat! Es heißt: „Wir rühmen uns in unserer Bedrängnis." Das Wort „rühmen" wird in der Schrift manchmal lobend und manchmal tadelnd verwandt. Jeremia sagt zum Beispiel: „So spricht der Herr: Der Weise rühme sich nicht seiner Weisheit, der Starke rühme sich nicht seiner Stärke, der Reiche rühme sich nicht seines Reichtums. Nein, wer sich rühmen will, rühme sich dessen, daß er Einsicht hat und mich erkennt, daß er weiß: Ich, der Herr, bin es, der auf der Erde Gnade, Recht und Gerechtigkeit schafft" (Jer 9,22 f). In ein und demselben Abschnitt hat er mit Lob und mit Tadel vom Rühmen gesprochen. Denn, so sagt er, wenn sich jemand seiner Weisheit rühmt, seiner Stärke oder seines Reichtums, so ist sein Rühmen tadelnswert. Wenn sich aber jemand rühmt, daß er den Herrn erkennt, um dessen Gerichtsurteile weiß, seine Barmherzigkeit und Gerechtigkeit kennt, so ist sein Rühmen zu loben. Wenn dieses Wort sich also auf beides beziehen kann, dann müssen wir fragen, worin rechtes Rühmen besteht und worin das weniger richtige. Das werden wir erst dann erkennen können, wenn wir das Wesen der Dinge in angemessener Weise unterscheiden können.

Was wir sagen wollen, ist Folgendes: Alles, was ist oder was geschieht, ist entweder etwas Gutes oder Schlechtes oder etwas Neutrales. Obwohl dies eigentlich ausführlicher erörtert werden müßte, wollen wir doch nur darlegen, was zur Erklärung der vorliegenden Stelle genügt. Sicher ist das als ein Gut im eigentlichen Sinn zu bezeichnen, was sich auf die Tugenden des Geistes bezieht, als schlecht ist nur das zu bestimmen, was zur Schlechtigkeit gehört und gegen das Gesetz Gottes getan wird. Alles andere dagegen ist neutral, das heißt, es ist weder gut noch schlecht zu

neque mala nominanda, ut sunt divitiae, species corporis et fortitudo vel proceritas atque ea, quae corporis usibus serviunt. Si quis igitur distinctionem diversitatis huius ignorat et gloriatur in his, quae non sunt vere bona nec ad virtutem animi pertinent, culpabiliter gloriatur.

Paulus vero, qui in his erat peritissimus, cum dixisset, quia „gloriamur in tribulationibus nostris", ne forte putaretur in rebus indifferentibus et mediis gloriari, reddit continuo rationem et ostendit, quod gloriatio sua, quam in tribulationibus habet, ad virtutes animi pertineat. Dicit enim, quia „tribulatio", pro qua glorior, „patientiam operatur, patientia vero probationem, probatio vero spem; spes vero non confundit, quia caritas Dei diffusa est in cordibus nostris per spiritum sanctum"; et in his edocet, quod per succedentes sibi virtutes gloriatio tribulationum usque ad sancti spiritus culmen ascendat, sicut et alibi dicit: „Qui gloriatur, in Domino glorietur." Neque ergo in sapientia propria neque in fortitudine neque in divitiis, sed in solo Deo convenit gloriari.

Sed fortasse dicas: Numquid non sapientia ad virtutes animi spectat? Et cur culpabile ducitur in sapientia gloriari? Vide ergo, quam cautus est scripturae sermo, qui impolitus videtur et agrestis. Non dixit: „Non glorietur sapiens in sapientia" et siluit, sed ait: „Non glorietur sapiens in sapientia sua." Qui enim in sua et non in Dei sapientia gloriatur, culpabiliter gloriatur, quia et alibi dicit propheta: „Vae his, qui sapientes sunt apud | semet ipsos et in conspectu suo eruditi." | 995

---

[44] Nach CHADWICK, *Origen* 45, zitiert ORIGENES EPIKTET, *Dissertationes* 2,9,15. Ausführlicher hat er im Kommentar zu Ps 4 = *philoc.* 26 über diese Lehre gesprochen. Vgl. auch *Cels.* 4,45 = *Stoicorum Veterum Fragmenta* 743; *Cels.* 6,54 u. *Cant. Prolog.* Zu ORIGENES' Einstellung zur Stoa vgl. CROUZEL, *Philosophie* 35–45.

[45] Einen ähnlichen Gedankengang im Anschluß an Röm 5,3 entwickelt ORIGENES im Kommentar zu Ps 4,5 = *philoc.* 26.

nennen, so zum Beispiel Reichtum, körperliche Schönheit, Stärke oder Größe und alles, was den Bedürfnissen des Körpers dient[44]. Wenn nun jemand diese Unterscheidungen nicht genau kennt und sich dessen rühmt, was kein wahres Gut ist und sich nicht auf die Tugend des Geistes bezieht, dann ist sein Rühmen schuldhaft.

Von Paulus aber, der in diesen Dingen überaus erfahren war, sollte man nicht annehmen, daß er sich wegen neutraler und in der Mitte befindlicher Dinge rühmt, wenn er sagt: „Wir rühmen uns in unserer Bedrängnis"[45]. Er legt sogleich Rechenschaft darüber ab und zeigt, daß sein Rühmen in der Bedrängnis sich auf die Tugenden des Geistes bezieht. Er sagt nämlich: „Die Bedrängnis", wegen der ich mich rühme, „bewirkt Geduld, Geduld aber Bewährung, Bewährung Hoffnung. Die Hoffnung aber läßt nicht zugrunde gehen, denn die Liebe Gottes ist ausgegossen in unsere Herzen durch den Heiligen Geist." Damit lehrt er, daß das Rühmen in der Bedrängnis aufgrund der Tugenden, die aus ihr erwachsen, zur Höhe des Heiligen Geistes aufsteigen kann, wie er auch anderswo sagt: „Wer sich rühmen will, der rühme sich des Herrn" (1 Kor 1,31). Somit darf man sich also weder der eigenen Weisheit noch der Stärke, noch des Reichtums rühmen, sondern einzig und allein in Gott.

Doch vielleicht sagst du: Betrifft denn die Weisheit nicht die Tugenden der Seele? Warum soll es dann tadelnswert sein, sich der Weisheit zu rühmen? Sieh, wie behutsam das Wort der Schrift ist, das als schmucklos und ungeschliffen gilt. Es heißt nicht: „Der Weise rühme sich nicht der Weisheit", und nichts weiter, sondern: „Der Weise rühme sich nicht seiner Weisheit" (Jer 9,22). Wer sich nämlich seiner eigenen und nicht der Weisheit Gottes rühmt, dessen Rühmen ist tadelnswert. Denn auch der Prophet sagt an anderer Stelle: „Weh denen, die in ihren eigenen Augen weise sind und sich selbst für klug halten" (Jes 5,21).

Dei ergo sapientia est Deum cognoscere et intelligere misericordiam eius et iudicium et iustitiam, quam fecit super terram; in quo qui gloriatur, in Domino gloriatur. Humana vero sapientia non potest scire et intelligere Dominum neque agnoscere iudicia et misericordiam et iustitiam eius, quam fecit super terram; et ideo indifferens est et media. Potest enim fieri, ut ex hac humana sapientia eruditus quis ad intelligentiam divinae sapientiae paratior veniat et in hac exercitatus ad illam capacior fiat. Simili modo qui utitur ceteris, quae media esse diximus, fortitudine dumtaxat vel divitiis; quae dum media sunt, hoc est dum non in opere Dei quis fortis est neque in misericordiis pauperum dives, gloriari neque in fortitudine neque in divitiis debet. Si vero ista, quae media sunt, ad animi virtutem et ad fructum boni operis convertantur, gloriatione digna efficiuntur, sicut rursum, si ad malum opus conferantur, ut per divitias quis opprimat pauperem et per fortitudinem prosternat infirmum, iam non haec media, sed mala esse putantur. Idcirco igitur natura sui indifferentia et media dicuntur, quia et ad malum opus sociata mala dici possunt et bonis operibus iuncta bona appellari. Sine hac vero inclinatione ad alterum e duobus, qui ea bona dicunt, imperiti et ignari rationabilium definitionum appellationumque credendi sunt. Abusive tamen et fabrum dicimus sapientem et gubernatorem et architectum et mulierem texendi sapientem nominamus.

---

[46] Im Papyrus steht ein Beispiel dafür: die Künstler, die am heiligen Zelt gearbeitet haben. Ihre Kunst und Weisheit ist nicht neutral, sondern gut zu nennen, vgl. SCHERER, *Commentaire* 230,11–14.

[47] Ein Terminus der Rhetorik, griech. καταχρηστικῶς, ihm entgegengesetzt κυρίως, lat. *abusive* — *proprie*, deutsch am besten uneigentlich — eigentlich. Diese Unterscheidung spielt in der Exegese des ORIGENES eine große Rolle, vgl. NEUSCHÄFER, *Origenes als Philologe* 221–223.

Gottes Weisheit besteht also darin, Gott zu erkennen und seine Barmherzigkeit sowie Recht und Gerechtigkeit, die er auf der Erde geschaffen hat, zu verstehen (vgl. Jer 9,23). Wer sich darin rühmt, der rühmt sich im Herrn. Menschliche Weisheit kann dagegen den Herrn nicht erkennen und verstehen, sie kann sein Recht, seine Gnade und seine Gerechtigkeit, die er auf der Erde geschaffen hat, nicht begreifen. Darum ist sie neutral, sie steht in der Mitte zwischen gut und schlecht. Es kann nämlich sein, daß man in dieser menschlichen Weisheit gebildet ist und so leichter zur Erkenntnis der göttlichen Weisheit gelangt, und darin geübt aufnahmefähiger wird für die andere. Das gleiche gilt von dem, der von den anderen Dingen Gebrauch macht, die wir als neutral bezeichnet haben, zum Beispiel Stärke oder Reichtum. Insoweit sie sich in der Mitte befinden, das heißt soweit jemand zum Beispiel nicht stark ist im Dienst für Gott oder nicht reich an barmherzigen Werken für die Armen, darf er sich weder der Stärke noch des Reichtums rühmen. Wenn aber das in der Mitte Befindliche für die Tugend des Geistes und für ein fruchtbares gutes Werk eingesetzt wird, dann verdient es Ruhm. Wenn es andererseits zu einer bösen Tat ausgenutzt wird, wenn zum Beispiel jemand aufgrund des Reichtums den Armen bedrückt und durch die Stärke den Schwachen zu Boden zwingt, dann befindet es sich schon nicht mehr in der Mitte, sondern muß als schlecht betrachtet werden. Daher werden solche Dinge ihrer Natur nach als neutral und in der Mitte befindlich bezeichnet, weil sie in Verbindung mit einer schlechten Tat schlecht und mit guten Taten verbunden gut genannt werden können[46]. Wenn Menschen die Dinge ohne solche innere Beziehung zu einem von beiden einfachhin gut nennen, muß man sie für unerfahren und unwissend halten. Sie verstehen nichts vom vernunftgemäßen Definieren und Benennen. Doch im uneigentlichen Sinn[47] nennen wir einen Handwerker weise, ferner einen Steuermann oder Baumeister oder auch eine des Webens kundige Frau.

Quod ergo in praesenti capitulo apostolus dicit: „Quia tribulatio patientiam operatur“, si patientiam unam esse ex animi virtutibus constat, tribulatio sine dubio, quae virtutes animi parit, neque mala neque indifferens, sed bona appellanda est. In tantum autem, sicut supra diximus, patientia virtus animi dicenda est, ut per patientiam dicat probationem nostri fieri et per probationem spem dari; quae utique quoniam in Deo sita est, qui virtutum omnium pater est, non confundit sperantem. Simul enim cum spe et caritatis abundantiam tenet, quae primo loco, quia „maior omnium est caritas“, spiritui copulatur.

Quod si quis nobis occurrat et dicat medium esse et indifferens tribulationem, quoniam quidem invenimus etiam malos et impios tribulari, et non continuo, quia tribulantur pro malis actibus suis, virtus animi tribulatio eorum reputanda est, vide, si possimus hoc modo respondere, quod tribulatio quidem proprie sanctorum est, impiorum autem et iniustorum tribulatio flagella appellentur. Denique in psalmo sic dicit: „Multae tribulationes iustorum.“ De istis autem ait: „Multa flagella peccatoris.“ Et fortassis propterea tribulatio et angustia ad sanctos | [996] pertinet, quia ipsi sunt, qui „arctam et angustam viam“ incedunt et propterea tribulari dicuntur. Quod etiam in ipso Domino, qui vera est via, quam sancti incedunt, intellexisse apostolos arbitror, cum ad eum dicerent: „Turbae te comprimunt et coartant, magister.“

Tribulationes ergo iustorum non solum eas debemus accipere, quae extrinsecus veniunt ex istis rebus, quas in-

Der Apostel sagt also in diesem Abschnitt: „Bedrängnis bewirkt Geduld." Wenn nun die Geduld mit Sicherheit eine Tugend des Geistes ist, so muß man zweifellos die Bedrängnis, welche die Tugenden des Geistes hervorbringt, weder als schlecht noch als neutral, sondern als gut bezeichnen. So sehr aber ist, wie wir oben darlegten, die Geduld als Tugend des Geistes zu bezeichnen, daß der Apostel sagen kann, durch die Geduld werde unsere Bewährung bewirkt und durch die Bewährung Hoffnung gegeben. Diese aber läßt, da sie in Gott begründet ist, der der Vater aller Tugenden ist, den Hoffenden nicht zuschanden werden. Denn mit der Hoffnung bedeutet Bewährung zugleich die Fülle der Liebe, die vor allem mit dem Geist zusammenhängt, da die „Liebe größer ist als alles" (1 Kor 13,13).

Wenn uns nun jemand den Einwand macht und sagt, Bedrängnis gehöre zum Neutralen und in der Mitte Befindlichen, da wir merken, daß auch Schlechte und Gottlose in Bedrängnis geraten, und man ihre Bedrängnis, die sie ja wegen ihrer bösen Taten erleiden, nicht einfach für eine Tugend des Geistes halten kann, so können wir vielleicht in folgender Weise darauf antworten: Bedrängnis haben eigentlich nur die Heiligen, die Bedrängnis der Gottlosen und Ungerechten wird dagegen als Plage bezeichnet. Denn es heißt im Psalm: „Zahlreich sind die Bedrängnisse der Gerechten" (Ps 34,20: LXX 33,20). Von den anderen aber steht dort: „Zahlreich sind die Plagen des Frevlers" (Ps 32,10: LXX 31,10). Und vielleicht gehören Bedrängnis und Enge deshalb zu den Heiligen, weil sie den „schmalen und engen Weg" (Mt 7,14) gehen und man deshalb von ihnen sagen kann, sie würden bedrängt. Weil der Herr selbst in Wahrheit der Weg ist, auf dem die Heiligen gehen, haben die Apostel meines Erachtens das auch in ihm erkannt, als sie zu ihm sagten: „Meister, die Leute bedrängen und erdrücken dich fast" (Lk 8,45).

Also dürfen wir unter der Bedrängnis der Gerechten nicht nur eine solche verstehen, die von außen durch Dinge

differentes vel medias supra diximus, id est vel damnis vel languoribus vel ex quolibet corporis cruciatu, sed et in eo, quod etiam in requie positi semet ipsos affligunt et atterunt resistendo voluntatibus suis, refrenando libidinem, coercendo licentiam et omnia, quae ad bonum continentiae pertinent, profligando, secundum hunc ipsum, qui dixit: „Macero corpus meum et servituti subicio, ne forte, cum aliis praedicavero, ipse reprobus efficiar.“ Et hoc modo iustorum tribulatio non potest indifferens dici, sed aperte bona, per quam bona virtutis implentur. Iniusti vero, etiamsi tribulentur, quod magis a scriptura flagella diximus appellari, quoniam nihil in his ipsis flagellis et correptionibus secundum virtutem animi gerunt, nihil ad patientiam ducunt nec probationem per patientiam sperant; idcirco in illis non tribulatio, quae ad haec bona pervenit, sed flagella, ut scriptura voluit, nominanda sunt, etiamsi abusive aliquando et super iniustos dici tribulationis nomen invenias.

Ut autem scias, quia iustorum tribulatio non angustat animi virtutem, sed potius dilatat, audi et ipse Paulus Corinthiis scribens quomodo ista distinguat, dicit enim ita: „In omnibus tribulationem patimur, sed non angustamur; deicimur, sed non perimus.“ Vides, quoniam se tribulationem pati non in uno, sed in omnibus dicit, hoc est et in his, quae forinsecus accidunt et ab aliis inferuntur, et in his, quae ipse intra semet ipsum pro corporis continentia et

kommt, die wir oben als neutral und in der Mitte stehend bezeichnet haben, also zum Beispiel durch Schaden und Verlust, Krankheiten oder sonstige körperliche Leiden. Ebenso gehört dazu, daß sie sich selbst hart in Zucht nehmen, auch wenn sie Ruhe genießen, daß sie sich aufreiben, wenn sie Widerstand leisten gegen ihren Eigenwillen, wenn sie ihre Begierde zügeln, ihren Übermut bändigen und den ganzen Kampf durchstehen, der zum Gut der Enthaltsamkeit gehört, nach dem Wort dessen, der gesagt hat: „Ich züchtige und unterwerfe meinen Leib, damit ich nicht anderen predige und selbst verworfen werde" (1 Kor 9,27). Von daher darf man die Bedrängnis der Gerechten nicht als neutral bezeichnen, sondern als offensichtlich gut, denn durch sie wird das Gut der Tugend vollendet. Wenn auch die Ungerechten bedrängt werden — aber meist wird das in der Schrift eine Plage genannt —, dann ertragen sie bei diesen Plagen und Züchtigungen nichts im Hinblick auf die Tugend des Geistes, sie formen nichts zur Geduld und erhoffen keine Bewährung aufgrund der Geduld. Darum darf man bei ihnen nicht von Bedrängnis sprechen, welche bis zu diesen Gütern gelangt, sondern von Plage, wie die Schrift es bevorzugte, selbst wenn man entdecken kann, daß im uneigentlichen Sinn auch bei den Ungerechten manchmal von Bedrängnis geredet wird.

Damit man aber einsieht, daß die Bedrängnis der Gerechten die Tugend des Geistes nicht einengt, sondern vielmehr in die Weite führt, soll man hören, wie der Apostel Paulus im Brief an die Korinther diese Unterscheidung trifft. Er formuliert nämlich so: „In allem leiden wir Bedrängnis und werden doch nicht eingeengt; wir werden niedergestreckt und doch nicht vernichtet" (2 Kor 4,8 f). Offenkundig will er sagen, er leide nicht nur in einer Hinsicht, sondern in jeder Beziehung Bedrängnis, das heißt sowohl in dem, was ihm von außen zustößt und was andere ihm zufügen, als auch in dem, was er in sich selbst erduldet wegen der körperlichen Enthaltsamkeit und seiner Mühe

optimarum institutionum laboribus perfert; et propterea dicit, quia „in omnibus tribulationem patimur, sed non angustamur". Neque enim angustari potest, qui virtutibus dilatatur. Et ut adhuc, quod dicimus, hoc modo clarius fiat, ipse Paulus scribit in consequentibus: „Scio et humiliari, scio et abundare; in omnibus et ad omnia imbutus sum: et saturari et esurire et abundare et penuriam pati." Igitur si verum est illud, quod superius dixit: „In omnibus tribulationem patimur", certum est hoc ab eo indicari, quia et cum penuriam patitur, tribulatur, et cum abundat, nihilominus tribulatur. Tribulatur autem in penuria, quia deest; in abundantia vero, quia semet ipsum refrenat, ne per abundantiam resolvatur vel ne minus competenter ea, quae videntur abundare, dispenset. Sic et cum esurit et cum saturatur et cum persecutiones patitur et cum in requie degit. Atque hoc modo qui | in his omnibus tribulatur, recte in | 997 tribulationibus suis gloriatur; ex quibus sine dubio nascitur patientia, quae probabilis effecta pariat spem, quae eum caritati coniuncta spiritui sancto consociet.

Quod autem dixit: „Caritas Dei diffusa est in cordibus nostris", diligentius considerandum est, in quorum cordibus Dei caritas diffundatur. Ego puto, quod in illorum, qui iam non habent spiritum servitutis iterum in timore, sed et illorum, in quibus „perfecta caritas foras mittit timorem" et quibus spiritus adoptionis datur, qui clamet in cordibus eorum: Abba, pater. Non est ergo cuiuscumque hominis nisi perfecti et talis, qualis erat Paulus, in cuius „corde diffundatur caritas Dei per spiritum sanctum."

---

[48] Der Papyrus, SCHERER, *Commentaire* 232, 7f, ergänzt und begründet: „Der Körper hat im gesunden Zustand die Tendenz, Begierden zu haben, die dem Geist feindlich sind." Dagegen müssen die Gerechten kämpfen und haben so einen inneren Kampf zu bestehen.

um wirklich gute Unterweisung. Darum sagt er: „In allem leiden wir Bedrängnis und werden doch nicht eingeengt" (2 Kor 4,8). Denn wer in den Tugenden weit wird, kann nicht eingeengt werden. Noch klarer wird, was wir erläutert haben, wenn Paulus selbst im Folgenden schreibt: „Ich weiß Entbehrungen zu ertragen, ich kann im Überfluß leben. In jedes und alles bin ich eingeweiht: in Sattsein und Hungern, Überfluß und Entbehrung" (Phil 4,12). Wenn also wahr ist, was er oben gesagt hat: „In allem leiden wir Bedrängnis" (2 Kor 4,8), dann will er damit sicher zum Ausdruck bringen, daß er bedrängt wird, wenn er unter Entbehrung leidet; daß er aber genauso bedrängt wird, wenn er im Überfluß lebt [48]. Bei Entbehrungen leidet er Bedrängnis, weil etwas fehlt, im Überfluß aber, weil er sich selbst in Zucht nimmt, um durch den Überfluß nicht verweichlicht zu werden, beziehungsweise damit er nicht mit dem, was im Überfluß vorhanden ist, unangemessen umgeht. Das gleiche gilt für Hunger und Sattsein, für Verfolgung und Friedenszeiten. Wer also in dieser Weise von allem bedrängt wird, der rühmt sich zu Recht seiner Bedrängnis: Ohne Zweifel erwächst ihm daraus die Geduld, die, wenn sie bewährt ist, die Hoffnung hervorbringt, die ihm in Verbindung mit der Liebe die Gemeinschaft des Heiligen Geistes schenken wird.

Bei seinem Wort: „Die Liebe Gottes ist ausgegossen in unsere Herzen" muß genau überlegt werden, in wessen Herz die Liebe Gottes ausgegossen wird. Ich denke, daß es die Herzen derer sind, die nicht mehr den Geist haben, der sie zu Sklaven macht, so daß sie sich wieder fürchten müßten (vgl. Röm 8,15), sondern derer, in denen die „vollkommene Liebe die Furcht vertreibt" (1 Joh 4,18). Das sind solche, denen der Geist verliehen wird, der sie zu Söhnen macht und in ihren Herzen rufen soll: Abba, Vater (vgl. Röm 8,15). Nicht in das Herz jedes beliebigen Menschen, sondern nur in das Herz des Vollkommenen, der so ist wie Paulus, wird also „die Liebe Gottes ausgegossen durch den Heiligen Geist" (Röm 5,5).

Sed et illud mihi considerandum videtur, utrumne hic caritatem illam dicat, qua nos diligimus Deum, an illam, qua diligimur a Deo, „diffusam esse per spiritum sanctum in cordibus nostris". Et siquidem illa caritas, qua Deum diligimus, intelligatur, sermo iste assertione non indiget, si vero, quia dixit „effusam esse Dei caritatem in cordibus nostris", ista potius intelligenda sit, qua diligimur a Deo, certum est, quod velut summum et maximum donum sancti spiritus caritatem ponat, quo velut munere prius suscepto a Deo per hoc ipsum diligere possimus Deum, quod diligimur a Deo. Nam et ipse Paulus nominat spiritum caritatis, et Deus caritas dicitur, et Christus filius caritatis appellatur. Quod si et spiritus caritatis et filius caritatis et Deus caritas invenitur, certum est, quod ex uno paternae Deitatis fonte et filius intelligendus est et spiritus sanctus, ex cuius abundantia etiam sanctorum cordibus ad participationem capiendam divinae naturae, sicut Petrus apostolus edocuit, abundantia caritatis infunditur, ut per istud sancti spiritus donum compleatur ille sermo, quem Dominus dicit: „Sicut tu, pater, in me et ego in te, et isti in nobis unum sint", divinae scilicet naturae participes effecti in abundantia caritatis per spiritum sanctum ministratae.

10. *Adhuc enim Christus, cum essemus infirmi, secundum tempus pro impiis mortuus est. Vix enim pro iusto quis moritur. Nam pro bono forsitan quis audeat mori.* Plenius volens virtutes caritatis ostendere, quam diffusam in cordibus nostris dixerat per spiritum sanctum, quibus hoc causis

Aber ich meine, daß man auch überlegen muß, ob Paulus hier die Liebe meint, mit der wir Gott lieben, wenn er sagt, sie sei „durch den Heiligen Geist in unsere Herzen ausgegossen“, oder die Liebe, mit der wir von Gott geliebt werden. Insofern hier an die Liebe zu denken ist, mit der wir Gott lieben, braucht die Aussage keine Bestätigung. Wenn dagegen eher an jene Liebe zu denken ist, mit der wir von Gott geliebt werden, da er ja sagte, „die Liebe Gottes sei ausgegossen in unsere Herzen“, so ist sicher: Er nennt als höchste und größte Gabe des Heiligen Geistes die Liebe. Darum können wir, nachdem wir zuerst die Gabe von Gott empfangen haben, genau dadurch Gott lieben, daß wir von Gott geliebt werden. Auch Paulus nennt ja den Geist „Geist der Liebe“ (vgl. Röm 15,30), und Gott wird als die Liebe bezeichnet (vgl. 1 Joh 4,8), auch Christus heißt „der geliebte Sohn“ (vgl. Kol 1,13). Wenn sich sowohl der Ausdruck „Geist der Liebe“ als auch „geliebter Sohn“ als auch „Gott ist die Liebe“ findet, dann ist sicher, daß aus der einen Quelle der Gottheit des Vaters der Sohn und der Heilige Geist als Liebe verstanden werden müssen. Aus dem Reichtum des Heiligen Geistes wird auch in die Herzen der Heiligen der Reichtum der Liebe eingegossen, damit sie teilhaben an der göttlichen Natur, wie der Apostel Petrus gelehrt hat (vgl. 2 Petr 1,4). Durch diese Gabe des Heiligen Geistes soll das Wort des Herrn erfüllt werden: „Wie du, Vater, in mir bist und ich in dir bin, sollen auch sie in uns eins sein“ (Joh 17,21), das heißt, sie sind zu Teilhabern an der göttlichen Natur geworden durch die Fülle der Liebe, die der Heilige Geist in ihnen wirkt.

10. *Christus ist schon zu der Zeit, da wir noch schwach und gottlos waren, für uns gestorben. Dabei wird nur schwerlich jemand für einen Gerechten sterben; vielleicht wird er jedoch für einen Guten sein Leben wagen* (Röm 5,6f). Um noch deutlicher zu zeigen, welche Kraft die Liebe hat, die nach seinem Wort durch den Heiligen Geist in unsere

intelligere deberemus, exposuit edocens nos, quod Christus non pro piis, sed pro | impiis mortuus est. Impii | 998
namque eramus, antequam converteremur ad Deum, et Christus utique mortem pro nobis, antequam crederemus, excepit; quod procul dubio non fecisset, nisi nimiam erga nos habuisset et abundantissimam caritatem vel ipse Dominus noster Iesus Christus moriendo pro impiis vel Deus pater unigenitum suum pro impiorum redemptione tradendo. Cum enim vix aliquis pro iusto moriatur et dubitet unusquisque mortem subire, etiamsi mortis iusta sit causa, quantus est hic, et caritas eius erga nos quanta pensanda est, qui secundum illud tempus, quo passus est, pro impiis et iniustis mortem perpeti non refugit? In quo utique summae illius divinae bonitatis indicium est. Nisi enim esset hic ex illa veniens substantia et illius patris filius, de quo dictum est, quia „nemo bonus nisi unus, Deus pater", tantam utique erga nos bonitatem non potuisset ostendere. Unde quia ex hoc tantae bonitatis indicio ipse esse hic agnoscitur bonus, pro hoc bono forsitan quis et audeat mori. Cum enim cognoverit unusquisque tantam erga se bonitatem Christi caritatemque eius habuerit in corde diffusam, non solum mori pro hoc bono, sed et audacter mori desiderabit. Quod rebus ipsis et operibus saepe videmus impleri, cum hi, in quorum cordibus abundanter diffusa est caritas Christi, sponte etiam et cum omni audacia semet ipsos persecutoribus offerunt et nomen Christi audiente mundo coram angelis et hominibus confitentur, ut non solum iniuriam

---

[49] Hier wendet ORIGENES in der Exegese das oben in Anm. 47 Gesagte an. κυρίως — im eigentlichen Sinn kann man nur von Gott als dem Guten sprechen. Wenn man von guten Werken oder guten Menschen redet, ist das ein uneigentlicher Sprachgebrauch (καταχρηστικῶς), vgl. *comm. in Mt.* 15,10. Dort spricht ORIGENES vom Sohn als dem Bild des guten Vaters, vom Menschen als dem Bild dieses Bildes. Vielleicht hat RUFIN hier bewußt ausgelassen oder geändert, um ORIGENES nicht mit subordinatianischen Tendenzen zu belasten. Vgl. auch *frg.* 28 (RAMSBOTHAM): Die Liebe im eigentlichen Sinn ist nur in Gott anzutreffen.

Herzen ausgegossen wurde (vgl. Röm 5,5), erläutert Paulus jetzt die Voraussetzungen dafür, damit wir es verstehen. Er lehrt, daß Christus nicht für Fromme, sondern für Gottlose gestorben ist. Wir waren nämlich gottlos, bevor wir uns zu Gott bekehrten, und es ist ja klar, daß Christus den Tod für uns auf sich nahm, bevor wir zum Glauben kamen. Ohne Zweifel hätte er das nicht getan, wenn er nicht eine sehr große und überströmende Liebe zu uns gehabt hätte. Von dieser Liebe kann man sowohl bei unserem Herrn Jesus Christus sprechen, weil er für die Gottlosen starb, als auch bei Gott, dem Vater, der seinen einzigen Sohn dahingab, um die Gottlosen zu erlösen. Nun stirbt kaum einmal jemand für einen Gerechten, und jeder zögert, den Tod auf sich zu nehmen, selbst wenn dieser Tod zu Recht verhängt wurde. Wie groß ist er daher und wie groß muß man seine Liebe zu uns einschätzen, da er zur Zeit seines Todesleidens sich nicht weigerte, für Gottlose und Ungerechte den Tod auf sich zu nehmen? Das ist sicher ein Zeichen für seine umfassende göttliche Güte. Denn ginge er nicht aus dem göttlichen Ursprung hervor als Sohn dieses Vaters, von dem es heißt, daß „niemand gut ist außer dem einen, Gott, dem Vater" (Mk 10,18), dann hätte er uns sicher nicht eine solche Güte erweisen können. Weil aus dem Erweis einer solchen Güte er selbst als der Gute erkannt wird[49], wird vielleicht für diesen Guten einer sein Leben wagen. Wenn nämlich jemand die große Güte Christi in seinem Leben erkannt hat und seine Liebe, die in sein Herz ausgegossen ist, in sich hat, so wird er nicht nur danach verlangen, für diesen Guten zu sterben, sondern er wird mutig danach verlangen. Wir sehen, daß dies tatsächlich und in Wirklichkeit oft erfüllt wird, wenn nämlich die, in deren Herz die Liebe Christi überreich ausgegossen ist, sich selbst freiwillig und voller Mut den Verfolgern ausliefern. Sie bekennen den Namen Christi in der Weltöffentlichkeit, vor Engeln und Menschen, indem sie nicht allein den Mut haben, Unrecht für seinen Namen zu erleiden,

pati pro nomine eius, sed et mortem pro hoc bono subire audeant, quam vix pro iusto quis perfert. Est enim amor vitae huius tantus, ut etiam, cum iusta causa mortis advenerit, vix unusquisque mortem patienter accipiat. Iusta autem causa mortis videtur, cum naturae lege defertur; et quamvis iustum sit conditione mortalitatis, vix tamen amplectitur animus naturae legibus cedere. „Vix ergo pro iusto quis moritur.“ Nam pro bono audet quis mori et audacter occumbit, praecipue si intellexit, quia, cum adhuc secundum tempus impii essemus et infirmi, ipse prior pro nobis mortuus est. Et quomodo non, qui haec sibi ab illo praestita prius esse cognoscit, mortem, quam ille malis impendit, hic bono reddat?

Arguitur autem illorum error, qui hunc locum ita interpretandum putarunt, ut quod dixit: „Vix enim pro iusto quis moritur“, de Deo legis, quem iustum, non etiam bonum dicunt, intelligi debere confirment, bonum autem Christum, | tamquam boni patris filium, asseverent. Sed | 999
quid agent, quia invenimus et in lege martyres multos? Legant Machabaeorum libros, ubi cum omni instantia beata mater cum septem filiis martyrium suscipit quique non solum martyrium patienter excipiunt, verum et contumelias ingerunt in tyrannum; et videant, si verum est, quod dicunt, quia „vix pro iusto quis moritur“. Videant tres pueros in camino ignis ardentis cum omni fiducia pro fidei libertate coniectos et dicant, quia „vix pro iusto quis mori-

---

[50] MARCION bezeichnet den Demiurgen als den Gerechten, den Vater Jesu Christi aber als den Guten. In den *Antithesen* zeigt er aus dem Gesetz = AT die Eigenart des Gerechten, aus dem Evangelium die des Guten. Vgl. z.B. MARCION, *Antithese* 24: „Im Gesetz spricht Gott (der Weltschöpfer): Du sollst lieben den, der dich liebt, und deinen Feind hassen; unser Herr, der Gute, aber sagt: Liebet eure Feinde und bittet für die, die euch verfolgen“ (zit. HARNACK, *Marcion* 91).

sondern auch für diesen Guten den Tod auf sich zu nehmen, was kaum einmal jemand für einen Gerechten tut. Denn die Liebe zu diesem Leben ist so groß, daß, selbst wenn der Tod zu Recht verhängt wird beziehungsweise eintritt, kaum jemand den Tod gelassen annimmt. Ein gerechter Grund für den Tod scheint zu sein, wenn das Gesetz der Natur ihn auferlegt. So sehr dies, bedingt durch die Todverfallenheit, gerecht ist, so wird doch der Geist kaum jemals mit Freude den Naturgesetzen stattgeben. „Schwerlich wird also jemand für einen Gerechten sterben.“ Doch für den Guten wagt er sein Leben und stirbt mutig, besonders wenn er eingesehen hat, daß jener schon zu der Zeit für uns starb, als wir noch gottlos und schwach waren. Und wird man nicht in der Erkenntnis, was er uns zuerst erwiesen hat, den Tod für den Guten erleiden und ihm so vergelten, daß er den Tod für die Bösen erlitt?

Widerlegt wird aber der Irrtum derer, die meinten, diese Stelle sei folgendermaßen auszulegen: Wenn es heißt: „Schwerlich stirbt jemand für einen Gerechten“, so müsse man das, wie sie versichern, auf den Gott des Gesetzes beziehen, den sie gerecht, nicht aber auch gut nennen. Gut ist ihrer Überzeugung nach Christus als der Sohn des guten Vaters[50]. Doch was werden sie dazu sagen, daß es auch im Gesetz viele Märtyrer gibt? Sie sollen die Makkabäerbücher lesen, wo geschrieben steht, daß die selige Mutter mit ihren sieben Söhnen das Martyrium voller Bereitschaft auf sich nahm (vgl. 2 Makk 7,1–42). Diese nehmen sogar nicht nur geduldig das Martyrium auf sich, sondern überhäufen den Tyrannen zudem noch mit Schmähungen. Dabei sollen die Irrlehrer zu erkennen suchen, ob ihre Erklärung richtig ist, daß „schwerlich jemand für einen Gerechten sterben wird“. Sie sollen doch die drei Jünglinge betrachten, die voll Vertrauen waren und für die Glaubensfreiheit in den glühenden Feuerofen geworfen wurden (vgl. Dan 3,20 f), und dabei sagen, daß „schwerlich jemand für einen Gerechten stirbt“. Nur wenn man also mit voller Bereitschaft den

tur". Sola ergo mors est pro Deo, quae cum omni audacia suscipitur; omnis autem reliqua mors vix toleranter subitur, etiamsi iusta sit et humanae conditionis lege descendat.

11. *Commendat autem suam caritatem Deus in nobis, quoniam si, cum adhuc peccatores essemus, Christus pro nobis mortuus est, multo magis nunc ergo iustificati in sanguine ipsius salvi erimus ab ira per ipsum.* Cum dixisset in superioribus, quia „Christus secundum tempus adhuc pro impiis mortuus est", nunc ostendere ex hoc vult Dei caritatis erga homines magnitudinem, quia, si erga impios et peccatores tanta exstitit, ut pro salute eorum unicum filium daret, quanto magis erga conversos et emendatos et, ut ipse ait, suo sanguine redemptos largior et diffusior erit?

Non puto sane, quod otiosa sit apud Paulum varietas ista verborum, quod aliquando infirmos, aliquando impios, aliquando peccatores nominat, pro quibus Christum mortuum dicit; et quamvis imperitum se fateatur in sermone, non tamen arbitror, quod in his ille per imperitiam, sed potius per profundam scientiam variaverit. Per haec namque tria omne peccati colligitur genus. Aut enim ignorans Deum quis peccat in tenebris et vocatur impius; aut volens servare mandatum vincitur fragilitate carnis et illecebris praesentis vitae decipitur et infirmus appellatur; aut sciens volensque contemnit mandatum et odit disciplinam Dei ac

[51] ORIGENES spricht von der rhetorischen Mangelhaftigkeit der Sprache des Paulus, aber auch von ihrer Differenziertheit. Beides ist Ausdruck für die göttlichen Mysterien, die sie enthält, vgl. Bd. 1, 38–41 Einführung.

Tod auf sich nimmt, ist es ein Tod für Gott. In jedem anderen Fall unterwirft man sich dem Tod nur schwerlich in Geduld, auch wenn er gerechterweise und aufgrund der gesetzmäßigen Bestimmung des Menschen auf einen zukommt.

11. *Gott aber erweist seine Liebe zu uns darin, daß Christus für uns gestorben ist, als wir noch Sünder waren. Nachdem wir jetzt durch sein Blut gerechtfertigt sind, werden wir durch ihn erst recht vor dem Zorngericht Gottes gerettet werden* (Röm 5,8 f). Oben sagte er, daß Christus zu der Zeit für die Menschen starb, da sie noch gottlos waren (vgl. Röm 5,6). Nun will er daraus die Größe der göttlichen Liebe zu den Menschen aufzeigen: Wenn sie gegenüber Gottlosen und Sündern schon so groß war, daß er für ihr Heil den einzigen Sohn dahingab, wird sie dann nicht noch viel reicher und überströmender wirksam werden gegenüber denen, die schon bekehrt und von ihren Fehlern befreit sind, die, wie er selbst sagt, durch sein Blut erlöst sind?

Ich meine nun allerdings, daß bei Paulus die unterschiedlichen Ausdrücke keineswegs ohne Bedeutung sind. Einmal spricht er von Schwachen, dann von Gottlosen, dann von Sündern, für die Christus gestorben ist. Und wenn er auch von sich selbst meint, er sei im Reden ein Stümper (vgl. 2 Kor 11,6), so denke ich doch, daß er hier nicht aus Stümperhaftigkeit, sondern aus tiefer Einsicht im Ausdruck abgewechselt hat[51]. Durch diese drei Bezeichnungen werden nämlich alle Arten von Sünden erfaßt. Es kann zum Beispiel sein, daß jemand in Unkenntnis Gottes in der Finsternis sündigt, dann wird er als gottlos bezeichnet. Oder einer will das Gebot beachten, wird aber von der Schwäche seines Fleisches bezwungen, durch die Verführungen dieses Lebens irregeleitet und deshalb schwach genannt. Oder jemand verachtet wissentlich und willentlich das Gebot, er haßt die Zucht Gottes und wirft seine

proicit sermones eius post se et peccator nominatur. Atque ita Paulus, qui se imperitum, ut diximus, in sermone profitetur, in tribus his diversitatibus universa, pro quibus Christus praedicatur mortuus esse, complexus est.

Quod si interdum etiam hi, qui sub lege sunt et Deum colere videntur, impii in scripturis divinis nominantur, | 1000 idcirco fit, quod relinquentes Deum patrum suorum deos gentium colunt. Quod vero Paulus se cum peccatoribus numerat, qui in aliis dicit: „Nos natura Iudaei et non ex gentibus peccatores", humilitatis eius est virtus. Imitatur enim illum, qui „cum peccatum non fecisset, peccatum pro nobis factus est" et, cum Deus esset, inter homines conversatus est.

„Commendat ergo suam caritatem Deus in nobis." Hic „commendat" vel confirmat intelligitur vel amabilem facit pro beneficiis. Quod enim „Christus, cum adhuc peccatores essemus, pro nobis mortuus est", spem nobis dat, quod multo magis nos a peccato purgatos et iustificatos ab ira, quae imminet peccatoribus, salvabit per ipsum; et qui alienos et inimicos ita dilexit, ut pro nobis ad mortem unicum suum daret, multo magis suos effectos et reconciliatos sibi aeterna salute donabit. Quomodo autem Christus pro nobis mortuus sit et quomodo, cum sit agnus Dei, tulerit peccatum mundi et infirmitates nostras portaverit et pro nobis doluerit, saepe a nobis in aliis dicta sunt locis, ubi adhibuimus et ea, quae in saecularibus historiis feruntur, quod etiam apud ipsos nonnulli pestilentias vel turbines aliaque his similia perhibentur morti se obiciendo reppu-

---

52 Vgl. *frg.* 28 (RAMSBOTHAM).

53 Vgl. 1,1; 6,9: „In der Hl. Schrift nehmen für gewöhnlich die Heiligen die Person der Sünder an, und die Lehrer nehmen die Schwachheit ihrer Schüler auf sich."

Worte hinter sich (vgl. Ps 50,17: LXX 49,17)[52], der wird ein Sünder genannt. So hat Paulus, der sich, wie gesagt, als Stümper im Reden bezeichnet (vgl. 2 Kor 11,6), durch diese dreifache Unterscheidung alles zusammengefaßt, wofür Christus, wie verkündet wird, gestorben ist.

Wenn aber manchmal auch diejenigen in der Heiligen Schrift als gottlos bezeichnet werden, die unter dem Gesetz stehen und Gott zu verehren scheinen, dann geschieht das deswegen, weil sie sich vom Gott ihrer Väter abwenden und die Götter der Heiden verehren. Daß sich aber Paulus selbst, der an anderer Stelle sagt: „Wir sind von Geburt Juden und nicht Sünder wie die Heiden" (Gal 2,15), zu den Sündern rechnet (Röm 5,8), bewirkt die Tugend der Demut in ihm[53]. Er ahmt nämlich den nach, der „obwohl er keine Sünde kannte, für uns zur Sünde wurde" (2 Kor 5,21) und, obwohl er Gott war, sich unter den Menschen aufhielt (vgl. Bar 3,36.38; Phil 2,7).

„Gott erweist also seine Liebe zu uns." „Er erweist" bedeutet hier, er bekräftigt, oder er macht liebenswert, um seine Wohltaten schenken zu können. Daß nämlich „Christus für uns gestorben ist, als wir noch Sünder waren", gibt uns die Hoffnung, Gott werde uns erst recht als von Sünden Gereinigte und Gerechtfertigte durch ihn vor dem Zorngericht, das den Sündern droht, retten. Wenn er die Fernstehenden und die Feinde schon so liebte, daß er seinen einzigen Sohn für uns in den Tod dahingab (vgl. Joh 3,16), wird er erst recht den Seinen, die mit ihm versöhnt sind, das ewige Heil schenken. Inwiefern aber Christus für uns starb, inwiefern er als das Lamm Gottes die Sünde der Welt hinwegnahm (vgl. Joh 1,29), inwiefern er unsere Krankheiten getragen hat (vgl. Jes 53,4; Mt 8,17) und für uns litt, das haben wir oft an anderer Stelle besprochen. Dabei haben wir auch Berichte aus der Profangeschichte herangezogen, denn es wird überliefert, daß auch bei den Heiden einige sich dem Tod anheimgaben und so Seuchen oder Unwetter oder anderes dergleichen abgewendet und

lisse et patriam vel gentem suam imminentis cladis excidio liberasse. Quae quidem quam vere scripta sint vel quid rationis habeant, si vera sunt, Dei est nosse solius. Nullus tamen ipsorum, de quibus ista narrantur, ne ficto quidem sermone totius mundi peccata absolvisse perhibetur nisi Iesus solus, qui „cum esset in forma Dei, non rapinam arbitratus est esse se aequalem Deo, sed semet ipsum exinanivit" et secundum voluntatem patris forma servi suscepta obtulit victimam pro universo mundo tradens sanguinem suum principi huius mundi secundum sapientiam Dei, quam „nemo principum huius mundi cognovit; si enim cognovissent, numquam Dominum maiestatis crucifixissent"; nec sanguis ille, quem sitierant, non tam sitim quam vires eorum exstingueret regnumque destrueret; nec accideret eis illud, quod Dominus in evangelio dicit: „Ecce nunc princeps huius mundi iudicatus est", et illud: „Ecce videbam satanam sicut fulgur cadentem de caelo".

„Multo ergo", inquit, „magis | 1001 iustificati nunc in sanguine eius salvi erimus ab ira per ipsum." In superioribus quidem dixerat: „Iustificati igitur ex fide pacem habeamus ad Deum", et nunc dicit: „Multo magis nunc iustificati in sanguine ipsius salvi erimus ab ira per ipsum." Ex quo ostendit, quod neque fides nostra sine Christi sanguine neque sanguis Christi nos sine fide nostra iustificat; ex utroque tamen multo magis sanguis Christi nos quam fides nostra iustificat. Et ideo mihi videtur, cum in superioribus simpliciter dixerit: „iustificati ex fide", hic addidisse: „multo magis ergo nunc iustificati in sanguine eius", ut doceret, quod ab ira ventura etiamsi fides nostra nos salvet, etiamsi

[54] Vgl. z.B. ORIGENES, *Cels.* 1,31.

[55] ORIGENES hat das Bild vom „Loskauf" als Deutung des Erlösungsvorgangs reich ausgestaltet, gerade im Römerbriefkommentar, vgl. 2,13; 3,7; außerdem ORIGENES, *comm. in Mt.* 13,8; REIJNERS, *Wort vom Kreuz* 66–70.

das Vaterland oder ihr Volk vor dem drohenden Untergang und der Vernichtung bewahrt haben[54]. Wie wahrheitsgemäß dies allerdings aufgeschrieben wurde und welchen Sinn es hat, falls es wahr ist, das weiß Gott allein. Aber keiner von denen, über die so etwas erzählt wird, soll die Sünden der ganzen Welt hinweggenommen haben. Das wird niemandem angedichtet. Einzig und allein Jesus, der „Gott gleich war, aber nicht daran festhielt, wie Gott zu sein, sondern sich entäußerte" (Phil 2,6f) und gemäß dem Willen des Vaters wie ein Sklave wurde (vgl. Phil 2,7), brachte das Opfer für die ganze Welt dar, indem er sein Blut dem Fürsten dieser Welt hingab. Das entsprach der Weisheit Gottes, „die keiner der Machthaber dieser Welt erkannt hat; denn hätten sie sie erkannt, so hätten sie den Herrn der Herrlichkeit niemals gekreuzigt" (1 Kor 2,8). Es wäre auch nicht geschehen, daß sein Blut, nach dem sie dürsteten, weniger ihren Durst als vielmehr ihre Kraft gelöscht und ihre Herrschaft zerstört hätte. Es wäre ihnen nicht widerfahren, was der Herr im Evangelium sagt: „Jetzt ist der Herrscher dieser Welt gerichtet" (Joh 16,11), und: „Siehe, ich sah den Satan wie einen Blitz vom Himmel fallen" (Lk 10,18)[55].

Also: „Nachdem wir jetzt durch sein Blut gerechtfertigt sind, werden wir durch ihn erst recht vor dem Zorngericht Gottes gerettet werden." Oben hatte er gesagt: „Gerechtfertigt aus Glauben, wollen wir Frieden haben mit Gott" (Röm 5,1). Jetzt sagt er: „Nachdem wir jetzt durch sein Blut gerechtfertigt sind, werden wir durch ihn erst recht vor dem Zorngericht Gottes gerettet werden." Damit zeigt er, daß uns weder unser Glaube ohne das Blut Christi noch das Blut Christi ohne unseren Glauben rechtfertigt. Beides rechtfertigt uns, aber viel mehr das Blut Christi als unser Glaube. Darum, meine ich, hat er oben einfach gesagt: „Gerechtfertigt aus Glauben", und hier hinzugefügt: „Erst recht sind wir nun gerechtfertigt durch sein Blut", um zu zeigen: Auch wenn unser Glaube oder Werke der Gerech-

opera iustitiae, super haec tamen omnia multo magis sanguis Christi salvos nos faciat ab ira ventura.

Ira vero Dei quomodo intelligi debeat, in secundi a nobis psalmi expositione plenius dictum est, et quomodo possit impleri quod scriptum est, ut salvi efficiamur fugientes ab ira ventura et iram quidem fugientes, ita ut non nos comprehendat, sectantes vero iustitiam, pietatem, fidem, caritatem, patientiam, mansuetudinem et cetera his similia. Ira itaque est, cui traditur unusquisque pro mensura et merito peccatorum, Deo tamen, secundum quod scriptum est in septuagesimo septimo psalmo, non accendente omnem iram suam. Quis enim sufferre posset, si omnem iram adversum peccatores accenderet Dominus, cum tam terribile sit illud, quod in cantico Moysi pronuntiatur, ubi dicit: „Quia ignis accensus est in furore meo et ardebit usque ad infernum inferiorem; comedet terram et nascentia eius, conflagrabit fundamenta montium"? Intuere ergo, quia ignis iste, qui de ira vel de furore Domini accenditur, terram et infernum inferiorem comedit et opera terrena consumit, conflagrat etiam non excelsa montium, sed fundamenta, id est non sublimes animas neque caelestes sensus, sed humi atque in terram deiectos vel etiam in profundum terrae, ut sunt montium fundamenta, demersos. Paululum ergo etiam de ira oportuit disseri, ut apertius nosceretur, a quibus nos malis Christi sanguis eripuit.

---

[56] Der größte Teil der Psalmenerklärung des ORIGENES ist nicht mehr erhalten. ORIGENES hat im Kommentar schon in 1,16 und 2,4 vom Zorn Gottes gesprochen.

tigkeit uns retten, viel mehr und weit über all das hinaus rettet uns aber das Blut Christi vor dem kommenden Zorngericht.

Wie man jedoch den Zorn Gottes verstehen muß, haben wir in unserer Erklärung zu Psalm 2 ausführlicher besprochen[56]. Wir haben auch erklärt, wie das Schriftwort erfüllt wird, das von unserer Rettung durch die Flucht vor dem kommenden Zorn spricht (vgl. Lk 3,7). Wir fliehen den Zorn so, daß er uns nicht erreicht, wenn wir der Gerechtigkeit nachjagen, der Frömmigkeit, dem Glauben, der Liebe, der Standhaftigkeit und Sanftmut (vgl. 1 Tim 6,11) und dergleichen mehr[57]. Demnach ist der Zorn gemeint, dem ein jeder nach Sündenmaß und -schuld übergeben wird, während Gott, wie es im 77. Psalm heißt, nicht seinen ganzen Zorn entbrennen läßt (vgl. Ps 78,38: LXX Ps 77,38). Denn wer könnte es ertragen, wenn der Herr seinen ganzen Zorn gegen die Sünder entfachte? Es ist ja furchtbar, was im Lied des Mose verkündigt wird, wo es heißt: „Durch meinen Zorn ist Feuer entbrannt. Es lodert bis in die tiefste Unterwelt, es verzehrt die Erde und was auf ihr wächst und schmilzt die Fundamente der Berge" (Dtn 32,22). Erwäge also, daß dieses Feuer, das durch den Zorn und Grimm des Herrn aufflammt, die Erde und die tiefste Unterwelt verzehrt und die irdischen Werke vernichtet. Es schmilzt nicht die Gipfel der Berge, das heißt nicht die erhabenen Seelen, nicht den Sinn für das Himmlische, sondern die Fundamente der Berge, das sind die zu Boden auf die Erde Niedergestreckten oder auch die in die Tiefen der Erde wie die Fundamente der Berge Versunkenen. Nur kurz mußte also auch über den Zorn gesprochen werden, damit um so deutlicher werde, welchem Unheil uns Christi Blut entrissen hat.

---

[57] Vgl. ORIGENES, *hom. in Luc.* 22,7.

12. *Si enim cum inimici essemus, reconciliati sumus Deo per mortem filii eius, multo magis reconciliati salvi erimus in vita ipsius. Non solum autem, sed et gloriamur in Deo per Dominum | nostrum Iesum Christum, per quem nunc re-* | 1002
conciliationem accepimus. Quod dicit: „Cum inimici essemus, reconciliati sumus Deo“, evidenter ostendit non esse aliquam substantiam, quae secundum definitionem Marcionis vel Valentini naturaliter inimica sit Deo; alioquin si quod inimicum est, naturae esset et non voluntatis, reconciliationem utique non haberet. Ubi autem ex inimico quis amicus efficitur, certum est, quod, dum ea opera agit, quae non amat Deus, inimicus est Dei, et unusquisque tam gravis et tam odibilis inimicus efficitur, quam multiplicaverit opera inimicitiis digna. Sunt ergo mensurae et gradus quidam in his peccatorum qualitate vel quantitate distincti, qui inimici sunt Deo.

Unde et ille, qui supra omnes peccavit, a Paulo „ultimus inimicus“ destruendus esse memoratur. Versa autem vice et ordine etiam eos, qui reconciliati sunt per mortem filii eius, in amicis haberi certum est, et esse aliquem ita amicum, sicut Moyses amicus Dei appellatus est, esse quoque alios, quibus dicit Salvator: „Iam non dicam vos servos, sed amicos.“ Credo autem esse adhuc magis familiares aliquos in caelestibus amicos apud Deum vel illos, qui semper vident faciem Dei, vel eos, qui semper astant in conspectu Altissimi, ut, sicut supra diximus esse quendam novissimum inimicum, ita et ibi pro virtutum meritis habeantur aliqui summi amici.

Cum ergo haec ita sint, nescio si is, qui adhuc permanet in his operibus, quae odit Deus et pro quibus inimicitiae

12. *Da wir mit Gott versöhnt wurden durch den Tod seines Sohnes, als wir noch Feinde waren, werden wir erst recht, nachdem wir versöhnt sind, gerettet werden durch sein Leben. Nicht allein dies, sondern wir rühmen uns Gottes durch Jesus Christus, unseren Herrn, durch den wir jetzt schon die Versöhnung empfangen haben* (Röm 5,10f). Wenn er sagt: „Wir wurden mit Gott versöhnt, als wir noch Feinde waren", zeigt er ganz klar, daß es eine Substanz, die von Natur aus Gott feindlich wäre, wie Marcion und Valentin behaupten, nicht gibt. Wenn das Gottfeindliche nämlich von der Natur käme und nicht vom Willen, gäbe es dafür keine Versöhnung. Wenn aber jemand vom Feind zum Freund wird, ist sicher, daß er so lange Feind Gottes ist, als er die Werke tut, die Gott nicht liebt. Er wird in dem Maße zum schlimmen und hassenswerten Feind, in dem er die Werke, die der Feindschaft entsprechen, immer wieder tut. So gibt es also bei den Feinden Gottes je nach Größe und Art der Sünden einen gewissen Unterschied.

Darum wird auch jener, der mehr als alle gesündigt hat, von Paulus „der letzte Feind" genannt, „der entmachtet werden muß" (1 Kor 15,26). Umgekehrt ist auch sicher, daß alle, die durch den Tod seines Sohnes versöhnt sind, als Freunde Gottes gelten. Einer kann so Freund sein wie Mose, der Freund Gottes genannt wurde (vgl. Ex 33,11). Es gibt auch andere, von denen der Erlöser sagt: „Ich nenne euch nicht mehr Knechte, sondern Freunde" (Joh 15,15). Auch im Himmel, glaube ich, gibt es noch vertrautere Freunde Gottes, seien es jene, die immer das Angesicht Gottes sehen (vgl. Mt 18,10), oder jene, die immer vor dem Angesicht des Höchsten stehen (vgl. Lk 1,19). Und wie wir oben gesagt haben, daß es einen letzten Feind gibt (vgl. 1 Kor 15,26), so können dort einige als die ersten Freunde gelten um der Verdienste ihrer Tugenden willen.

Da dies so ist, weiß ich nicht, ob man zu Recht sagen kann, daß einer, der weiterhin bei den Werken bleibt, die Gott haßt und um derentwillen es Feindschaft zwischen

sunt inter Deum et homines, reconciliatus esse Deo per sanguinem Christi merito dicatur. Quomodo enim reconciliatus est, qui quae inimici sunt gerit? Paulus ergo merito de se et sibi similibus dicit, quia „cum inimici essemus, reconciliati sumus per mortem filii eius“. Grandis pudor est, ubi talis reconciliatio facta est, ubi inimicitias inter Deum et homines non sermo peccatoris, sed sanguis intercessoris absolvit, iterum nos converti ad inimicitias et agere ea, quae odit ille, quem nobis nisi effusio sanguinis sacri reconciliaverat nemo.

Plenius autem etiam ad Ephesios ipse Paulus scribens de ratione reconciliationis et inimicitiae ac profusione sanguinis Christi commemorat; quae si his iungamus, aperire locum praesentis capituli facilius possunt. Ait ergo ita: „Propter quod memores estis vos, qui aliquando gentes in carne dicebamini praeputium | 1003 ab ea, quae dicitur circumcisio in carne manu facta, quoniam eratis illo tempore sine Christo alienati a conversatione Israel et peregrini promissionis testamentorum eius spem non habentes et sine Deo in hoc mundo; nunc autem in Christo Iesu vos, qui aliquando eratis longe, facti estis prope in sanguine Christi. Ipse est enim pax nostra, qui fecit utraque unum et medium parietem maceriae solvens, inimicitiam in carne sua, legem mandatorum in decretis evacuans, ut duos conderet in semet ipso, in uno novo homine faciens pacem, ut reconciliaret utrosque in uno corpore Deo per crucem interficiens inimicitias in semet ipso. Et veniens evangelizavit pacem vobis, qui longe, et pacem his, qui prope, quoniam per ipsum habemus accessum utrique in uno spiritu ad patrem.“ Sed praecipue in his illud observa, quod Christus medium parietem maceriae solvit in carne sua, id est inimi-

Gott und den Menschen gibt, mit Recht ein durch das Blut Christi mit Gott Versöhnter genannt werden kann. Denn wie kann der versöhnt sein, der wie ein Feind handelt? Zu Recht sagt Paulus also von sich und denen, die ihm ähnlich sind: „Da wir noch Feinde waren, wurden wir mit Gott versöhnt durch den Tod seines Sohnes." Da nun eine solche Versöhnung geschehen ist und die Feindschaft zwischen Gott und den Menschen nicht durch das Wort des Sünders, sondern durch das Blut des Mittlers beendet wurde, ist es eine große Schande, wenn wir wieder zur Feindschaft zurückkehren und treiben, was der haßt, mit dem uns einzig und allein das Vergießen des heiligen Blutes versöhnt hatte.

Über Versöhnung und Feindschaft schreibt Paulus selbst ausführlicher im Brief an die Epheser. Dabei spricht er auch von dem Vergießen des Blutes Christi. Nehmen wir dies hinzu, finden wir leichter einen Zugang zur vorliegenden Stelle. Dort sagt Paulus nämlich: „Erinnert euch also, daß ihr einst Heiden wart und von denen, die äußerlich beschnitten sind, Unbeschnittene genannt wurdet. Damals wart ihr von Christus getrennt, der Gemeinde Israels fremd und von dem Bund der Verheißung ausgeschlossen; ihr hattet keine Hoffnung und lebtet ohne Gott in der Welt. Jetzt aber seid ihr, die ihr einst in der Ferne wart, durch Christus Jesus, nämlich durch sein Blut, in die Nähe gekommen. Denn er ist unser Friede. Er vereinigte die beiden Teile und riß durch sein Fleisch die trennende Wand der Feindschaft nieder. Er hob das Gesetz samt seinen Geboten und Forderungen auf, um die zwei in seiner Person zu dem einen neuen Menschen zu machen. Er stiftete Frieden und versöhnte die beiden in einem einzigen Leib mit Gott. Durch das Kreuz hat er in seiner Person die Feindschaft getötet. Er kam und verkündete den Frieden euch, den Fernen, und Frieden den Nahen. Durch ihn haben wir beide in dem einen Geist Zugang zum Vater" (Eph 2,11 bis 18). Richte dein Augenmerk hierbei besonders darauf, daß Christus die trennende Wand der Feindschaft durch sein

citiam, et quod reconciliavit utrosque in uno corpore Deo per crucem et quod interfecit inimicitiam in cruce. In quo non sine causa mihi Paulus secundo videtur inimicitiam nominasse et in uno quidem dixisse, quod solverit inimicitiam Christus in carne, in secundo vero interfecisse eam in cruce. Solvere namque mihi videtur in his, qui adhuc certamen gerunt adversum peccatum et repugnant ei pro viribus, interficere vero in his, qui peccatum iam nequaquam omnino recipiunt, sed omni ex parte membra sua mortificaverunt peccato; ex quibus erat et ille, qui dicebat: „Christo concrucifixus sum. Vivo autem, iam non ego, vivit vero in me Christus.“ Hoc ergo modo etiam Christus occidit inimicitiam in carne sua, cum morte suscepta exemplum dedit hominibus usque ad mortem resistere adversum peccatum, et ita demum resoluta inimicitia in carne sua reconciliavit per | sanguinem suum homines Deo, eos dumtaxat, | 1004 qui inviolatum reconciliationis foedus ultra non peccando custodiunt.

Igitur mors eius mortem inimicitiae dedit ei, quae erat inter nos et Deum, et reconciliationis initium. Resurrectio autem ipsius et vita salutem credentibus contulit, sicut et alibi apostolus dicit de Christo: „Quod enim mortuus est peccato, mortuus est semel; quod autem vivit, vivit Deo.“ Peccato mortuus dicitur, non suo, neque enim peccatum fecit, sed ipse peccato mortuus est, id est velut qui morte sua peccato ipsi intulerit mortem. Vivere autem dicitur Deo, ut et nos non nobis neque nostrae voluntati, sed Deo vivamus, ut ita demum in vita ipsius salvi esse possimus secundum eum, qui dixit: „Vivo autem, iam non ego, vivit vero in me Christus.“ Quod vero similiter ut in supe-

---

[58] Zur Nachfolge und Teilnahme am Tod Christi als Kampf mit der Sünde vgl. REIJNERS, *Wort vom Kreuz* 82–84.
[59] Vgl. HARL, *Fonction* 292–296.

Fleisch niederriß, die beiden durch das Kreuz mit Gott in einem einzigen Leib versöhnte und die Feindschaft am Kreuz tötete. Dabei scheint mir Paulus nicht ohne Grund zweimal von Feindschaft zu sprechen. Einmal hat er gesagt, daß Christus die Feindschaft durch sein Fleisch niederriß, sodann, daß er sie am Kreuz getötet habe. Er reißt sie nämlich, wie ich meine, in denen nieder, die noch gegen die Sünde kämpfen und ihr nach Kräften Widerstand leisten. Getötet aber wird sie in denen, die die Sünde überhaupt nicht mehr zulassen, sondern ihre Glieder ganz und gar für die Sünde getötet haben (vgl. Kol 3,5). Zu ihnen gehörte auch jener, der bekannte: „Ich bin mit Christus gekreuzigt worden; nicht mehr ich lebe, sondern Christus lebt in mir" (Gal 2,19f). Auf diese Weise hat Christus auch die Feindschaft in seinem Fleisch getötet, weil er den Tod auf sich nahm und den Menschen dadurch ein Beispiel gab, der Sünde bis zum Tod Widerstand zu leisten (vgl. Hebr 12,4)[58]. Da so die Feindschaft in seinem Fleisch vernichtet wurde, hat er durch sein Blut die Menschen mit Gott versöhnt, genaugenommen die, die den Bund der Versöhnung unverletzt bewahren, indem sie nicht mehr sündigen.

Also tötete sein Tod die Feindschaft, die zwischen uns und Gott bestand. Er war der Anfang der Versöhnung. Seine Auferstehung und sein Leben aber hat den Glaubenden das Heil geschenkt, wie auch der Apostel anderswo von Christus sagt: „Denn durch sein Sterben ist er ein für allemal gestorben für die Sünde, sein Leben aber lebt er für Gott" (Röm 6,10). Er ist tot für die Sünde, heißt es, nicht für die eigene, denn er hat keine Sünde begangen (vgl. 1 Petr 2,22). Daß er für die Sünde gestorben ist, bedeutet vielmehr, daß er durch seinen Tod die Sünde zu Tode brachte (vgl. Hebr 2,14). Er lebt aber für Gott, heißt es, damit auch wir nicht für uns und unser Wollen, sondern für Gott leben (vgl. Röm 6,11) und so wirklich durch sein Leben erlöst sein können wie der, der sagte: „Nicht mehr ich lebe, sondern Christus lebt in mir" (Gal 2,20)[59]. Ähnlich wie er

rioribus posuit: „Non solum autem, sed et nunc gloriamur in Deo“ et nihil addidit ad „non solum autem“, similiter ut superius intelligendum est de his dictum, quae supra comprehensa sunt, id est, quod non solum, cum „inimici essemus, reconciliati sumus Deo per mortem filii eius“, et non solum „in vita ipsius salvi erimus“, „sed et nunc gloriamur in Deo per Dominum nostrum Iesum Christum, per quem reconciliationem accepimus“. Non autem sine causa addidit: „nunc“, cum potuisset dicere: „sed et gloriamur in Deo per Dominum nostrum Iesum Christum, per quem reconciliationem accepimus“, sed ut ostenderet gloriationem nobis non solum in futuro, sed et in praesenti datam de agnitione Dei et emendatione vitae et errorum correctione, sicut et in aliis idem apostolus dicit: „Spem habentes et praesentis vitae et futurae“, praesentis, quod honestior et emendatior est, futurae, quod aeterna est.

oben ausführte: „Nicht allein dies, sondern wir rühmen uns jetzt Gottes“ und nichts zum „nicht allein dies“ hinzufügte, so ist das Gesagte auch wie oben als auf das Vorausgehende bezogen zu verstehen. Das heißt: Nicht allein „wurden wir mit Gott versöhnt durch den Tod seines Sohnes, als wir noch Feinde waren“; nicht allein „werden wir durch sein Leben gerettet werden“, „sondern wir rühmen uns auch jetzt Gottes durch unseren Herrn Jesus Christus, durch den wir die Versöhnung empfangen haben“. Nicht ohne Grund setzte er das „jetzt“ hinzu. Er hätte ja auch sagen können: „Wir rühmen uns Gottes durch unseren Herrn Jesus Christus, durch den wir die Versöhnung empfangen haben.“ Vielmehr wollte er zeigen, daß unser Ruhm nicht nur eine Gabe der Zukunft, sondern auch der Gegenwart ist, ein Ruhm, der uns in der Erkenntnis Gottes, in der Besserung des Lebens, in der Befreiung von Irrtümern gegeben ist. So sagt auch der Apostel an anderer Stelle: „Hoffnung haben wir für das gegenwärtige und zukünftige Leben“ (1 Tim 4,8), für das gegenwärtige, daß es ehrenhaft und rein ist, für das zukünftige, daß es ewig ist[60].

---

[60] Der griech. Text von 1 Tim 4,8 hat ἐπαγγελία. Die Lesart *spes* im Lat. ist nur hier überliefert. In *hom. in Ios.* 20,6 hat RUFIN mit *pollicitatio* übersetzt. ORIGENES meint die Zusage Gottes für das gegenwärtige und zukünftige Leben, die dem Christen gewährt ist. Er fügt in *hom. in Ios.* 20,6 zur Erklärung noch Mk 10,30 an.

ABKÜRZUNGEN

Werkabkürzungen

Origenes	
hom. in Gen.	homiliae in Genesim
hom. in Ex.	homiliae in Exodum
hom. in Lev.	homiliae in Leviticum
hom. in Num.	homiliae in Numeros
hom. in Ios.	homiliae in Iosuam
sel. in Ps.	selecta in Psalmos
Cant.	commentarius in Canticum Canticorum
hom. in Is.	homiliae in Isaiam
hom. in Ier.	homiliae in Ieremiam
hom. in Ezech.	homiliae in Ezechielem
comm. in Mt.	commentarii in Matthaeum
hom. in Luc.	homiliae in Lucam
comm. in Io.	commentarii in Ioannem
comm. in Rom.	commentarii in epistulam ad Romanos
Cels.	contra Celsum
epist. 1	epistula 1 ad Africanum
or.	de oratione
philoc.	philocalia seu ecloga de operibus Origenis a Basilio et Gregorio Nazianzeno facta
princ.	de principiis
Clemens von Alexandrien	
str.	stromateis
Didache	
Did.	Didache XII Apostolorum
Eusebius von Cäsarea	
h. e.	historia ecclesiastica
Gregorius Thaumaturgus	
pan. Or.	in Origenem oratio panegyrica
Hieronymus	
epist. 33	epistula 33 ad Paulam
Pamphilus	
apol. Orig.	Eusebii et Pamphili apologia Origenis
Philo von Alexandrien	
spec. leg.	de specialibus legibus

ALLGEMEINE ABKÜRZUNGEN

Anm.	Anmerkung	hrsg.	herausgegeben
AT	Altes Testament	lat.	lateinisch
Aufl.	Auflage	LXX	Septuaginta
ausgew.	ausgewählt	Mitw.	Mitwirkung
Bd. / Bde.	Band / Bände	Nachdr.	Nachdruck
bearb.	bearbeitet	NT	Neues Testament
bes.	besonders	s.	siehe
bzw.	beziehungsweise	*sc.*	*scilicet*
d. h.	das heißt	sog.	sogenannt
ders. / dies.	derselbe / dieselbe	u.	und
Diss.	Dissertation	u. a.	und andere
durchges.	durchgesehen	u. ö.	und öfter
ebd.	ebenda	übers.	übersetzt
eingel.	eingeleitet	usw.	und so weiter
f	folgende	Vg.	Vulgata
frg.	*fragmentum*	vgl.	vergleiche
griech.	griechisch	z. B.	zum Beispiel
Hl. / hl.	Heilig / heilig	zit.	zitiert
Hom.	Homilie		

BIBLIOGRAPHISCHE ABKÜRZUNGEN

AGLB	Aus der Geschichte der lateinischen Bibel
Aug.	Augustinianum. Periodicum quadrimestre collegii internationalis Augustiniani, Roma
BGL	Bibliothek der griechischen Literatur
BKV	Bibliothek der Kirchenväter, Kempten u. a. ¹1, 1869 – 80, 1888 ²1, 1911 – 62/63, 1931 2. Reihe: 1, 1932 – 20, 1938
BoBKG	Bonner Beiträge zur Kirchengeschichte
BZ	Biblische Zeitschrift, Paderborn u. a.
CSEL	Corpus scriptorum ecclesiasticorum Latinorum
CCL	Corpus Christianorum. Series Latina
ErJb	Eranos-Jahrbuch, Zürich
FC	Fontes Christiani
GCS	Die griechischen christlichen Schriftsteller der ersten drei Jahrhunderte
GenChr	Génie du christianisme
GThT	Gereformeerd theologisch tijdschrift, Aalten
JBT	Jahrbuch für biblische Theologie

JThS	Journal of theological studies, Oxford u. a.
JThS.NS	Journal of theological studies. New series, Oxford u. a.
KT	Kaiser-Traktate
MBTh	Münsterische Beiträge zur Theologie
ML.T	Museum Lessianum. Section théologique
MThS.S	Münchener theologische Studien. Systematische Abteilung
PatSor	Patristica Sorbonensia
PdK	Die Predigt der Kirche. Klasssikerbibliothek der christlichen Predigtliteratur
	Patrologiae cursus completus. Accurante J.-P. Migne, Paris.
PG	Series Graeca
PL	Series Latina
PhB	Philosophische Bibliothek
RAC	Reallexikon für Antike und Christentum
RAM	Revue d'ascétique et de mystique, Toulouse
RED.F	Rerum ecclesiasticarum documenta. Series maior: Fontes, Rom
RevSR	Revue des sciences religieuses. Faculté catholique de théologie, Straßburg
RQ	Römische Quartalschrift für christliche Altertumskunde und für Kirchengeschichte, Freiburg
SBA	Schweizerische Beiträge zur Altertumswissenschaft, Basel
SCBO	Scriptorum classicorum bibliotheca Oxoniensis
SCh	Sources chrétiennes
SGKMT	Studien zur Geschichte der katholischen Moraltheologie
SNVAO.HF	Skrifter utgitt av det norske videnskaps-akademi i Oslo. Historisk-filosofisk klasse
SPMed	Studia patristica mediolanensia
StPatr	Studia patristica
ThStKr	Theologische Studien und Kritiken. Zeitschrift für das gesamte Gebiet der Theologie, Hamburg u. a.
TU	Texte und Untersuchungen zur Geschichte der altchristlichen Literatur
TzF	Texte zur Forschung
VigChr	Vigiliae Christianae. Review of early Christian life and language, Amsterdam
WUNT	Wissenschaftliche Untersuchungen zum Neuen Testament

BIBLIOGRAPHIE

A. QUELLEN

ORIGENES

Commentarii in epistulam ad Romanos:
Rufinübersetzung:
— Origenis commentariorum in epistulam B. Pauli ad Romanos libri decem: *Origenis Opera Omnia 4* (PG 14), 831–1292.
— *Origene: Commento alla Lettera ai Romani*, 2 Bde. (hrsg. u. übers. von F. COCCHINI), Casale Monferrato 1985. 1986.
— *Der Römerbriefkommentar des Origenes. Kritische Ausgabe der Übersetzung Rufins, Buch 1–3* (hrsg. von C. P. HAMMOND-BAMMEL = AGLB 16), Freiburg 1990.
Papyrus-Text:
— *Le Commentaire d'Origène sur Rom. III. 5 – V. 7, d'après les extraits du Papyrus n° 88748 du Musée du Caire et les fragments de la Philocalie et du Vaticanus gr. 762. Essai de reconstitution du texte et de la pensée des tomes V et VI du „Commentaire sur l'Épître aux Romains"* (hrsg. von J. SCHERER = Institut français d'archéologie orientale. Bibliothèque d'étude 27), Kairo 1957.
Katenenauszüge (zit. als frg.):
— The commentary of Origen on the epistle to the Romans (hrsg. von A. RAMSBOTHAM): JThS 13 (1912) 209–224. 357–368; 14 (1913) 10–22.
— Neue Fragmente aus dem Kommentar des Origenes zum Römerbrief (hrsg. von K. STAAB): BZ 18 (1927 / 1928) 72–83.

Homiliae in Genesim:
— Die 16 Genesishomilien: *Origenes: Homilien zum Hexateuch in Rufins Übersetzung 1. Die Homilien zu Genesis, Exodus und Leviticus* (hrsg. von W. A. BAEHRENS = GCS 29, Origenes 6), Leipzig 1920, 1–144.
— *Origène: Homélies sur la Genèse* (hrsg. u. übers. von L. DOUTRELEAU = SCh 7bis), Paris 1976.
— *Origenes und die Predigt der ersten drei Jahrhunderte. Ausgewählte Reden* (Hom. 2 u. 5, übers. von F. J. WINTER = PdK 22), Leipzig 1893, 20–40.

Homiliae in Exodum:
— Die 13 Exodushomilien: *Origenes: Homilien zum Hexateuch in Rufins Übersetzung 1. Die Homilien zu Genesis, Exodus und Leviticus* (hrsg. von W. A. BAEHRENS = GCS 29, Origenes 6), Leipzig 1920, 145–279.

— *Origène: Homélies sur l'Exode* (hrsg. u. übers. von M. BORRET = SCh 321), Paris 1985.

Homiliae in Leviticum:

— Die 16 Leviticushomilien: *Origenes: Homilien zum Hexateuch in Rufins Übersetzung 1. Die Homilien zu Genesis, Exodus und Leviticus* (hrsg. von W. A. BAEHRENS = GCS 29, Origenes 6), Leipzig 1920, 280–507.

— *Origène: Homélies sur le Lévitique*, 2 Bde. (hrsg. u. übers. von M. BORRET = SCh 286.287), Paris 1981.

— *Origenes und die Predigt der ersten drei Jahrhunderte. Ausgewählte Reden* (Hom. 2, übers. von F. J. WINTER = PdK 22), Leipzig 1893, 41–52.

Homiliae in Numeros:

— Die 28 Numerihomilien: *Origenes: Homilien zum Hexateuch in Rufins Übersetzung 2: Die Homilien zu Numeri, Josua und Judices* (hrsg. von W. A. BAEHRENS = GCS 30, Origenes 7), Leipzig 1921, 4–285.

— *Origène: Homélies sur les Nombres* (übers. von A. MÉHAT = SCh 29), Paris 1951.

Homiliae in Iosuam:

— Die 26 Josuahomilien: *Origenes: Homilien zum Hexateuch in Rufins Übersetzung 2. Die Homilien zu Numeri, Josua und Judices* (hrsg. von W. A. BAEHRENS = GCS 30, Origenes 7), Leipzig 1921, 286–463.

— *Origène: Homélies sur Josué* (hrsg. u. übers. von A. JAUBERT = SCh 71), Paris 1960.

Selecta in Psalmos:

— Ἐκ τῶν Ὠριγένους εἰς Ψαλμούς. Ex Origenis commentariis in Psalmos: *Origenis Opera Omnia 2* (PG 12), 1053–1686.

Commentarius in Canticum Canticorum:

— Der Kommentar zum Hohelied: *Origenes: Homilien zu Samuel 1, zum Hohelied und zu den Propheten. Kommentar zum Hohelied in Rufins und Hieronymus' Übersetzung* (hrsg. von W. A. BAEHRENS = GCS 33, Origenes 8), Leipzig 1925, 61–241.

Homiliae in Isaiam:

— Origenes' Jesajahomilien: *Origenes: Homilien zu Samuel 1, zum Hohelied und zu den Propheten. Kommentar zum Hohelied in Rufins und Hieronymus' Übersetzung* (hrsg. von W. A. BAEHRENS = GCS 33, Origenes 8), Leipzig 1925, 242–289.

Homiliae in Ezechielem:

— Die 14 Ezechielhomilien: *Origenes: Homilien zu Samuel 1, zum Hohelied und zu den Propheten. Kommentar zum Hohelied in Rufins und Hieronymus' Übersetzung* (hrsg. von W. A. BAEHRENS = GCS 33, Origenes 8), Leipzig 1925, 318–454.

— *Origène: Homélies sur Ézéchiel* (hrsg. u. übers. von M. BORRET = SCh 352), Paris 1989.

Commentarii in Matthaeum:
— *Origenes: Matthäuserklärung 1. Die griechisch erhaltenen Tomoi* (hrsg. von E. KLOSTERMANN unter Mitw. von E. BENZ = GCS 40, Origenes 10), Leipzig 1935.
— *Origène: Commentaire sur l'Évangile selon Matthieu 1* (Buch 10–11, hrsg. u. übers. von R. GIROD = SCh 162), Paris 1970.
— *Origenes: Der Kommentar zum Evangelium nach Mattäus*, Teil 1 u. 2 (Buch 10–13. 14–17, übers. von H. J. VOGT = BGL 18. 30), Stuttgart 1983. 1990.

Homiliae in Lucam:
— Homilien zu Lukas: *Origenes: Die Homilien zu Lukas in der Übersetzung des Hieronymus und die griechischen Reste der Homilien und des Lukas-Kommentars* (hrsg. von M. RAUER = GCS 49, Origenes 9), 2. Aufl. Berlin 1959, 1–222.
— *Origène: Homélies sur S. Luc* (hrsg. u. übers. von H. CROUZEL / F. FOURNIER / P. PÉRICHON = SCh 87), Paris 1962.
— *In Lucam Homiliae. Homilien zum Lukasevangelium*, 2 Bde. (übers. und eingel. von H.-J. SIEBEN = FC 4/1 und 4/2), Freiburg 1992.

Commentarii in Ioannem:
— *Origenes: Der Johanneskommentar* (hrsg. von E. PREUSCHEN = GCS 10, Origenes 4), Leipzig 1903.
— *Das Evangelium nach Johannes* (übers. von R. GÖGLER), Einsiedeln / Zürich / Köln 1959.

Contra Celsum:
— Buch 1–4 gegen Celsus: *Origenes: Die Schrift vom Martyrium Buch 1–4 gegen Celsus* (hrsg. von P. KOETSCHAU = GCS [2], Origenes 1), Leipzig 1899, 49–374.
— Buch 5–8 gegen Celsus: *Origenes: Buch 5–8 gegen Celsus. Die Schrift vom Gebet* (hrsg. von P. KOETSCHAU = GCS [3], Origenes 2), Leipzig 1899, 1–293.
— *Origène: Contre Celse*, 5 Bde. (hrsg. u. übers. von M. BORRET = SCh 132. 136. 147. 150. 227), Paris 1967. 1968. 1969. 1969. 1976.
— *Des Origenes acht Bücher gegen Celsus*, 2 Bde. (übers. von P. KOETSCHAU = BKV² 52. 53), München 1926. 1927.
— *Origenes: Gegen Kelsos* (übers. von P. KOETSCHAU, ausgew. u. bearb. von K. PICHLER = Schriften der Kirchenväter 6), München 1986.

Epistula 1 ad Africanum:
— Origenis Epistola ad Africanum: *Origenis Opera Omnia 1* (PG 11), 47–86.

Philocalia:
— *Origène: Philocalie 1–20. Sur les écritures* (hrsg. u. übers. von M. Harl = SCh 302), Paris 1983.
— *Origène: Philocalie 21–27. Sur le libre arbitre* (hrsg. u. übers. von É. Junod = SCh 226), Paris 1976.

De principiis:
— *Origenes: De principiis* (hrsg. von P. Koetschau = GCS 22, Origenes 5), Leipzig 1913.
— *Origène: Traité des principes*, 5 Bde. (hrsg. u. übers. von H. Crouzel / M. Simonetti = SCh 252.253.268.269.312), Paris 1978.1978.1980. 1980.1984.
— *Origenes: Vier Bücher von den Prinzipien* (hrsg. u. übers. von H. Görgemanns / H. Karpp = TzF 24), Darmstadt 2. Aufl. 1985.

Aristoteles
Ethica Nicomachea:
— *Aristotelis Ethica Nicomachea* (hrsg. von I. Bywater = SCBO), Oxford 1962 (Oxford 1894).
— *Nikomachische Ethik* (übers. von F. Dirlmeier = Aristoteles. Werke in deutscher Übersetzung 6), Darmstadt 4., erneut durchges. Aufl. 1967.

Bernhard von Clairvaux
Liber de gradibus humilitatis et superbiae:
— Liber de gradibus humilitatis et superbiae: *Tractatus et opuscula* (hrsg. von J. Leclerq / H. M. Rochais = S. Bernardi Opera 3), Rom 1963, 1–59.

Clemens von Alexandrien
Stromateis:
— *Clemens Alexandrinus: Stromata 1–6* (hrsg. von O. Stählin / L. Früchtel = GCS 52, Clemens Alexandrinus 2), Berlin 3. Aufl. 1960.
— Stromata 7–8: *Clemens Alexandrinus: Stromata Buch 7 und 8. Excerpta ex Theodoto. Eclogae propheticae. Quis dives salvetur. Fragmente* (hrsg. von O. Stählin / L. Früchtel = GCS 17, Clemens Alexandrinus 3), Berlin 2. Aufl. 1970, 3–102.
— *Clément d'Alexandrie: Les Stromates. Stromate 1* (hrsg. u. übers. von C. Mondesert / M. Caster = SCh 30), Paris 1951.
— *Clément d'Alexandrie: Les Stromates. Stromate 2* (hrsg. u. übers. von P. T. Camelot / C. Mondesert = SCh 38), Paris 1954.
— *Clément d'Alexandrie: Les Stromates. Stromate 5*, 2 Bde. (hrsg. u. übers. von A. Le Boulluec / P. Voulet = SCh 278.279), Paris 1981.
— *Des Clemens von Alexandria Teppiche wissenschaftlicher Darlegungen entsprechend der wahren Philosophie (Stromateis)*, 3 Bde. (übers. von O. Stählin = BKV² 2. Reihe 17.19.20), München 1936.1937.1938.

— *Titus Flavius Klemens von Alexandria: Die Teppiche (Stromateis)* (übers. von F. OVERBECK), Basel 1936.

DIDACHE XII APOSTOLORUM
— Didache. Zwölf-Apostel-Lehre: *Didache. Zwölf-Apostel-Lehre / Traditio Apostolica. Apostolische Überlieferung* (hrsg. u. übers. von G. SCHÖLLGEN / W. GEERLINGS = FC 1), Freiburg 1991.
— *La Doctrine des douze Apôtres (Didachè)* (hrsg. u. übers. von W. RORDORF / A. TUILIER = SCh 248), Paris 1978.

DIOGENES LAERTIUS
— *Vitae philosophorum*, 2 Bde. (hrsg. von H. S. LONG), Oxford 1964.
— *Leben und Meinungen berühmter Philosophen Buch 1–10* (übers. von O. APELT, neu hrsg. von K. REICH = PhB 53.54), Hamburg 2. Aufl. 1967.

EPIKTET
Dissertationes:
— *Epicteti Dissertationes ab Arriano Digestae* (hrsg. von H. SCHENKL), Stuttgart 1965.

EUSEBIUS VON CÄSAREA
Historia ecclesiastica:
— *Eusebius: Die Kirchengeschichte*, 2 Bde. (hrsg. von E. SCHWARTZ / T. MOMMSEN = GCS 9,1–2, Eusebius 2,1–2), Leipzig 1903. 1908.
— *Eusebius: Kirchengeschichte*. Kleine Ausgabe (hrsg. von E. SCHWARTZ), Berlin 5. Aufl. 1955.
— *Eusèbe de Césarée: Histoire ecclésiastique*, 4 Bde. (hrsg. u. übers von G. BARDY = SCh 31.41.55.73), Paris 3. Aufl. 1986. 1983. 1984. 1987.
— *Eusebius von Cäsarea: Kirchengeschichte* (übers. von P. HAEUSER = BKV² 2. Reihe 1), München 1932 (neu durchges. von H. GÄRTNER, hrsg. von H. KRAFT), München 2. Aufl. 1981.

FILASTRIUS
Diversarum haereseon liber:
— *Sancti Filastrii Episcopi Brixiensis Diversarum Haereseon Liber* (hrsg. von F. MARX = CSEL 38), Prag / Wien / Leipzig 1898.

PLATO
Res publica:
— Πολιτεία: *Clitopho. Res Publica. Timaeus. Critias* (hrsg. von I. BURNET = Platonis Opera 4), Oxford 1972 (Oxford 1902), 327–621.
— *Πολιτεία. Der Staat* (bearb. von D. KURZ, griech. Text von E. CHAMBRY, übers. von F. SCHLEIERMACHER = Platon. Werke in acht Bänden, Bd. 4), Darmstadt 1971.

REGULA BENEDICTI
— *Die Benediktusregel* (hrsg. und übers. von B. STEIDLE), Beuron 1963.

RUFINUS
Commentarius in symbolum apostolorum:
— Tyrannii Rufini Expositio Symboli: *Tyrannii Rufini Opera* (hrsg. von M. SIMONETTI = CCL 20), Turnholt 1961, 125–182.
— *Des Tyrannus Rufinus von Aquileja Commentar zum Apostolischen Glaubensbekenntnis* (übers. von H. BRÜLL = BKV 68), Kempten 1876.

SACRAMENTUM LEONIANUM
— *Sacramentarium Veronense* (hrsg. von L. C. MOHLBERG / L. EIZENHÖFER / P. SIFFUN = RED.F 1), Rom 1966.

STOICORUM VETERUM FRAGMENTA
— *Stoicorum Veterum Fragmenta,* 4 Bde. (hrsg. von J. VON ARNIM), Stuttgart 1968 (1903–1924).

B. LITERATUR

ALCAIN, J. A., *Cautiverio y redención del hombre en Orígenes* (Teología Deusto 4), Bilbao 1973.
BAMMEL, C. P., Die Juden im Römerbriefkommentar des Origenes: *Christlicher Antijudaismus und jüdischer Antipaganismus. Ihre Motive und Hintergründe in den ersten drei Jahrhunderten* (hrsg. von H. FRONHOFEN = Hamburger theologische Studien 3), Hamburg 1990, 145–151.
BECK, G., *Das Werk Christi bei Origenes. Zur Deutung paulinischer Theologie im Turapapyrus des Römerbrief-Kommentars* (Diss.), Bonn 1966.
BOYD, W. J. P., Origen on Pharao's Hardened Heart. A Study of Justification and Election in St. Paul and Origen: StPatr 7 = TU 92 (1966) 434–442.
CHADWICK, H., Origen, Celsus and the Stoa: JThS 48 (1947) 34–49.
—, Rufinus and the Tura Papyrus of Origen's Commentary on Romans: JThS.NS 10 (1959) 10–42.
COCCHINI, F., *Origene: Commento alla Lettera ai Romani, Volume 1.: Libri 1–7*, Casale Monferrato 1985; *Volume 2.: Libri 7–10*, Casale Monferrato 1986.
—, *Origene: Commento alla Lettera ai Romani. Annuncio Pasquale, Polemica antieretica*, L'Aquila 1979.
—, Origene interprete del linguaggio di Paolo nel Commento alla lettera ai Romani. Problemi storici ed esegetici: Annali di storia dell'esegesi (1984) 109–128.
—, Rom. 4,19 nell'interpretazione Origeniana: Aug. 22 (1982) 251–262.

CROUZEL, H., L'anthropologie d'Origène dans la perspective du combat spirituel: RAM 31 (1955) 364–385.
—, *Origène* (Le Sycomore), Paris 1985.
—, *Origène et la „Connaissance Mystique"* (ML.T 56), Paris / Bruges 1961.
—, *Origène et la philosophie* (Théologie 52), Paris 1962.
—, *Théologie de l'Image de Dieu chez Origène* (Théologie 34), Paris 1956.
DANIÉLOU, J., *Liturgie und Bibel. Die Symbolik der Sakramente bei den Kirchenvätern*, München 1963.
—, *Origène* (GenChr), Paris 1948.
—, L'unité des deux Testaments dans l'œuvre d'Origène: RevSR 22 (1948) 27–56.
DASSMANN, E., Ecclesia vel Anima. Die Kirche und ihre Glieder in der Hoheliederklärung bei Hippolyt, Origenes und Ambrosius von Mailand: RQ 61 (1966) 121–144.
DUPUIS, J., *„L'esprit de l'homme". Étude sur l'anthropologie religieuse d'Origène* (ML.T 62), Paris / Bruges 1967.
FRÜCHTEL, E., *Origenes: Das Gespräch mit Herakleides und dessen Bischofskollegen über Vater, Sohn und Seele. Die Aufforderung zum Martyrium.* Eingel., übers. u. mit Anm. versehen (BGL 5), Stuttgart 1974.
GÖGLER, R., *Zur Theologie des biblischen Wortes bei Origenes*, Düsseldorf 1963.
GORDAY, P., *Principles of Patristic Exegesis. Romans 9–11 in Origen, John Chrysostom, and Augustine* (Studies in the Bible and Early Christianity 4), New York / Toronto 1983.
GÖRGEMANNS, H. / KARPP, H., *Origenes: Vier Bücher von den Prinzipien.* Hrsg., übers., mit kritischen u. erläuternden Anm. versehen (TzF 24), Darmstadt 2. Aufl. 1985.
GRUBER, G., ***ZΩH.*** *Wesen, Stufen und Mitteilung des wahren Lebens bei Origenes* (MThS.S 23), München 1962.
HALLONSTEN, G., *Meritum bei Tertullian. Überprüfung einer Forschungstradition II*, Malmö 1985.
HAMMOND-BAMMEL, C. P., Philocalia IX, Jerome, Epistle 121, and Origen's Exposition of Romans VII: JThS.NS 32 (1981) 50–81.
—, *Der Römerbriefkommentar des Origenes. Kritische Ausgabe der Übersetzung Rufins, Buch 1–3* (AGLB 16), Freiburg 1990.
—, *Der Römerbrieftext des Rufin und seine Origenes-Übersetzung* (AGLB 10), Freiburg 1985.
HARL, M., *Origène et la fonction révélatrice du Verbe Incarné* (PatSor 2), Paris 1958.
—, Origène et la sémantique du langage biblique: VigChr 26 (1972) 161–187.

—, Origène et l'interprétation de l'Épître aux Romains. Étude du chapitre IX de la Philocalie: *Epektasis. Mélanges patristiques offerts au Cardinal Jean Daniélou* (hrsg. von J. FONTAINE / C. KANNENGIESSER), Paris 1972, 305–316.

—, *Philocalie 1–20. Sur les écritures.* Introduction, texte, traduction et notes (SCh 302), Paris 1983.

—, Qu'est-ce que la „Bible" pour l'Église ancienne? Le témoignage d'Origène: Les Quatre Fleuves: Cahiers de recherche et de réflexion religieuse, 7: Lectures actuelles de la Bible (1977) 82–90.

HARNACK, A. VON, *Marcion. Das Evangelium vom fremden Gott*, Darmstadt 1985 (Leipzig 2. Aufl. 1924).

HEITHER, T., *Translatio Religionis. Die Paulusdeutung des Origenes in seinem Kommentar zum Römerbrief* (BoBKG 16), Köln 1990.

HOFIUS, O., „Rechtfertigung des Gottlosen" als Thema biblischer Theologie: JBT 2 (1987) 79–105.

KÄSEMANN, E., *An die Römer*, Tübingen 1974.

LUBAC, H. DE, *Geist aus der Geschichte. Das Schriftverständnis des Origenes*, Einsiedeln 1968.

MOLLAND, E., *The Conception of the Gospel in the Alexandrian Theology* (SNVAO.HF 2), Oslo 1938.

NEUSCHÄFER, B., *Origenes als Philologe* (SBA 18), Basel 1987.

NORMANN, F., *Teilhabe — ein Schlüsselwort der Vätertheologie* (MBTh 42), Münster 1978.

PAGELS, E. H., *The Gnostic Paul. Gnostic Exegesis of Pauline Letters*, Philadelphia 1975.

—, The Valentinian Claim to Esoteric Exegesis of Romans as Basis for Anthropological Theory: VigChr 26 (1972) 241–258.

RAHNER, H., Das Menschenbild des Origenes: ErJb 15 (1947) 197–248.

RAHNER, K., Le début d'une doctrine des cinq sens spirituels chez Origène: RAM 13 (1932) 113–145.

RÄISANEN, H., *Paul and the Law* (WUNT 29), Tübingen 1983.

RAMSBOTHAM, A., siehe Quellen: Origenes, Commentarii in epistulam ad Romanos.

REIJNERS, G. Q., *Das Wort vom Kreuz. Kreuzes- und Erlösungssymbolik bei Origenes*, Köln 1983.

ROUKEMA, R., *The Diversity of Laws in Origen's Commentary on Romans*, Amsterdam 1988.

—, Origenes' Visie op de rechtvaardiging volgens zijn commentaar op Romeinen: GThT 89 (1989) 94–105.

SCHERER, J., siehe Quellen: Origenes, Commentarii in epistulam ad Romanos.

SCHOEPS, H.-J., *Paulus. Die Theologie des Apostels im Lichte der jüdischen Religionsgeschichte*, Tübingen 1959.

SGHERRI, G., *Chiesa e Sinagoga nelle opere di Origene* (SPMed 13), Mailand 1982.

—, Deus Hebraeorum — Deus Christianorum. Giudaismo e cristianesimo di fronte al problema di Dio secondo Origene: *Origeniana Tertia* 43–64.

STENDAHL, K., *Der Jude Paulus und wir Heiden. Anfragen an das abendländische Christentum* (KT 36), München 1978.

VOGT, H. J., Die Juden beim späten Origenes: *Christlicher Antijudaismus und jüdischer Antipaganismus. Ihre Motive und Hintergründe in den ersten drei Jahrhunderten* (hrsg. von H. FRONHOFEN = Hamburger theologische Studien 3), Hamburg 1990, 152–169.

VÖLKER, W., Paulus bei Origenes: ThStKr 102 (1930) 258–279.

WILES, M. F., *The Divine Apostle. The Interpretation of St Paul's Epistles in the Early Church*, Cambridge 1967.

REGISTER

Bibelstellen

ALTES TESTAMENT

Personen

Begriffe

GRIECHISCH

LATEINISCH

SACHEN